KONTAKTE
Arbeitsbuch

Second Edition

KONTAKTE
Arbeitsbuch

Second Edition

Tracy D. Terrell
Professor Emeritus, Late
University of California, San Diego

Brigitte Nikolai
University of Iowa

Erwin Tschirner
University of Iowa

Herbert Genzmer

McGraw-Hill, Inc.
New York   St. Louis   San Francisco   Auckland   Bogotá   Caracas
Lisbon   London   Madrid   Mexico   Milan   Montreal   New Delhi   Paris
San Juan   Singapore   Sydney   Tokyo   Toronto

This is an  book.

Arbeitsbuch
Kontakte: A Communicative Approach

6 7 8 9 0   MAL MAL   9 0 9 8 7 6 5

ISBN: 0-063790-3

The workbook was formatted on a Macintosh computer by Fog Press.

The editors were Eileen LeVan and Stacey C. Sawyer.

The production supervisor was Diane Baccianini.

Production and editorial assistance was provided by Stacey C. Sawyer.

Illustrations were by Sally Richardson.

Malloy Lithographing was the printer and binder.

Credits
Grateful acknowledgement is made for the use of the following:

Page *51 Süddeutsche Zeitung; 87* Dr. Karl Thomae GmbH; *88* Combe, Inc.; *106* © 1958, United Feature Syndicate, Inc.;
113 Brigitte; 145 Das Haus; 170 Markt, VF Verlagsgesellschaft mbH: *178 Jugendmagazin,* Felten Medien Concept K.G.;
213 E. Scheurich Pharmwerk GmbH; *222* Bauknecht Hausgeräte GmbH, Stuttgart; *224* Braun A. G.; *238* Wertkauf
Verwaltungsgesellschaft mbH; *260 MAX Deutschland; 280 MAX Deutschland; 307* Deutscher Sparkassenverlag GmbH;
311 Robert Bosch Hausgeräte GmbH, D-8000 Munich.

CONTENTS

To the Instructor

The purpose of the *Arbeitsbuch* is to give students more opportunities to use German in meaningful ways outside of class. The *Arbeitsbuch* is divided into two preliminary chapters (**Einführung A–B**) and fourteen regular chapters (**Kapitel 1–14**) that correspond to the chapters in the main text. Most chapters in the workbook have four sections:

Hörverständnis
Aussprache und Orthographie
Schriftliches
Leseecke

Audio tapes must be used with the first two sections.

HÖRVERSTÄNDNIS

The audio portion of the program has been substantially revised, and re-recorded, in this edition.

The **Hörverständnis** sections consist of dialogues, narratives, radio ads, and other examples of oral texts recorded on audio tape. They do not contain grammar drills. Since comprehension is achieved by developing the ability to guess at meaning based on recognition of key elements in the sentence, we have included unknown words and new grammar. Our goal was to simulate real comprehension experiences. Students may listen to each tape as many times as necessary to understand what is said, and they should be reassured that they need not understand every word to reach an acceptable level of comprehension.

The **Hörverständnis** sections consist of three parts: (1) **Dialoge aus dem Text** contains recorded versions of the listening dialogues from the main text with brief follow-up activities. Instructors may wish to use these recorded versions when presenting the dialogues in the classroom; students can also listen to them at home after they have been presented in class. (2) **Weitere Hörtexte**, the core of the **Hörverständnis** section, contains listening passages students have not encountered before. (3) The **Rollenspiel** section is an enactment of the role-playing activity at the end of the **Sprechsituationen** in the main text; it is designed to help prepare students to play the roles in class.

The scripts for the oral texts are not included in the student workbook. Instead, the student workbook has worksheets for each text that generally include (a) a short introduction to the text, (b) a list of the new vocabulary (with English translation) that is crucial to comprehension, and (c) tasks that help students understand the passage and verify that they have grasped the main ideas.

The **Hörverständnis** sections are intended for use primarily as homework assignments, but they can also be done in class. It is a good idea for instructors to do at least a few listening activities from the **Einführungen A** and **B** with students before assigning other activities in **Hörverständnis** as homework. The brief introduction for students (*To the Student*) will help them complete the assignments for the first two **Einführungen**. A section with more specific instructions and practice with suggested strategies is included before Chapter 1. We also recommend that instructors repeat the training session at some point between Chapters 3 and 4 and at the beginning of a new semester or quarter. Such sessions are useful for making sure that students have not picked up poor listening and study habits. It is also a good idea to review the procedure and useful techniques when segments start becoming more complicated. In addition, keep in mind that, although the speakers on the tapes will not be speaking at normal native speed, due to the lack of visual cues, students will get the impression that the rate of speech is too fast. This impression will seem all the more true when the overall level of difficulty of the oral texts increases. Futhermore, the fact that the level of the input in most tapes is slightly above the students' current level of comprehension may cause anxiety in some students. For these reasons, it is imperative that students know that they need not understand everything on the tape.

Please remember that there is a close correlation between a low affective filter and successful language acquisition. It is unwise to place undue stress on students over the assignments. They should feel confident that the listening component is a means of providing them with additional comprehensible input, not a tool for testing them at home. If students get the impression that the activities in **Hörverständnis** are being used to test them, the purpose will be doubly defeated: many will find the whole procedure too stressful and others may simply copy the answers. Most instructors find it much more useful to tell students to come to them if they have a problem and to remember that it is not necessary to be able to answer every question correctly. Students should feel free to report any unduly difficult item(s) to their instructor.

In addition, remember that the topics of the oral texts in the workbook loosely follow those of the corresponding chapters of the main text. For this reason, it is advisable to wait until most of the chapter activities in the main text have been done in class before giving assignments in the workbook. Students will be more motivated to do these assignments if you remind them that they will help them prepare for the listening comprehension components of their mid-term and final exams.

Finally, since the answers are given at the back of the *Arbeitsbuch*, there remains the problem of how to keep students from copying. It has been our experience that the majority of students will not cheat unless the assignment proves to be excessively difficult. In spite of this, and since in an academic environment there is always a need to measure performance, we suggest (especially if you are uncertain about whether students are copying or not) that you use two or three of the oral texts from each chapter in a short listening comprehension quiz. You may photocopy the corresponding sections from the workbook, leaving out the vocabulary section or writing different true/false or multiple choice questions. You will find that students who have done their homework honestly will do well on the quizzes and that those who merely copied will not.

AUSSPRACHE UND ORTHOGRAPHIE

We are convinced that student pronunciation depends on factors largely beyond the instructor's control, but we hope that in their regular classroom experience, students will develop pronunciation that is acceptable to most native speakers. We suggest that students be urged to concentrate on listening comprehension at first, rather than on pronunciation. They should not try to learn a large number of pronunciation rules at the beginning of the course, although some students may find it helpful to do a few pronunciation exercises in which certain problematic sounds are isolated. This is the purpose of the pronunciation exercises in the workbook. Note that these exercises generally include only words that students have already encountered in the oral class activities.

Spelling: German sound-letter correspondences are relatively simple, and many students become good spellers in German without much explicit instruction. In our experience, however, dictation exercises that focus on certain problematic areas can be effective. Note that, as in the pronunciation exercises, we have used words in the spelling exercises that the students have already encountered in the oral class activities.

SCHRIFTLICHES

More than half of the activities in **Schriftliches** have been rewritten for the Second Edition. The activities in this section are designed to allow the students to write German creatively but within the natural limitations of what they know at a given point. Most of them can be done outside the class, but oral follow-up will prove profitable in many cases. Remind students that the **Achtung!** notes in the **Schriftliches** section are there to show them which grammar topic(s) to review before doing a particular set of exercises, as well as where to look for help while working.

Although many of the activities in **Schriftliches** are open-ended and communicative, we have provided answers whenever possible (included at the back of the *Arbeitsbuch*). Answers to questions for which there is more than one correct answer are identified by the phrase "Possible Answers." You may wish to advise students that they will need to allow for differences in content when checking answers to these questions; they should be correcting only errors in form.

In this new edition, **Schriftliches** concludes with a guided writing task, **Schreiben Sie!**, designed to help students make the transition from writing simple sentences to writing longer and more varied ones, then to writing paragraphs. The aim is to build writing skills students will need to carry out everyday activities in the German-speaking world.

LESEECKE

Each chapter of the *Arbeitsbuch* features a section called **Leseecke**, where additional readings are provided. You do not need to assign every reading, but we hope that, once students realize that they can read German rapidly, they will want to read German on their own. Reading can serve as comprehensible input and therefore will contribute to the acquisition process. You may decide to assign these additional readings as homework or a makeup work. Reading could also be used as springboards for class discussion and oral group presentations.

Please refer to the *Instructor's Manual* at the back of your Instructor's Edition for suggestions on teaching reading.

The answers to the questions on the readings in **Leseecke** have also been included in the answer section at the end of the *Arbeitsbuch*.

ACKNOWLEDGMENTS

The authors and editors would like to thank Susanne Baackmann and Patricia Callahan, who contributed a wealth of new ideas and much lively writing to the Second Edition. In addition, we would like to acknowledge Bettina Pohle, who read the manuscript for authenticity of language and cultural content. Finally, our gratitude to Sally Richardson for her charming, informative illustrations.

To the Student

Each of the chapters in the *Arbeitsbuch* (*Workbook*) consists of four sections:

Hörverständnis	Listening comprehension activities
Aussprache und Orthographie	Pronunciation and spelling exercises
Schriftliches	Writing activities
Leseecke	Readings

The **Hörverständnis** section contains recordings of oral texts and accompanying exercises. The recordings include segments of German classes, dialogues, narratives, and radio advertisements. They give you the opportunity to listen to and understand spoken German outside the classroom, providing exposure to a variety of contexts and pronunciations of authentic speech.

Each worksheet is set up to help give you a general idea of the recording before you listen to it. The drawings, title of the recorded text, and short prose introduction (in English in the first few chapters) serve this function; a list of words and expressions with English translations is also included. These words may or may not be new to you, but they will help you to understand the recording. The tasks you are asked to do are also designed to help you understand what you're hearing. We suggest that you look through them before you begin listening.

1. Look over the title, the introduction, and any illustrations. These will help you get a general idea of the content of the segment.
2. Take a few moments to familiarize yourself with the new vocabulary listed and with any other words or expressions used in the exercise that you do not know.
3. Look at the task contained in the particular segment you will be listening to and make sure you understand what you are expected to do. Once you determine this, take a few seconds to map out the best strategy for completing the task. For example, if when you look at the task you get the impression that there are too many blanks, make a mental note to try to fill in only every other blank the first time you listen. Or, if you realize that the task requires that you write out words that are too long or difficult to spell, make a mental note to write only the first three or four letters while you listen and to complete each word after you have stopped the tape.
4. Listen to the recording as many times as necessary but listen with specific questions in mind. The tape player is an "understanding" and patient learning-aid, so you need not feel hesitant to rewind and replay the tape as often as you need to. *Never* check the answer section until you have listened to a segment at least five times.

Most of the time, you should be able to answer the questions in the task without understanding everything in the recording. Remember what you have learned about comprehension. In the classroom you have probably had ample opportunities to prove that you can understand what is being said to you by concentrating on key words, paying close attention to context, and taking some risks. Indeed, this is how comprehension will work in real life when you interact with native speakers of German.

Once you have done several assignments, you will start to notice that you are more comfortable with them. You can get additional benefits from these materials if, at this point, you go back and listen to the tapes for chapters you have already completed. Listen while driving to school, while doing chores, or while lying down to relax. Let your mind create scenes that correspond to what you are hearing, and listen just to enjoy the exposure to the spoken language. The additional exposure of your ear and your mind to spoken German will result in increased confidence in real-life listening situations.

In order to help you maximize the benefits from this component, your instructor may do several of the recorded segments corresponding to **Einführung A** in the classroom. He/She will go over, clarify, and amplify the directions you have just read to make sure you master the procedure you need to follow. Be prepared to practice with your class and to ask your instructor any questions that have come to mind as you read this introduction. There is also a guided practice segment before Chapter 1. The goal of that segment is to provide you with the opportunity to review and try out several strategies that will be useful with the rest of the activities in **Hörverständnis** in this workbook.

AUSSPRACHE UND ORTHOGRAPHIE

Good pronunciation in a new language can be achieved by most people interacting in a normal communicative situation with native speakers of that language. The more spoken German you are in contact with, the more you will become used to the rhythm, intonation, and sound of the language. Don't try to pay attention to what you are trying to express. In general, native speakers of German do not expect foreigners to speak German without a trace of an accent. There is nothing wrong with a foreign accent in German, but severe errors in pronunciation can interfere with communication if they make it difficult for native speakers to understand what you want to say. For this reason we have included a series of pronunciation exercises in the *Arbeitsbuch*. They are designed to attune your ear to the differences between English and German and to help you pronounce German better.

The **Aussprache** sections use words you already know in order to give you the opportunity to practice the pronunciation of a particular sound they have in common. First, an explanation of the pronunciation of the sound is given, followed by examples for you to repeat aloud. The idea is not for you to memorize pronunciation rules but to develop a feel for good pronunciation in German.

The **Orthographie** sections consist of spelling rules and examples followed by dictation exercises. You will be familiar with the words in these dictation exercises from the oral activities done in class. Again the idea is not to memorize a large number of spelling rules, but rather to concentrate on items that may be a problem for you. Remember to check the answers in the back of the *Arbeitsbuch* when you have completed these exercises.

SCHRIFTLICHES

The activities in **Schriftliches** give you the opportunity to express your own ideas in written German on the topics covered in each chapter. When doing each activity, try to use the vocabulary and structures that you have acquired in the chapter being studied and in previous chapters. Although your main goal is still communication, you have the time when writing (as opposed to speaking) to check for correctness or to look up something you have forgotten.

Be sure to check your answers against the key in the back of the *Arbeitsbuch*, bearing in mind that, in many cases, your answers will reflect your own life and experiences. You should use the answer key to correct errors in form, not differences in content.

LESEECKE

Each chapter of this *Arbeitsbuch* will have a section called **Leseecke**. Even though these sections contain supplementary readings, it is a good idea for you to do them, since the more you read German the more you will be able to understand and say.

There are many reasons for learning to read German. Whatever your reason is, remember that reading is also a skill that can help you acquire German. There are four reading skills that you should already have in English that can be transferred to German: scanning, skimming, intensive reading, and extensive reading. In your main text, we describe these skills and suggest ways to make them work for you when reading *Kontakte*. Most of the readings here are for practice in extensive reading: that is, reading for main ideas, using context and your common sense to guess the meaning of words you don't know. Keep in mind that reading is not translation. We want you to read German *in German*, not in English. If you are looking up a lot of words in the end vocabulary or in a dictionary and translating into English as you go, you are not really reading.

You will recognize many of the words and phrases in these reading immediately because they have appeared in the oral activities. Other words are glossed in the margin for you. You need not learn the glossed words; just use them to help you understand what you're reading. There will also be many words in the readings that you will not have seen before and that are not glossed. Try to understand the gist of the reading without looking up such words. Chances are that you can guess their meaning from context or that you do not need to know their meaning at all in order to get the general idea of the reading.

Be willing to help your instructor discuss and retell the readings. The more you give of yourself, the more you will get back; the more you participate, the more German you will acquire. Be adventurous. Let your reading experience be an enjoyable one! If you have trouble with a particular question, check the answers in the back of the *Arbeitsbuch*.

EINFÜHRUNG **A**

HÖRVERSTÄNDNIS

Dialoge aus dem Text

Dialoge aus dem Text contains dialogues taken from your textbook. Most of them will probably be familiar to you.

A. Jürgen Baumann spricht mit einer anderen Studentin.

Listen to the conversation, and then indicate whether the following statements are true or false (**richtig [R]** *oder* **falsch [F]**).

1. _____ Melanie ist eine neue Studentin.

2. _____ Jürgen ist ein neuer Student.

B. Frau Frisch spricht am Telefon mit Herrn Koch.

Was ist logisch? Circle the expressions that Frau Frisch and Herr Koch use.

Frau Frisch sagt:

1. a. Guten Tag b. Guten Abend. c. Auf Wiedersehen. d. Tschüs.
2. a. Ich bin Frau Frisch.   b. Dies ist Frau Frisch.
   c. Hier ist Frau Frisch.   d. Hier ist ein Fisch.

Herr Koch sagt:

3. a. Wie geht es Ihnen?   b. Guten Tag.
   c. Sind Sie neu hier?   d. Auf Wiedersehen.

C. Frau Körner trifft Jutta Ruf von nebenan.

Listen to the conversation, and then indicate whether the following statement is true or false (**richtig [R]** *oder* **falsch [F]**).

1. _____ Es geht Juttas Mutter nicht gut.

D. Jutta trifft ihren Freund Jens Krüger.

Listen to the conversation, and then indicate whether the following statement is true or false (**richtig [R]** *oder* **falsch [F]**).

_____ Jens hat viel zu tun.

Weitere Hörtexte

A. Aufforderungen. You will hear a part of Professor Schulz's German class. The students are participating in a Total Physical Response (TPR) activity.

Frau Schulz gibt Aufforderungen.

Professor Schulz's commands to the class are listed below out of sequence. Number the commands from 1 to 9 in the order you hear them.

_____ Gehen Sie.

_____ Springen Sie.

_____ Nehmen Sie das Buch.

_____ Laufen Sie.

_____ Öffnen Sie das Buch.

_____ Schauen Sie an die Tafel.

_____ Sagen Sie „Auf Wiedersehen."

_____ Schließen Sie das Buch.

_____ Lesen Sie.

B. Namen der Studenten. Nora is a new student in the German class. She doesn't know the names of all her classmates yet, and Albert is trying to help.

Nora, eine neue Studentin in der Deutschklasse, spricht mit Albert.

Listen to the conversation between Albert and Nora, and list the names they mention in the order in which you hear them. (Here are the names out of order: Stefan, Gabi, Monika, Heidi.)

1. _____   3. _____

2. _____   4. _____

C. Beschreibungen. Michael Pusch introduces and describes himself.

NEUE VOKABELN

schick   *chic*
teures   *expensive*
einfach   *simply*

Wer sieht wie Michael aus? Circle the picture that most resembles Michael according to his description of himself.

a.

b.

D. Kleidung. Heidi and Stefan, students in Frau Schulz's class, are talking about the clothes that the instructor and the other students are wearing.

NEUE VOKABELN
Quatsch! *Nonsense!*

Stefan und Heidi sprechen in der Deutschklasse über die Kleidung der anderen Studenten.

Listen to the conversation, and then indicate whether the following statements are true or false (**richtig [R]** *oder* **falsch [F]**).

1. _____ Monikas Bluse ist lila.

2. _____ Noras Bluse ist orange.

3. _____ Alberts Hose ist grau.

4. _____ Peters Jacke ist blau.

5. _____ Frau Schulz' Kleid ist blau und schön.

E. Farben. Today in Professor Schulz's class the students are counting the number of people wearing the same color clothing.

NEUE VOKABELN
stellt . . . Fragen *asks questions*

Frau Schulz stellt den Studenten Fragen.

Indicate the number of students wearing each article of clothing mentioned.

1. _____ Studentinnen tragen weiße Blusen.

2. _____ Studenten tragen blaue Hemden.

3. _____ Studenten tragen braune Hosen.

F. Zahlen. Professor Schulz is dictating random numbers between 10 and 100 to her class.

NEUE VOKABELN

zwischen   *between*
Entschuldigung!   *Excuse me! / Pardon me!*
Gern!   *Gladly!*

Frau Schulz diktiert Zahlen zwischen 10 und 100. Stefan hat Probleme.

Listen and write the numbers Professor Schulz dictates.

1. _____	4. _____	7. _95_	10. _____
2. _____	5. _26_	8. _____	11. _____
3. _69_	6. _____	9. _____	

G. Der Körper. The students in Professor Schulz's class are doing a TPR activity that involves various parts of the body.

NEUE VOKABELN

Berühren Sie!   *Touch!*

Frau Schulz gibt Aufforderungen.

Listen to the sequence, and circle all the parts of the body in the illustration below that are mentioned. Number each part as you circle it, to indicate the order in which the parts are mentioned.

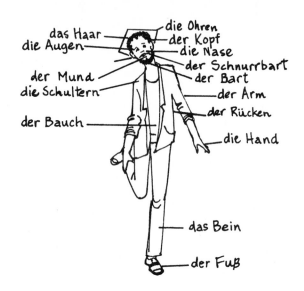

H. Du oder Sie?

Listen to the conversations. Decide whether the speakers are using formal (**Sie**) or informal (**du**) forms of address, and fill in the blanks with **Sie** or **du** accordingly.

1. In der Isabellastraße

a.

b.

c.

a. _____

b. _____

c. _____

2. Im Deutschkurs

a.

b.

c.

a. _____

b. _____

c. _____

ORTHOGRAPHIE

In this chapter you will learn the German alphabet. Because some sounds in German present a challenge to non-native speakers, in subsequent chapters you will have an opportunity to practice individual sounds and recognize specific spelling problems.

Das Alphabet

The German alphabet has 26 letters, just like the English alphabet, and four additional letters **ä** (*a-umlaut*), **ö** (*o-umlaut*), **ü** (*u-umlaut*), and **ß** (*ess-tset*). In dictionary entries, however, **ä**, **ö**, **ü**, and **ß** are not included in the alphabet as separate letters.

Listen carefully to each letter of the German alphabet, and repeat each one after the speaker.

a	ah
b	bay
c	tsay
d	day
e	ay
f	eff
g	gay
h	hah
i	eee
j	yott
k	kah
l	el
m	em
n	en
o	oh
p	pay
q	coo
r	er
s	ess
t	tay
u	ooh
v	fau (like *foul* without the *l*)
w	vay
x	icks
y	üpsilon
z	tset

Now listen to the German letters **ä, ö, ü,** and **ß** and repeat each one.

ä, ö, ü, ß

Übungen

I.   Listen as the following words are spelled.

1. Rock	4. Tschüs	7. Buch
2. Hemd	5. Danke	8. Bücher
3. Auge	6. Jutta	9. Fuß

II.   Diktat (*Dictation*)

Twelve words from the vocabulary in **Einführung A** will now be spelled. Listen, and write the words as you hear them spelled.

1. _____	5. _____	9. _____
2. _____	6. _____	10. _____
3. _____	7. _____	11. _____
4. _____	8. _____	12. _____

SCHRIFTLICHES

AUFFORDERUNGEN

A. Under each drawing, write the command Professor Schulz gave the students.

Achtung!   Lesen Sie Grammatik A.1, „Giving Instructions"!

Geben Sie mir das Buch.   Lesen Sie.   Setzen Sie sich.
Gehen Sie.   Schauen Sie.   Springen Sie.
Hören Sie zu.   Schreiben Sie.   Stehen Sie auf.
Laufen Sie.

1. _____   2. _____

3. _____   4. _____

5. _____

NAMEN DER STUDENTEN

B. Beantworten Sie die Fragen.

Achtung!   Lesen Sie Grammatik A.2, „Ich heiße"!

Answer the following questions based on the pictures.

> MODELL: Wie heißt der Student mit dem Bart? →
> Er heißt Albert.

1. Wie heißt die Studentin mit kurzem schwarzem Haar?

   _____

2. Wie heißt der große Student?

   _____

3. Wie heißt die Studentin mit langem braunen Haar?

   _____

4. Wie heißt der Student mit dem Schnurrbart?

   _____

5. Wie heißt der Student mit der Brille?

   _____

6. Wie heißt der Student mit langem Haar?

   _____

7. Wie heißen die vier Studentinnen?

   Sie heißen _____

   _____

8. Wie heißen die vier Studenten?

_____

_____

BESCHREIBUNGEN

C. Read the following description, and, in the space provided, draw the person described.

Max ist groß und schlank. Er hat langes Haar und einen Schnurrbart und er trägt eine Brille. Seine Nase ist lang, sein Mund ist klein und er hat große Ohren. Er trägt eine schwarze Hose, ein weißes Hemd und Tennisschuhe.

D. Use the words from the list below or the words in parentheses in the sentences to describe yourself. In the boxes, put the correct form of the appropriate verb (**sein/haben**).

Achtung!   Lesen Sie Grammatik A.4, „Ich bin" und A.5, „Ich habe"!

FARBEN
blau, blond, braun, gelb, grau, grün,
orange, rosa, rot, schwarz, weiß

ADJEKTIVE
lang/kurz, groß/klein, schlank, dünn/dick,
jung/alt

MODELL: Ich [bin] *Studentin* _____. (Student/Studentin)

1. Ich [ ] _____. (Student/Studentin)

2. Meine Augen [ ] _____.

3. Mein Haar [ ] _____ und _____.

4. Meine Bluse / Mein Hemd / Mein T-Shirt [ ] _____.

5. Ich [ ] _____. (eine Brille / einen Bart / ein Buch)

KLEIDUNG

E. Buchstabensalat. Circle all the German words for articles of clothing that you can find. The words may run in all directions: forward, backward, up, down, and diagonally.

G	B	L	B	I	D	L	U	S	A	F	A	P
M	L	N	L	J	M	B	M	A	N	T	E	L
F	A	L	U	A	E	T	T	A	W	A	R	K
T	R	G	S	C	H	U	H	E	H	U	T	H
O	L	M	E	K	V	D	O	U	A	W	Q	I
I	N	S	L	E	S	A	S	B	T	H	E	M
W	S	E	R	O	C	K	E	D	A	M	T	Y

FARBEN

F. Write the name of the color appropriate for each item in the blank.

1. _____ 2. _____ 3. _____ 4. _____ 5. _____ 6. _____

ZAHLEN

G. Kreuzworträtsel. Write out the numbers in letters. Remember that in crossword puzzles **ß** is spelled **ss**.

WAAGRECHT (*Horizontal*)
1. 100
2. 14
3. 20

SENKRECHT (*Vertical*)
1. 1
2. 30
3. 3
4. 8
5. 10

DER KÖRPER

H. Write the appropriate word from the following list in the blanks:

die Augen   das Gesicht   der Mund
der Arm   das Haar   die Nase
der Bauch   die Hand   die Ohren
das Bein   der Kopf   der Rücken
der Fuß   der Körper   die Schulter

1. _____ 5. _____

2. _____ 6. _____

3. _____ 7. _____

4. _____ 8. _____

BEGRÜSSEN UND VERABSCHIEDEN

I.   Kreuzworträtsel. Fill in the crossword puzzle according to the cues given in the dialogues. Find the correct words in the list below. Remember that in crossword puzzles the letter **ß** is spelled **ss**.

Abend	guten	ich
Danke	Hallo	Sie
du	heiße	Tschüs
geht's	hier	wie

FRAU SCHULZ: Sind Sie neu __[1]__?

NORA: Ja.

FRAU SCHULZ: Wie heißen __[2]__ denn?

NORA: __[3]__ heiße Nora Berber.

FRAU SCHULZ: Ich __[4]__ Schulz.

HERR RUF: __[5]__ Tag, Jens.

JENS: Tag, Herr Ruf.

HERR RUF: Na, wie __[6]__?

JENS: __[7]__, gut.

HERR RUF: __[8]__, Jens.

Schreiben Sie!

A. Stefan's composition. Proofread Stefan's composition, and circle the letters that should be capitalized.

Ich heiße Stefan. Ich bin student. Ich habe blaue augen und kurzes haar. Ich trage eine schwarze hose und ein blaues hemd. Ich habe auch einen bart, und trage eine brille.

B. Jetzt beschreiben Sie sich! Now describe yourself in the space provided.

_____

_____

_____

HÖRVERSTÄNDNIS

Dialoge aus dem Text

Dialoge aus dem Text contains dialogues taken from your textbook. Most will probably be familiar to you.

A. Gabi spricht mit Jutta auf einer Party.

Richtig (R) oder falsch (F)?

1. _____ Sven hat einen Bart.

2. _____ Sven ist nett.

3. _____ Jutta ist nicht schüchtern.

B. Albert spricht mit Peter vor der Klasse.

Was sagen sie?

1. Peters Freundin ist wirklich _____.

2. Sie ist _____, _____ und hat braunes Haar.

3. Sie heißt
   a. Ramona   b. Ilona   c. Frauke   d. Karina

C. Das Wetter in Regensburg. Josef trifft[1] Claire an der Uni.

Richtig (R) oder falsch (F)?

1. _____ Das Wetter ist heute schlecht.

2. _____ Es regnet oft in Bayern.

3. _____ Es schneit manchmal im April

----

[1] *meets*

D. Woher kommst du? Claire trifft Melanie auf einer Party.

Beantworten Sie die folgenden Fragen.

1. Woher kommt Claire, die Amerikanerin? Aus _____.

2. Woher kommt die Deutsche, Melanie? Aus _____.

Weitere Hörtexte

A. Das Klassenzimmer. Ernst has just returned from his first day in school this fall. His mother is asking him about his classroom and the objects in it.

NEUE VOKABELN

sogar *even*
der Schüler, - *pupil*
die Lehrerin, -nen *teacher* (female)

Frau Wagner spricht mit Ernst über seinen ersten Schultag.

As you listen to the conversation, make a list of the objects in the classroom that Ernst and his mother mention.

1. _____
2. *Tische* _____
3. _____
4. _____
5. *Stifte* _____

6. _____
7. *Schwamm* _____
8. _____
9. *Bücher* _____
10. _____

B. Auf einer Party in Berkeley

NEUE VOKABELN

da drüben   *over there*
kennen   *to know* (a person)
stimmt   *that's right*
das Paar   *pair, couple*

Rolf Schmitz trifft Peter Kaufmann auf einer Party. Peter ist ein bißchen nervös.

Circle the characteristics that apply to Peter and those that apply to Sabine.

PETER	SABINE
frech	frech
nervös	nervös
traurig	traurig
sportlich	sportlich
schüchtern	schüchtern
glücklich	glücklich
nett	nett
hübsch	hübsch
intelligent	intelligent

C. Die Familie

VOR DEM HÖREN[1]

Haben Sie Geschwister? Wie heißen Sie? _____

_____

Wie heißen Ihre Eltern? _____

Füllen Sie den Stammbaum für Ihre Familie aus.

meine Mutter   mein Vater

ich   meine Geschwister

Frau Schulz spricht mit Peter Kaufmann über seine Familie.

[1]Do this task *before* you listen to the dialogue.

Listen to the conversation, and fill in the names of Peter's parents, brothers, and sisters.

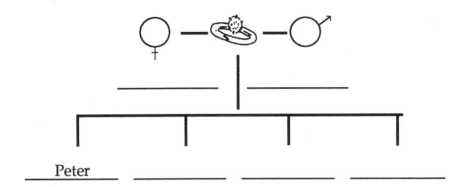

<u>   Peter   </u>   <u>   </u>   <u>   </u>   <u>   </u>

D. Wetter und Jahreszeiten

1. Wettervorhersage

Die Familie Frisch hört die Wettervorhersage im Radio.

Listen to the weather forecast, and match the city with the predicted weather.

1. _____ London
2. _____ Madrid
3. _____ Athen
4. _____ Paris
5. _____ Stockholm
6. _____ Hamburg
7. _____ Berlin

a. Es schneit.
b. Es ist heiß.
c. Es ist sonnig.
d. Es regnet.
e. Es ist schön.

2. Das Wetter in Kalifornien

NEUE VOKABELN
neblig *foggy*
brauchen *to need*

Claire Martin, eine amerikanische Studentin, ist auf einer Party in Regensburg. Ihre Freundin Melanie stellt ihr einen anderen Studenten vor.[1]

Richtig (R) oder falsch (F)?

1. _____ Die Sonne scheint immer in Kalifornien.

2. _____ Im Sommer ist es oft kühl in San Francisco.

3. _____ In Kalifornien regnet es im Winter nicht.

4. _____ Es ist sehr neblig im Winter in Regensburg.

5. _____ Claire braucht eine neue Winterjacke.

_____

[1] **stellt . . . vor** *introduces her to another student*

E. Herkunft und Nationalität

Silvia Mertens und Jürgen Baumann sind auf einer Party im Studentenheim[1] in Göttingen. Jürgen kennt viele Studentinnen und Studenten, aber Silvia kennt niemand.[2]

NEUE VOKABELN

neben   *next to*
genug   *enough*

Woher kommen sie?

1. Jean kommt aus _____

2. Teresa kommt aus _____

3. Lena kommt aus _____

4. Julio kommt aus _____

5. Mike Williams kommt aus _____

6. Robert Redford kommt aus _____

---

[1]*dormitory*
[2]*no one*

Orthographie

DAS ALPHABET: WIEDERHOLUNG

Here again is the German alphabet. Listen and pronounce each letter.

a, b, c, d, e, f, g, h, i, j, k, l, m,
n, o, p, q, r, s, t, u, v, w, x, y, z

And here again are the umlauted vowels and ß, as they are pronounced when one is spelling in German. Listen and pronounce each letter.

ä, ö, ü, ß

Now spell the words that you hear. After a brief pause, the speaker will spell the word for you.

1. zwei 2. Kleid 3. Kreide 4. schüchtern 5. Juli 6. schön 7. Familie 8. Vater 9. Gesicht
10. Schuhe

DAS KLASSENZIMMER

A. Buchstabensalat

Achtung! Lesen Sie Grammatik B.1, „Plural Forms of Nouns"!

Find 10 words for classroom objects.

```
O   L   R   Ü   T   N   H   L   M
T   K   R   E   I   D   E   B   B
M   T   X   I   S   D   F   M   O
I   B   D   P   C   N   T   E   D
M   S   T   Ü   H   L   E   B   E
Z   L   A   M   P   E   Z   X   N
Y   G   F   E   N   S   T   E   R
V   R   E   H   C   Ü   B   L   T
G   V   L   J   W   A   N   D   B
```

Eight of the 11 classroom objects named above are in the singular form. What are their plural forms?

1. _____   5. _____

2. _____   6. _____

3. _____   7. _____

4. _____   8. _____

What are the singular forms of the three remaining classroom objects?

1. _____   2. _____   3. _____

B. Was ist in Ihrem Klassenzimmer?

Achtung! Lesen Sie Grammatik B.2, „Definite and Indefinite Articles"!

Nennen[1] Sie fünf Dinge in Ihrem Klassenzimmer, und beschreiben Sie die Dinge.

> MODELL: In meinem Klassenzimmer ist eine Tafel. Die Tafel ist schwarz.
> In meinem Klassenzimmer sind zwei Schwämme. Die Schwämme sind schmutzig.

Verwenden[2] Sie Adjektive aus der folgenden Liste:

sauber/schmutzig	rot	groß/klein
grün	blau	lang/kurz
schwarz	weiß	hoch

1. _____

2. _____

3. _____

4. _____

5. _____

EIGENSCHAFTEN

C. Meine Mitstudenten

Achtung! Lesen Sie das Thema „Eigenschaften" und Grammatik B.3, „Personal Pronouns"!

Beschreiben Sie fünf andere Studenten und Studentinnen in Ihrer Klasse. Benutzen[3] Sie Eigenschaften aus der folgenden Liste.

ernst	nett	schön
frech	optimistisch	schüchtern
freundlich	progressiv	sportlich
fröhlich	reserviert	tolerant
intelligent	ruhig	traurig
konservativ	schlank	verheiratet
nervös		

> MODELL: Franz? Er ist sehr intelligent.
> Frau Schulz? Sie ist reserviert.

1. _____

2. _____

3. _____

4. _____

5. _____

---

[1]*name*
[2]*use*
[3]*use*

DIE FAMILIE

D. Rolfs Familie

1. Johannes ist Rolfs _____

2. Sigrid ist Doras _____

3. Ursula ist Johannes' _____

4. Franz ist Sigrids _____

5. Johannes ist Ulfs _____

6. Helene ist Helgas _____

7. Rolf ist Sigrids _____

8. Viktor ist Helenes _____

9. Ursula ist Manfreds _____

10. Sigrid ist Claudias _____

11. Franz ist Helenes _____

E. Ihre Familie

Achtung!   Lesen Sie Grammatik B.5, „Possessive Adjectives: *My* (**mein**) and *Your* (**dein/Ihr**)"!

Beschreiben Sie Ihre Familie. Name and describe five members of your family, or other people you know, from the following list. Use the list of characteristics on page 25, **Meine Mitstudenten.**

Meine Mutter?	Mein Bruder?	Mein Großvater?
Mein Vater?	Meine Schwester?	Mein Onkel?
Mein Mann?	Mein Sohn?	Meine Tante?
Meine Frau?	Meine Tochter?	Meine Kusine?
Meine Freundin?	Meine Großmutter?	Mein Vetter?
Mein Freund?		

MODELL: Meine Mutter? Sie heißt Margaret. Sie ist intelligent.
Mein Großvater? Er heißt Jimmy. Er ist konservativ.

1. _____

2. _____

3. _____

4. _____

5. _____

WETTER UND JAHRESZEITEN

F. Based on the numbered clues, guess which weather term best fits each situation.

1. Heute ist es so schön!
   a. Es schneit.   b. Es regnet.   c. Es ist heiter.

2. Es regnet zwar nicht, aber die Sonne scheint auch nicht. Ich brauche meine Sonnenbrille wohl nicht!
   a. Es ist sonnig.   b. Es ist bedeckt.   c. Es regnet.

3. Es ist bedeckt, aber manchmal scheint die Sonne für 5 Minuten.
   a. Es ist wolkig.   b. Es schneit.   c. Es ist heiß.

G. Heute ist der 26. Juli. Wie ist das Wetter in diesen Städten? Using the weather report below, write the weather conditions in each of the cities that follow.

Europa, 26. 7.

Amsterdam	wolkig	19°C	London	heiter	20°C
Athen	heiter	30°C	Madrid	heiter	26°C
Barcelona	heiter	26°C	Mailand	heiter	29°C
Belgrad	wolkig	23°C	Moskau	heiter	18°C
Bordeaux	bedeckt	20°C	Nizza	heiter	27°C
Bozen	heiter	21°C	Las Palmas	heiter	25°C
Dublin	heiter	20°C	Palma d.M.	wolkig	26°C
Dubrovnik	heiter	29°C	Paris	wolkig	19°C
Helsinki	wolkig	19°C	Prag	Regen	16°C
Innsbruck	wolkig	17°C	Rom	heiter	27°C
Istanbul	heiter	26°C	Salzburg	wolkig	17°C
Klagenfurt	bedeckt	16°C	Stockholm	heiter	20°C
Lissabon	heiter	30°C	Wien	Regen	17°C
Locarno	heiter	26°C	Zürich	wolkig	15°C

Asien, 26. 7.

Delhi	heiter	36°C
Hongkong	wolkig	29°C
Peking	heiter	33°C
Tokio	wolkig	32°C
Bangkok	wolkig	30°C
Tel Aviv	heiter	31°C

Amerika, 25. 7.

New York	–	–°C
S. Francisco	heiter	20°C
Rio	–	–
Los Angeles	heiter	21°C
Mexiko-Stadt	–	–°C

(Alle Werte Mittag, Ortszeit)

Deutschland, 26. 7.

	Wetter	Wind km/Std.		Temperatur °C früh	Mittag	rel. F. in %
Berlin	bedeckt	N	16	15	21	65
Bonn	wolkig	N	5	13	18	68
Dresden	bedeckt	NW	7	15	19	64
Frankfurt	wolkig	uml	5	14	20	62
Hamburg	bedeckt	NO	20	15	18	74
Leipzig	bedeckt	NW	9	14	20	55
München	st. bew.	W	18	12	14	79
Nürnberg	bedeckt	NW	10	14	18	86
Stuttgart	st. bew.	NW	13	13	17	65
Wendelstein	Nebeltr.	SW	29	4	4	94
Zugspitze	Schneefall	N	23	–3	–3	99

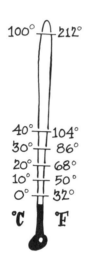

MODELL: Athen?   Es ist schön und warm.
Prag?   Es regnet und ist etwas kühl.

1. Lissabon? _____

2. Tokio? _____

3. Berlin? _____

4. San Francisco? _____

5. Moskau? _____

6. Zugspitze? _____

7. Bangkok? _____

8. Wien? _____

9. Amsterdam? _____

10. Innsbruck? _____

H. Wie ist das Wetter heute?

> MODELL: Wo sind Sie? <u>Ich bin in Ann Arbor, Michigan.</u>
> Welche Jahreszeit ist es? <u>Es ist Sommer.</u>
> Wie ist das Wetter heute? <u>Nicht schön. Es regnet.</u>

1. Wo sind Sie? _____

2. Welche Jahreszeit ist es? _____

3. Wie ist das Wetter heute? _____

HERKUNFT UND NATIONALITÄT

I. Woher kommen diese Personen? Welche Sprache sprechen sie?

> MODELL: JULIO IGLESIAS: Julio Iglesias kommt aus Spanien. Er spricht Spanisch.
> IHRE GROßMUTTER: Meine Großmutter kommt aus Irland. Sie spricht Englisch.

Achtung! Lesen Sie Grammatik B.4, „Origins: The Expression **kommen aus**" und Grammatik B.5, „Possessive Adjectives: My (**mein**) and Your (**dein/Ihr**)"!

1. Boris Becker: _____

   _____

2. Mickail und Raissa Gorbatschow: _____

   _____

3. Marcello Mastroianni: _____

   _____

4. Ihre Mutter: _____

   _____

5. Ihr Vater: _____

   _____

6. Sie: Ich _____

   _____

Schreiben Sie!

AVOIDING REPETITION

Stefan has written a composition about his German classroom for Frau Schulz's German class. However, he did not read Grammar sections B.2 and B.3, so his composition is rather awkward because he has repeated nouns, rather than use pronouns. To make Stefan's prose a little smoother, go through his composition and replace repeated nouns with pronouns.

A. Mein Klassenzimmer. In meinem Klassenzimmer ist **ein Schwamm. Der Schwamm** ist schmutzig. In dem Klassenzimmer ist auch **eine Lampe. Die Lampe** ist weiß. In dem Zimmer ist **ein Fenster. Das Fenster** ist offen. In der Klasse sind **viele Studenten. Die Studenten** sind nett. Es ist eine schöne Klasse!

_____

_____

_____

_____

_____

_____

B. Now describe your classroom.

_____

_____

_____

_____

_____

_____

HÖRVERSTÄNDNIS: HOW TO GET THE MOST OUT OF THIS COMPONENT*

As you know, the purpose of the **Hörverständnis** sections is to give you more opportunities to hear spoken German in meaningful ways outside of class. These comprehension experiences can help you develop the ability to understand spoken German by learning to recognize the most important elements in sentences without being thrown off by unfamiliar words and structures. They also furnish more opportunities for language acquisition by providing additional comprehensible input and contact with German. The exercises for each text consist of (1) a list of the new vocabulary crucial to comprehension, with English translations; (2) a short introduction to the text you will hear; and (3) tasks to help you verify that you have understood the main ideas. Some **Hörverständnis** activities include prelistening (**Vor dem Hören**) activities and postlistening (**Nach dem Hören**) activities. These give you the opportunity to relate the topic to your own interests.

This short training section is included before **Kapitel 1** because it is important that you be able to do assignments confidently. The pointers included here should reinforce what your instructor has been teaching you in the classroom about comprehension.

The topics of the oral texts in the workbook loosely follow those of the corresponding chapters of your textbook. Logically then, it is advisable to work on the **Hörverständnis** once most of the chapter activities in the textbook have been done in class and you feel fairly comfortable with the topics and vocabulary of the chapter. But even when you think you are comfortable with the material, keep in mind the following remarks. Although you may listen to the tape as many times as you consider necessary, you should not listen over and over until you understand every single word you hear. This is totally unnecessary! Your goal should be to reach an acceptable, not perfect, level of comprehension. While listening to the segments several times can be helpful, if you listen over and over when you are not ready, you will only engage in an exercise in frustration.

The following basic strategies will help minimize your frustration and maximize your comprehension.

1. Listen for key words. (At this point, these include words you are acquiring or have acquired in class in **Einführungen A** and **B** and **Kapitel 1** of your textbook, plus those given at the beginning of the specific section you will be listening to. In succeeding chapters, key words may come from vocabulary acquired in previous textbook chapters, as well as from the chapter that corresponds to the one you are working on here in your workbook and the section labeled **Neue Vokabeln** in this segment.)
2. Pay close attention to the context.
3. Make educated guesses whenever possible!

Pressure is your worst enemy when doing these assignments. If you are under stress and a problem arises, you will tend to think that the material is too difficult or that you are not as good a student as you should be; yet more often than not, extraneous factors are to blame. For example, a frequent cause of stress is poor planning. Leaving this type of assignment for the morning of the day it is due and not allowing sufficient time to complete it without rushing can easily lead to frustration. Listening to a segment over and over again without previous preparation can have the same result. Finally, listening over and over, even when you have followed the right prodedure, is usually not very rewarding. When you are feeling a bit lost, a more effective remedy is to stop the tape and go over the particular topic, as well as the related vocabulary in your textbook.

Unrealistic expectations are also a source of stress. Often students expect to understand everything after listening to a segment once or twice. They automatically assume that they do not understand everything because the tape is in German. They forget that listening to a tape is always different from

---

*To be used with **Kapitel 1**

listening to a person. They also overlook the fact that even in your own language, when you listen to a radio talk show or to a song for the first time, you do not always grasp everything you hear. If you don't believe this, try this test. Tape a radio show—in English, of course—and listen to it one time, then jot down the main ideas. Now listen a second time and compare how much more you grasped the second time. If you wish, do the test with a new song instead. Count the times you have to play it to feel that you really know what the singer is saying.

The following specific strategies will help to enhance your comprehension now that the material is a bit more advanced than in the two preliminary **Einführungen**.

1. First, take care of logistics, a very important factor of your success. Find a comfortable, well-lit place, one where you can listen and write comfortably, without interruptions. Make sure you can have the tape player, as well as your workbook, within easy reach.
2. Don't start until you are thoroughly familiar with the mechanics of the tape player and feel comfortable using it. Look for the play, rewind, fast forward, pause, and stop buttons, and familiarize yourself with their functions. Now find the counter and set it at 000. Remember to set it at 000 every time you begin a new dialogue (ad, narration, and so on) so that you will find the beginning easily every time you want to listen to that segment again.
3. Now open your workbook and tear out the pages that correspond to the **Hörverständnis** section of **Kapitel 1**. Then look for **Dialoge aus dem Text, A. Was studierst du?** In this section you hear the dialogues from the text (with which you will probably already be familiar) and perform listening tasks based on the dialogues. Read everything printed, including the introduction to the dialogue and the listening task instructions. Besides helping you get a clear idea of what is expected of you, this procedure will help you to create a context. Starting the tape player before preparing in this manner is like coming in in the middle of a serious conversation (or after a difficult class has already started) and expecting to participate intelligently.
4. Get into the habit of making sure you know what to listen for. (Yes, you are right, The task for this particular segment is to listen to the conversation and say whether the statements are true or false. You are then to rewrite the false statements as true statements.)
5. Now that you know what you have to do, take a few seconds to map out a strategy. You may wish to set a simple goal for yourself, such as concentrating on deciding whether all the statements are true or false, before trying to correct any of the false statements. Then you can go back and listen to the dialogue again as many times as needed to correct the false statements.

Now try these suggestions with **A**. You have listened once and determined that both statements are false. Now listen again to see where the new student comes from. You might want to turn off the tape while you rewrite the statement as a correct one. That's right, the student comes from Germany, not Austria. Now listen once again to see what he really studies. That's right, psychology. When you're correcting false statements in an exercise like this, don't forget to use the existing sentences as models. Change only what has to be changed—in this case, **Deutschland** for **Österreich** in **1** and **Psychologie** for **Medizin** in **2**.

Now go on to **Weitere Hörtexte, A. Hobbies.** Read everything printed and look at the picture. Now look at the table. If you decided that Nora and Albert are talking about what they do during their free time and that you have to decide who does which of the listed activities, you're right. One way to approach this would be to decide to listen for the activities that Nora does the first time, purposely ignoring Albert, and then to listen again to determine Albert's activities, this time ignoring Nora. Try this now. What does Nora do during her vacation? That's right, she windsurfs, swims, and she likes to go hiking in the mountains. Now listen again, to make sure that Albert spends his time studying math, working in the library, and camping in Yosemite.

No go on to **B. Freizeitpark „Hansaland".** Once more, the first step is to read all that is printed on the page and to look at the illustration to the right. After doing this, you should have come to the conclusion that you will hear an advertisement for some sort of resort. In the picture you see people engaged in various activities. You also know that you need to fill in which sport one can do at Hansaland, and you need to find yes/no answers for questions **2** and **3**. Let's say you plan to listen three or four times, so this first time you decide to focus only on questions **2** and **3**. Now that you are ready, you can start the tape.

If you decided that **2** is **ja** and **3** is **nein**, you are right. The ad for the resort suggests that you stop in at the bar for a glass of beer, but there is never any mention of windsurfing.

For the answers to **1**, you will have to work with a different strategy. You know that you need to write down three different sporting activities for **a**, **b**, and **c**. Remember that the possibilities for these answers are limited to words you have learned up until now or words that are the same in German and English. (You may want to go back to the section "**Freizeit**" in your text and review the vocabulary.

This time, since you have to write in whole words, you may want to concentrate just on getting **a** the first time you listen and work on getting subsequent activities with subsequent listenings. Or you may want to get **a**, **b**, and **c** but write only the first few letters of each word, and then go back and complete them when you have finished listening to the passage. Now you should look at each word you have written. Do you think you have spelled each one correctly? Is it a noun? Should it be capitalized? When you are done looking over your answers to this section, go to the back of the workbook and check your answers.

A similar technique can be used for doing **C. Studium**. After reading what is printed for this segment, you know that Thomas and Katrin, two students in the German class at Berkeley, are discussing their course schedules. And you know that your task is to fill out the class schedule for each of them. Again, if you are a little unsure, look at the section "**Studium**" in the text and go over the vocabulary briefly. As before, you may want to fill in the information first for Katrin, then for Thomas. You may want to write just the first couple of letters for each class and then write in the whole words after you have finished listening, or you may want to fill in whole words at once and push the pause button so the tape doesn't keep going while you are trying to write. If you choose the last option, make sure that you listen to the whole segment at least once without stopping the player, preferably the first time you listen (without attempting to write anything down).

As you move through the chapter, you will find that your work is getting easier. **D. Tagesablauf** should be even easier than the previous segments. If, after reading what is printed, you know that you are to fill in what time Heidi gets up in the morning, what times Heidi and Peter eat breakfast, and what activity they do at 7:20 and 7:35, respectively, you are right. Remember that you are searching only for the missing information; you need not focus on the information already given.

Going on to **E. Silvia arbeitet auf dem Bahnhof**, you see that you have to write down the destinations of the trains and their times of departure. First decide which column to write the destinations in and which to write the times in. If you decided to write the times in the second column, you were right. Now you will probably decide to write the places in the order they are mentioned, or maybe just the first few letters of each place, so you can fill in the rest of the names later. It may take several times listening before you have successfully gotten all the times of departure, but don't worry; this is a relatively difficult task. When you've gotten all the times of departure matched up with the destinations, go to the answer section at the back of the workbook and verify your answers.

In **F. Biographische Information**, you see that you need to answer two questions about the dance course Willi wants to take, and then you need to fill in information about Willi's address and the dance school's address. Don't forget: Dividing the task into its various components will make it easier.

The **Rollenspiel** section of the **Hörverständnis** is designed to help prepare you to perform the **Rollenspiel** yourself. The listening tasks accompanying the **Rollenspiel** are less specific that those that accompany **Hörverständnis** activities. You are often asked to write down questions you hear the **Rollenspiel** participants ask during the course of the **Rollenspiel**. The point here is not to hear every word and write down every question absolutely perfectly; rather, the idea is that you familiarize yourself with the kinds of questions and answers that will be useful when you do the **Rollenspiel** yourself.

The strategies we have given here are ones that students have told us have helped them in the past. No doubt you will pick the ones that work best for you, and, predictably, you will soon develop some of your own. We hope that this introduction has made you aware of the advisability of planning ahead and mapping out the most appropriate strategies before attempting a task. After some practice, you will be so familiar with the process that it will be more or less unconscious, as it should be—for then it will be a habit you can depend on when communicating with native speakers of German.

KAPITEL 1

HÖVERSTÄNDNIS

Dialoge aus dem Text

This section contains dialogues taken from your textbook. Most will probably be familiar to you.

A. Was studierst du?

Richtig oder falsch? Korrigieren Sie die falschen Sätze.

1. _____ Der neue Student kommt aus Österreich. *Er Kommt aus Deutschland.*

2. _____ Er studiert Medizin. _____

B. Melanie Staiger ist auf dem Einwohnermeldeamt in Regensburg. Sie braucht einen neuen Personalausweis.

Füllen Sie das Formular für Melanie Staiger aus.

ANTRAG—PERSONALAUSWEIS		
Familienname: *Staiger*	Vorname: _____	
Adresse: *Gesandtenstraße 8*		
Wohnort: _____	Telefon: *24352*	
Alter:[1] _____	Beruf: _____	

_____

[1]*age*

Weitere Hörtexte

FREIZEIT

A. Hobbies

NEUE VOKABELN

Urlaub machen   *to go on vacation*

Nach der Deutschklasse sprechen Nora und Albert über die Ferien.

Wer macht was?

	NORA	ALBERT
windsurfen gehen	✗	
schwimmen		
Mathematik studieren		
in der Bibliothek arbeiten		
in Yosemite zelten		
in den Bergen wandern		

B. Freizeitpark „Hansaland"

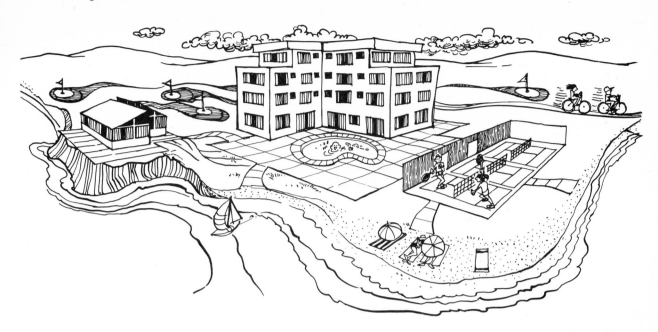

NEUE VOKABELN

der Spaß *fun*
die Sauna, -en *sauna*
das Solarium, die Solarien *solarium*

Werbung[1] für den Freizeitpark Hansaland.

1. Welche Sportarten gibt es im Hansaland?

   a. _____ b. _____ c. _____

2. Kann man im Hansaland Bier trinken? _____ ja _____ nein

3. Kann man windsurfen gehen? _____ ja _____ nein

---

[1]*advertisement*

STUDIENFÄCHER

C. Studium

NEUE VOKABELN

können *can, to be able*
alles *everything*

Thomas und Katrin sitzen in einem Café in Berkeley. Sie sprechen über ihr Studium.

Welche Kurse haben Katrin und Thomas, und wann?

	KATRIN	THOMAS
8:00	Deutsch	Deutsch
9:00		
10:00		
11:00		
12:00		
13:00		
14:00		

D. Tagesablauf. Die Studenten und Studentinnen in der Deutschklasse machen ein Interview über ihren Tagesablauf. Heidi und Peter arbeiten als Partner.

Setzen Sie die fehlenden Informationen ein!

AKTIVITÄT	HEIDI	PETER
	ZEIT	
aufstehen		7.00
frühstücken		
	7.20	7.35

E. Silvia arbeitet auf dem Bahnhof.[1]

NEUE VOKABELN

der Kunde, -n / die Kundin, -nen   *client, customer*
Wann fährt der nächste Zug?   *When does the next train leave (depart)?*

Silvia Mertens studiert Mathematik und Englisch an der Universität Göttingen. In den Semesterferien arbeitet sie bei der Bahnhofsauskunft.[1] Jetzt spricht sie mit Kunden.

Listen to the questions, and make a list of destinations and times of departure. Places mentioned: Stuttgart, München, Frankfurt, Hamburg, Düsseldorf.

ORT   UHRZEIT

1. ___Hamburg___   ___7.70___

---

[1]*railway station*
[1]*information booth*

2. _____   _____

3. _____   _____

4. ___*Düsseldorf*_____   _____

5. _____   _____

F. Biographische Information

NEUE VOKABELN

der Anfänger, - / die Anfängerin, -nen *beginner*
schicken *to send*

Willi Schuster will einen Tanzkurs machen und ruft die Tanzschule Gollan in Dresden an.

Beantworten Sie die Fragen.

1. Welchen Kurs will Willi besuchen?

    a. Rock 'n' Roll   b. Anfänger   c. Flamenco   d. Salsa

2. Wann ist der Kurs?

    Jeden _____, von _____ bis _____

3. Was ist Willis Adresse?

    Luisenstraße _____ , 41 _____ 2

4. Was ist die Adresse der Tanzschule?

    Sandstraße _____

Rollenspiel

In this and all subsequent chapters, you will hear an enactment of the **Rollenspiel** from your textbook. The accompanying exercises are designed to help prepare you to play the roles yourself in class. First reread the **Rollenspiel** from the text, which is reprinted in the workbook. Next read the directions for the **Rollenspiel**, do any preliminary exercises, and listen to the tape. Last, do any follow-up activities.

IM AUSLANDSAMT

A. Sie sind Student/Studentin und möchten ein Jahr in Österreich studieren. Gehen Sie zum Auslandsamt und sagen Sie, daß Sie ein Stipendium möchten.

B. Sie arbeiten im Auslandsamt der Universität. Ein Student / Eine Studentin kommt zu Ihnen und möchte ein Stipendium für Österreich.
   —Nehmen Sie die Personalien auf: Name, Adresse, Telefon, Alter, Studienfach, Semester.
   —Sagen Sie „Auf Wiedersehen".

VOR DEM HÖREN

Fill out the information on the **Auslandsstipendium Antrag** below, as if you were applying for a scholarship. Remember that you'll have to give your address and telephone number in German when you do the **Rollenspiel** yourself, so practice saying the numbers as you fill out the form.

STIPENDIUM INFORMATIONSFORMULAR

Familienname: _____ Vornamen: _____

Adresse: _____

Wohnort: _____ Postleitzahl:[1] _____

Telefon: _____ Alter:[2] _____

Studienfach: _____ Semester: _____

---

[1] ZIP code
[2] age

Bei dem Hören

Now listen to the **Rollenspiel** performed.

1. How does the student ask for information?

   _____

   _____

2. How does the person working at the **Auslandsamt** obtain the necessary personal information from the student? What questions does he ask her?

   Kann ich Ihnen helfen?

   _____

   _____

   _____

   _____

Ausprache und Orthographie

PRONOUNCING AND WRITING GERMAN: PRELIMINARIES

The following preliminary rules will help you pronounce German words. They will be especially useful if you need to pronounce a word you have not yet heard. Each rule will be explained in more detail in the **Aussprache** (*pronunciation*) and **Orthographie** (*spelling*) execises in subsequent chapters of the **Arbeitsbuch**.

AUSSPRACHE

I.   Vowels and diphthongs

The German vowels are **a, e, i, o, u, ä, ö,** and **ü**. Each of these vowels (except **ä**) has a short and a long variant: "long" vowels have a closed, sustained sound, as in **Uni**, whereas "short" vowels are pronounced with the mouth more open: **um**. The distinguishing feature of German vowels is that they are "pure" vowels, which means they do not "glide off" into other vowel sounds, as many English vowels do, but retain the same sound throughout. Compare the **a** sound in German **heben** and English *day*: **heben**, *day*.

a	Tag
e	setzen
i	Gesicht
o	Rock
u	jung
ä	trägt
ö	öffnen
ü	hübsch

The three German diphthongs are **au, ei/ai,** and **eu/äu.** There is no difference in pronunciation between **ei** and **ai,** or between **eu** and **äu.**

au	**Auge**
ei	**heißen**
ai	**Mai**
eu	**Freund**
äu	**läuft**

II. Consonants

The pronunciation of most German consonants is close to that of English consonants. The following rules offer approximate guidelines.

A. The pronunciation of these consonants is almost identical in German and in English.

b	**Bart**
d	**du**
f	**Foto**
g	**gehen**
h	**Hut**
k	**Kind**
l	**lang**
m	**mein**
n	**nein**
p	**Pilsner**
t	**Tennis**
x	**Text**

B. The sounds of the following German consonants are almost identical to sounds in English that are represented by different letters.

j	**jung**
v	**vier**
w	**wie**

C. The following letters or letter combinations are almost identical to sounds in English that are represented by different letters or letter combinations.

c	**Celle**
qu	**Quelle**
s	**Sonne**
ß	**heißen**
sch	**schreiben**
z	**zehn**

D. These German consonants have no close or exact English equivalents.

ch	**lachen**
r	**rot**

ORTHOGRAPHIE

Groß- und Kleinschreibung

In German, all nouns are capitalized, not just proper names as in English. Words other than nouns—verbs, adjectives,[1] pronouns,[2] and so on—are not capitalized unless they begin a sentence.

Listen to and then write the nouns you hear next to their English equivalents. Make sure each German noun starts with a capital letter.

1. car _____

2. table _____

3. winter _____

4. arm _____

5. lamp _____

---

[1]Even adjectives that refer to countries or languages begin with a lowercase letter: **ein deutscher Wein**   *a German wine.*

[2]The pronoun **Sie** is capitalized when it means *you;* **ich** (*I*) is not capitalized unless it begins the sentence.
   Kann ich mitkommen? —Ja, kommen Sie doch mit.
   Can I come along? —Yes, why don't you come along.

SCHRIFTLICHES

A. Sagen Sie, was Sie gern machen und was Sie nicht gern machen.

Achtung! Lesen Sie Grammatik 1.1, „The Present Tense" und Grammatik 1.2, „Expressing Likes and Dislikes: **gern/nicht gern**"!

MODELL: joggen → Ich jogge nicht gern.
Schach spielen → Ich spiele gern Schach.

1. Tennis spielen: _____

   _____

2. ins Restaurant gehen: _____

   _____

3. im Meer schwimmen: _____

   _____

4. in der Sonne liegen: _____

   _____

5. für das Studium arbeiten: _____

   _____

6. mit Freunden telefonieren: _____

   _____

7. ins Kino gehen: _____

   _____

8. Musik hören: _____

   _____

9. Fußball spielen: _____

   _____

10. windsurfen gehen: _____

    _____

B. Welche Kurse haben Sie? Schreiben Sie Ihren Stundenplan.

Zeit	Montag	Dienstag	Mittwoch	Donnerstag	Freitag

C. Beschreiben Sie Ihren Tagesablauf.

Achtung!   Lesen Sie Grammatik 1.3 „Telling Time"!

>   MODELL: Um 15 Uhr? Ich habe Psychologie.
>   Um 23 Uhr? Ich arbeite für das Studium.

1. Um 6 Uhr morgens? _____

2. Um 9 Uhr morgens? _____

3. Mittags? _____

4. Um 15.30 Uhr? _____

5. Um 22.15 Uhr? _____

D. Wann sind Ihre Kurse?

Achtung!   Lesen Sie Grammatik 1.4, „Word Order in Statements"!

Schreiben Sie, welche Kurse Sie haben und wann.

>   MODELL: Montags <u>habe</u> ich Chemie um 14 Uhr.
>   Ich <u>habe</u> Deutsch montags, mittwochs und freitags um 10 Uhr.

1. Montags _____ ich _____

2. Dienstags _____ ich _____

3. Ich _____ Deutsch _____

4. Mittwochs _____

5. Freitags _____

E. Was sind die Fragen? Schreiben Sie die Fragen zu den Antworten! Benutzen Sie die folgenden Fragewörter:

>   wann, was, wie, wo, woher, wie viele

oder setzen Sie das Verb an die erste Stelle.[1]

Achtung!   Lesen Sie Grammatik 1.6, „Word Order in Questions"!

_____

[1]**erste Stelle**   *first position*

MODELL: Wie heißen Sie? Ich heiße Renate Röder.

1. _____? Ich komme aus Deutschland.

2. _____? Ich wohne in Berlin.

3. _____? Eylauer Straße 7.

4. _____? Meine Telefonnummer ist 030-7843014.

5. _____? Ich bin 28 Jahre alt.

6. _____? Ich habe drei Geschwister.

7. _____? Ich arbeite bei einer Computerfirma.

8. _____? Nein, ich bin nicht verheiratet.

9. _____? Ja, ich habe einen Freund.

10. _____? Er heißt Hans.

F. Eine interessante Person. In einem Café lernen Sie einen interessanten Mann / eine interessante Frau kennen. Was möchten Sie diese Person fragen? Benutzen Sie die folgenden Fragewörter.

wann	wer	wie viele
was	wie	wo, woher
welcher		

_____

_____

_____

_____

_____

_____

_____

_____

Schreiben Sie!

ASSOZIATIONEN

A. Was assoziieren Sie mit *Sonntagmorgen*?

MODELL: Lange schlafen. Im Bett frühstücken. Zeitung lesen. Nicht arbeiten. Wandern.

Was assoziieren Sie mit *Montagmorgen*?

_____

_____

_____

_____

Was assoziieren Sie mit *Freitagabend*?

_____

_____

_____

_____

B. Jetzt schreiben Sie einen Aufsatz darüber, was Ihre Assoziationen bei sonntagmorgens oder freitagabends sind. Benutzen Sie die Listen von Assoziationen, die Sie oben geschrieben haben.

MODELL: Sonntagmorgens schlafe ich lange. Ich frühstücke im Bett und lese die Zeitung. Ich arbeite nicht. Ich wandere in den Bergen, und die Sonne scheint.

Sprachnotiz: Note that to mean *Sunday mornings in general*, the form **sonntagmorgens** is used. Likewise, **montagmorgens** and **freitagabends** mean *Monday mornings in general* and *Friday evenings in general*.

_____

_____

_____

_____

_____

C. Use the information given to write a description.

die Familie Frisch

MODELL: Name: Bernd Frisch
        Adresse: Feusisbergli 6
                  CH-8408 Zürich
        Telefon: 01/634791
        Alter: 46

Mein Freund heißt Bernd Frisch. Er ist 46 Jahre alt. Bernd Frisch kommt aus der Schweiz. Er wohnt in Zürich, Feusisbergli Nummer 6. Telefonnummer 01/634791.

Beschreiben Sie jetzt Renate Röder oder Sigrid Schmitz.

NÜTZLICHER AUSDRUCK[1]

aus Deutschland

Renate

Sigrid

Name: Renate Röder
Adresse: Eylauer Straße 7
          D-1000 Berlin 61
Telefon: 030/7843014
Alter: 28

Name: Sigrid Schmitz
Adresse: Keplerstraße 28c
          D-3400 Göttingen
Telefon: 0551/55483
Alter: 15

_____

_____

_____

_____

_____

_____

---
[1]*useful expression*

Lesetext 1: Ins Kino gehen

Vor dem Lesen

Was gehört zusammen?

1. _____ *Das Schweigen der Lämmer*
2. _____ *Der mit dem Wolf tanzt*
3. _____ *Auf die harte Tour*
4. _____ *Nicht ohne meine Tochter*
5. _____ *Der Club der toten Dichter*
6. _____ *Der Kuß vor dem Tode*

a. *Dead Poets Society*
b. *Not without my Daughter*
c. *The Hard Way*
d *Silence of the Lambs*
e. *A Kiss before Dying*
f. *Dances with Wolves*

Samstag/Sonntag, 27./28. Juli 1991

KINO-PROGRAMM

Mathäser-Filmpalast
Bayerstraße 5, Telefon 595361/62

Münchens größtes Kino - Münchens größte Leinwand - DOLBY STEREO und AIR CONDITION in allen Häusern - NON-STOP-TRAILER-SHOW in unserem Film-Bistro
AUF DIE HARTE TOUR 16 J. 5. Wo.
12.30/15.00/17.30/20.00/22.30
TURTLES II 12 J. 2. Wo.
13.00/15.00/17.00
DAS OMEN IV 16 J.
19.30/22.00
HUDSON HAWK 12 J.
12.45/15.15/17.45/20.15/22.45
EINE PERFEKTE WAFFE 18 J. 3. Wo.
13.45/16.00/18.15/20.30/22.45
Automatische Programmansage ☎595363

Theater am Karlstor
Neuhauser Straße 34, Telefon 554200

OMEN IV
13.15, 15.45, 18.00, 20.15 Fr./Sa. a. 22.30

Michael J. Fox **AUF DIE HARTE TOUR**
13.00, 15.30, 18.00, 20.30 Fr./Sa. a. 22.45

DIE JETSONS - Tägl. 14.00
DER KUSS VOR DEM TODE
16.10, 18.20, 20.30 Fr./Sa. a. 22.45

Der Sensationserfolg als Buch und Film
NICHT OHNE MEINE TOCHTER
13.00, 15.30, 18.00, 20.30 Fr./Sa. a. 22.45

Royal-Filmpalast
Goetheplatz 2, Telefon 533956/7

DIE BLONDE VERSUCHUNG 12 Jahre
THX-SOUND-SYSTEM + DOLBY STEREO
13/15.15/17.45/20.15/Fr.+Sa. 22.30
DER MIT DEM WOLF TANZT ab 12 J.
13.30/16.45/20.00/23. Woche
TURTLES II ab 12 Jahren, 2. Woche
KCS-SOUND-SYSTEM + DOLBY STEREO
13.00/14.45/16.30
DAS SCHWEIGEN DER LÄMMER 14. Woche
KCS-SOUND-SYSTEM + Dolby Stereo
18.30/20.45 ab 16 Jahren
AUF DIE HARTE TOUR 5. Woche, ab 16 J.
14.00/16.15/18.30/20.45
L.A. STORY ab 12 Jahren, 6. Woche
13.30/15.30/17.45/20/Fr.+Sa. 22.15

Marmorhaus
Leopoldstraße 35, Telefon 395140

Zentral an der U3 und U6
HUDSON HAWK 12 J.
13.30/15.45/18.00.20.15/22.30
AUF DIE HARTE TOUR 16 J. 5. Wo.
12.45/15.00/17.30/20.00/22.30
LULU-D. GESCHICHTE EIN. FRAU 18 J. 8. Wo
13.15/15.30/17.45/20.00/22.15
LUCKY LUKE 6 J., 4. Wo.
13.00/15.15/17.30/19.45/22.00
DIE BLONDE VERSUCHUNG 12 J. 2. Wo.
14.00/16.30/19.00/21.30
TURTLES II 12 J. 2. Wo.
12.45/15.00/17.15/19.30/21.45
Automatische Programmansage ☎595363

Museum-Lichtspiele
Lilienstr. 2, Ludwigsbrücke, Tel. 482403

TÄGL. KINDERKINO FÜR ALLE DM 5,50!
15.00 + 16.20 (Sa + So. auch 13.40):
Walt Disneys **ASCHENPUTTEL** - o.A.
14.40 + 16.10 (Sa + So. auch 13.10): **FAM. JETSONS ABENTEUER IM WELTALL** o.A.
14.25 (Sa + So. auch 13.00): **MEISTER EDER UND SEIN PUMUCKL** - 6 J.

Kino 1: 17.35 + 19.35: **ONCE AROUND - EIN CHARMANTES EKEL** - english
22.10: **SILENCE OF THE LAMBS** - engl.
So. 11.00: L. Visconti **TOD IN VENEDIG**

Kino 2: 16.00: 14. Jahr! - jetzt Stereo!
THE ROCKY HORROR PICTURE SHOW
18.00: J. Roberts-**STEEL MAGNOLIAS**-engl.
20.25: Steve Martin - **L.A. STORY -engl.**
22.20: **BLUES BROTHERS** - deutsch - 8.Jahr
So. 10.50: **DER CLUB DER TOTEN DICHTER**

Kino 3: 17.45: J.M.Barr - **EUROPA** - engl.
20.00: **A KISS BEFORE DYING** - engl.
22.00 **THE BIG BLUE** - engl. LONGVERSION
So. 10.30: I.Adjani - **CAMILLE CLAUDEL**
KINODONNERSTAG - ALLE KART. ERMÄSS.!

Cadillac + Veranda
Rosenkavalierpl.12, T.919999 u. 912000

Cadillac: 15.00, 17.30, 19.45, 22.00
AUF DIE HARTE TOUR
Fr./Sa. Film i. Orig. 24.00 **THE HARD WAY**

Veranda: 15 **DIE DSCHUNGELOLYMPIADE**
17.30/19.45, 22 **D. BLONDE VERSUCHUNG**
Fr./Sa. Film i. Origin. 24.00 **L.A. STORY**

Arbeit mit dem Text

1. Wann kann man *Das Schweigen der Lämmer* im Royal Filmpalast sehen?

   _____ und _____

2. Welche Filme laufen um 20.30 im Theater am Karlstor?

   a. _____   b. _____   c. _____

3. Welcher Film läuft am Sonntag um 10.50 im Museum-Lichtspiele?

   _____

4. In welchen Kinos kann man *Auf die harte Tour* sehen?

   _____

5. Welcher Film läuft um 16.45 im Royal-Filmpalast?

_____

Lesetext 2: Sofie Pracht stellt sich vor.

Vor dem Lesen

1. Wie groß ist die Stadt, aus der Sie kommen?

_____

2. Was für Freizeitaktivitäten können Sie da machen?

_____

_____

Eine Studentin aus Dresden stellt sich vor: Sofie Pracht

© Keystone/The Image Works

Die Ernst-Thälmann-Straße in Dresden

Ich heiße Sofie Pracht, bin 22 und komme aus Dresden. Ich bin gern in Dresden. In meiner Freizeit gehe ich oft auf Parties und ins Kino, spiele Gitarre und tanze sehr gern. Außerdem schreibe ich regelmäßig an meine Brieffreunde[1] in der ganzen Welt. Ich studiere Biologie an der Technischen Universität Dresden. Ein paar Stunden in der Woche arbeite ich in einer großen Gärtnerei.[2]

Mein Freund heißt Willi Schuster. Er studiert auch hier in Dresden an der Technischen Universität. Er kommt aus Radebeul. Das ist ein kleiner Ort ganz in der Nähe von Dresden. Am Wochenende fahren wir manchmal mit dem Fahrrad[3] nach Radebeul und besuchen seine Familie. Wir trinken dann in Radebeul Kaffee, essen Kuchen und fahren wieder nach Hause.

_____

[1]_pen pals_
[2]_nursery_
[3]_bicycle_

Arbeit mit dem Text

1. Wie alt ist Sofie? _____

2. Was macht sie in ihrer Freizeit? _____

    _____

3. Wie heißt Sofies Freund? _____

4. Was machen Sofie und ihr Freund manchmal am Wochenende?

    _____

    _____

Und Sie? Was machen Sie gern am Wochenende?

_____

_____

_____

_____

KAPITEL 2

HÖRVERSTÄNDNIS

Dialoge aus dem Text

A. Stefan zieht ins Studentenheim. Katrin trifft Stefan im Möbelgeschäft.

1. Wann zieht Stefan ins Studentenheim? _____

2. Was hat Stefan schon?

   a. _____ b. _____ c. _____

3. Wieviel Geld hat er? _____

4. Was ist besser für Stefan?

   a. das Möbelgeschäft   b. der Flohmarkt

B. Ein Geschenk für Josef. Melanie trifft Claire in der Mensa.

Richtig oder falsch? Korrigieren Sie die falschen Sätze.

1. _____ Josef hat am nächsten Donnerstag Geburtstag. _____

_____

2. _____ Seine Hobbies sind Fußball spielen und fernsehen. _____

_____

3. _____ Melanie und Claire kaufen ein Songbuch für Josef zusammen. _____

_____

C. Was machst du heute abend?

1. Willi trifft Sofie vor der Bibliothek der Universität Dresden.

Richtig oder falsch? Korrigieren Sie die falschen Sätze.

1. _____ Bei Sofie ist ein Fest. _____

2. _____ Rudis Feste sind immer langweilig. _____

2. Claire spricht mit Melanie am Telefon.

Richtig oder falsch?

1. _____ "Gloria" läuft im Kino.

2. _____ Claire kann nicht ins Kino gehen.

Weitere Hörtexte

A. Besitz. Alexanders Zimmer

NEUE VOKABELN

die Stereoanlage, -n   *stereo system*

Hören Sie gut zu. Alexander beschreibt sein Zimmer im Studentenheim.

Was hat Alexander in seinem Zimmer?

1. _____   5. _____

2. _____   6. _____

3. _einen Schrank_____   7 _eine Stereoanlage_____

4. _____   8. _____

Was möchte er für sein Zimmer?

1. _____   2. _____

B. Geschenke. Frau Schulz spricht mit den Studenten im Deutschkurs über ihre Geburtstagswünsche.[1]

NEUE VOKABELN
bestimmt *surely*
die Allergie, -n *allergy*
schade *unfortunate, too bad*
niedlich *cute*

Was möchten sie haben?

1. Was möchte Stefan haben?

   a. _____ b. _____

2. Was möchte Nora haben? _____

3. Was möchte Monika haben? _____

4. Was möchte Albert haben? _____

_____
[1]*birthday wishes*

C. Totalausverkauf[1] im Kaufpalast

NEUE VOKABELN

Aufgepaßt!   *Attention please!*
die Elektroabteilung   *appliance department*
die Größe, -n   *size*
die Gartengeräte (*pl.*)   *gardening equipment*
Greifen Sie zu!   *Dig in!*

Sie hören Werbung für den Ausverkauf im Kaufpalast.

Setzen Sie die fehlenden Waren[2] in den Text ein!

KAUFPALAST

Elektroabteilung

Plattenspieler,
Farbfernseher,
_____,
_____,
Toaster,
Kaffeemaschinen.

Schmuckabteilung

_____,
_____,
_____,
_____.

Schuhabteilung

Winter _____,
Damen-, Herren- und Kinder _____

zum halben Preis

Hobbyabteilung

_____, Campingtische,
Camping _____, _____,
Rollschuhe,
_____,
Grillsets, Gartengeräte.

---

[1]*sale*
[2]*merchandise*

D. Geschmacksfragen

NEUE VOKABELN

die Lederjacke, -n *leather jacket*
unmöglich *impossible*

Jutta Ruf und ihre Mutter sind bei Karstadt, einem großen Kaufhaus.[1] Frau Ruf möchte etwas für Jutta kaufen, aber Jutta findet nichts[2] schön, was ihre Mutter möchte. Und was Jutta kaufen möchte, findet ihre Mutter häßlich.

Welches Wort paßt?

1. Jutta findet die Jeans *teuer / billig.*
2. Frau Ruf findet die Jeans sehr *schön / alt.*
3. Der Rock ist *schwarz und lang / schwarz und kurz.*
4. Jutta findet das gelbe Kleid *schön / häßlich.*
5. Jutta möchte einen Ring aus *Gold / Silber* kaufen.
6. Jutta möchte *einen Nasenring / Ohrringe* kaufen.

---

[1]*department store*
[2]*nothing*

E. Vergnügen

NEUE VOKABELN

jede Menge   *everything possible*
bloß   *simply*
der Wilde Westen   *the Wild West*

Rolf Schmitz sitzt in einem Café in Berkeley mit Sabine, einer anderen Studentin aus Deutschland. Sie sprechen über Freizeitaktivitäten in Berkeley.

Was macht Rolf gern? Setzen Sie die fehlenden Substantive[1] und Verbformen ein.

> **Sprachnotiz:**   Beachten Sie die Verbformen.
> SIE HÖREN: Ich sehe gern fern.
> SIE SCHREIBEN: Er *sieht* gern fern.

1. Rolf geht gern _____ oder ins Kino.

2. Er _____ auch gern ins Theater, oder ins _____.

3. Er fährt gern _____.

4. Er _____ gern Sport.

5. Er _____ nächsten Samstag Fußball.

---

[1] *nouns*

Rollenspiel

AM TELEFON

A. Sie rufen einen Freund / eine Freundin an. Sie haben am Samstag ein Fest. Laden Sie Ihren Freund / Ihre Freundin ein.

B. Das Telefon klingelt. Ein Freund / eine Freundin ruft an. Er/Sie lädt Sie ein. Fragen Sie: wo, wann, um wieviel Uhr, wer ist da. Sagen Sie „ja" oder „nein", und sagen Sie „Tschüs".

VOR DEM HÖREN

What kind of information do you need to provide when you invite someone to a party? Imagine you are having a party. Make a list of the information you need to give your friends when you invite them.

Warum? _____

Wann? _____

Wo? _____

Wer kommt? _____

Bei dem Hören

Wie lädt Andreas Ilona zur Party ein? Was sagt er? Kreuzen Sie an!

_____ Ich habe mein Abitur gemacht, und wir machen morgen eine Party bei mir.

_____ Ich habe morgen Geburtstag, und wir machen eine Party bei mir.

_____ Ich möchte dich gerne dazu einladen.

_____ Sie sind herzlich eingeladen.

_____ Glauben Sie, Sie könnten kommen?

_____ Kannst du kommen?

Welche Fragen stellt Ilona? Kreuzen Sie an!

_____ Wann fängt die Party an?

_____ Wo findet die Party statt?

_____ Wo wohnst du denn jetzt?

_____ Wer kommt denn noch am Samstag?

_____ Kommt dein Freund Bernd?

_____ Kannst du deinen Freund Bernd auch einladen?

Aussprache und Orthographie

AUSSPRACHE (1. Teil)

Umlaut

A. ä, ö, ü are called *unlauted vowels*. The sounds of these vowels differ considerably from their counterparts without the umlaut: **a, o, u.** Listen to the regular vowel sounds and the umlauted vowel sounds in the following words.

> a   Tafel, Nase, Haar, tragen, Vater
> ä   trägt, Mädchen, Väter, Männer, Schwämme
> o   Boden, Ohr, wohnen, Sohn, Oktober
> ö   fröhlich, schön, nervös, hören, Röder
> u   Stuhl, Uhr, Fuß, Juni, Juli
> ü   Stühle, schüchtern, Tür, kühl, Frühling

B. As you listen to the tape, concentrate on the change in the vowel sound as the umlaut is added.

> a → ä   tragen, trägt; Vater, Väter; Mann, Männer
> o → ö   Boden, Böden; Sohn, Söhne; schon, schön
> u → ü   Stuhl, Stühle; Fuß, Füße; Buch, Bücher

C. Listen to and then repeat the following words. Try to imitate the German speaker as closely as possible. (*Hint:* When German speakers produce ö-sounds and ü-sounds, they look as if they are whistling with their lips rounded.)

> ä   Väter, Mädchen, trägt, Männer, Schwämme
> ö   schön, Böden, Söhne, nervös, hören
> ü   Füße, schüchtern, Stühle, kühl, Tür

ORTHOGRAPHIE

A. Listen and write the words you hear with the umlauted vowel **ä.**

1. _____   4. _____

2. _____   5. _____

3. _____   6. _____

B. Listen and write the words you hear with the regular vowel **a.**

1. _____   4. _____

2. _____   5. _____

3. _____   6. _____

C. Listen and write the words you hear with the umlauted vowel **ö.**

1. _____   4. _____

2. _____   5. _____

3. _____   6. _____

D. Listen and write the words you hear with the regular vowel **o**.

1. _____   4. _____

2. _____   5. _____

3. _____   6. _____

E. Listen and write the words you hear with the umlauted vowel **ü**.

1. _____   4. _____

2. _____   5. _____

3. _____   6. _____

F. Listen and write the words you hear with the regular vowel **u**.

1. _____   4. _____

2. _____   5. _____

3. _____   6. _____

AUSPRACHE (2. Teil)

Diphthonge

A. There are three diphthongs (combinations of two vowel sounds) in German: **ei** (also spelled **ai** or **ey**), **au**, and **eu** (also spelled **äu**). They roughly correspond to English *i* (*sigh*), *ou* (*house*), and *oy* (*boy*). Listen to the diphthongs in the following words.

ei/ai/ey	Kreide, Bein, schneit, Mai, Speyer
au	sauber, Bauch, traurig, August, Auto
eu/äu	Deutsch, Freund, Fräulein, neun, läuft

B. Listen to and then repeat the following words.

ei/ai	eins, heißen, Mai, klein, Bleistift
au	blau, laufen, Augen, Frau, schauen
eu/äu	Deutsch, Leute, Freundin, neun, läuft

C. Now listen to and repeat the following sentences.

1. Im Mai ist es oft heiß.
2. Heidi hat einen weißen Bleistift.
3. Claudia hat blaue Augen.
4. Das Auto ist sauber.
5. Meine Freunde studieren Deutsch.
6. Noras neuer Freund kommt heute.

ORTHOGRAPHIE

A. Listen and write only the words with the diphthong **ei**.

1. _____   4. _____

2. _____   5. _____

3. _____   6. _____

B. Listen and write only the words with the diphthong **eu**.

1. _____ 4. _____

2. _____ 5. _____

3. _____ 6. _____

C. Listen and write only the words with the diphthong **äu**.

1. _____ 3. _____

2. _____ 4. _____

D. Listen and write only the words with the diphthong **au**.

1. _____ 4. _____

2. _____ 5. _____

3. _____ 6. _____

SCHRIFTLICHES

A. Besitz

Achtung! Lesen Sie Grammatik 2.1, „The Accusative Case" und 2.2, „The Negative Article **kein, keine**"!

Nennen Sie fünf Sachen, die Sie haben, und fünf Sachen, die Sie nicht haben. Benutzen Sie die folgenden Listen.

DER	DAS	DIE	DIE (*pl.*)
Hund	Regal	Katze	Skier
Schrank	Fahrrad	Küche	Bücher
Schreibtisch	Klavier	Schreibmaschine	Ohrringe
Sessel	Zelt		Bilder
Teppich	Radio		
Wecker			
Fernseher			
Tennisschläger			
CD-Spieler			
Computer			
Kassettenrecorder			
Videorecorder			

NOM   AKK
Sprachnotiz: ein (*m.*) → einen

WAS SIE HABEN.

MODELL: Ich habe *einen* Wecker.

1. _____
2. _____
3. _____
4. _____
5. _____

WAS SIE NICHT HABEN.

Ich habe *keine* Bücher.

1. _____
2. _____
3. _____
4. _____
5. _____

B. Was möchten Sie haben?

Achtung!   Lesen Sie Grammatik 2.3, „**Ich möchte . . .** (I'd like)"!

Was möchten Sie in Ihrem Zimmer haben? Schreiben Sie eine Liste.

    MODELL :   Ich möchte einen Hund haben.
                  Ich möchte Bilder haben.

1. _____

2. _____

3. _____

4. _____

5. _____

C. Geschenke. Sie möchten Geschenke für alle Ihre Freunde und für Ihre Familie kaufen. Was möchten Sie für diese Leute kaufen?

Freundin/Freund	Bruder	Tochter
Mutter	Deutschprofessor/Deutschprofessorin	mich
Vater	Zimmerkamerad/Zimmerkameradin	Jutta Ruf
Oma	Onkel	Michael Pusch
Opa	Tante	_____?_____
Schwester	Sohn	

    MODELL: Ich möchte für meine Mutter eine Schreibmaschine kaufen.
               Ich möchte für meinen Vater einen Kassettenrecorder kaufen.

Achtung!   Lesen Sie Grammatik 2.4, „**für** + Accusative Case" und 2.5, „Possessive Adjectives"!

1. _____

2. _____

3. _____

4. _____

5. _____

6. _____

7. _____

8. _____

9. _____

10. _____

D. Geschmacksfragen. Sagen Sie, was Sie oder andere Personen lieber tun.

> **Sprachnotiz:**   verb + **gern** = *like to*
>   verb + **lieber** = *prefer to*

MODELL: Sie / Tennis spielen oder Basketball spielen? →
Ich spiele lieber Tennis.

Ihr Bruder / einen Pulli tragen oder eine Jacke tragen? →
Mein Bruder trägt lieber einen Pulli.

1. Ihre Mutter / Briefe schreiben oder telefonieren?

   _____

2. Ihre Eltern / ins Kino gehen oder fernsehen?

   _____

3. Sie und Ihr Freund (Ihre Freundin) / zu Hause kochen oder ins Restaurant gehen?

   _____

4. Ihr Freund (Ihre Freundin) / eine Katze oder einen Hund haben?

   _____

5. Sie / einen CD-Spieler haben oder einen Fernseher haben?

   _____

E. **Vergnügen.** Sie suchen einen neuen Zimmerkamaraden / eine neue Zimmerkameradin. Damit es später keine Probleme gibt, stellen Sie mindestens[1] fünf Fragen über den Tagesablauf und die Freitzeitaktivitäten der möglichen Kandidaten.

NÜTZLICHE VERBEN

früh aufstehen	rauchen[2]	fernsehen
duschen	schlafen	kochen
essen	telefonieren	einladen
arbeiten	lesen	
laute Musik hören		

NÜTZLICHE FRAGEWÖRTER

wo	wie oft	was
wann	wie lange	

Achtung! Lesen Sie Grammatik 2.6, „Present Tense of Irregular Verbs"!

MODELL: Rauchst du? Wie viel? Was ißt du gern?

1. _____
2. _____
3. _____
4. _____
5. _____

   _____

   _____

   _____

[1]*at least*
[2]*to smoke*

Jetzt beantworten Sie Ihre Fragen selbst!

    MODELL: Nein, ich rauche nicht.
                Ich esse gern Spaghetti und Pizza.

1. _____

2. _____

3. _____

4. _____

5. _____

_____

_____

_____

Schreiben Sie!

The following list of sentences was written by Katrin for Frau Schulz's German class.

    Ich möchte einen Hund für meinen Bruder kaufen.

    Ich möchte einen CD-Spieler für meinen Freund kaufen.

    Ich möchte eine Katze für meine Oma kaufen.

    Ich möchte einen Apfel für Frau Schulz kaufen.

    Ich möchte einen Computer für meine Schwester kaufen.

A. Rewrite Katrin's sentences, changing the word order to add a little variety.

Achtung!   Lesen Sie Grammatik 1.4, „Word Order in Statements"!

    MODELL: Für meine Mutter möchte ich eine Kette kaufen.
                Einen Hund möchte ich für meine Oma kaufen.

_____

_____

_____

_____

_____

B. Now use the conjunctions *und* and *aber* to tie these sentences together into a paragraph. Use your own judgment to decide how many sentences to combine.

    MODELL: Für mich möchte ich einen Kofferradio kaufen, aber für meine Tochter möchte ich eine
                Jacke kaufen.

_____

_____

_____

_____

C. Jetzt schreiben Sie, was Sie für Ihre Freunde und Familie kaufen möchten! Benutzen Sie und und aber!

_____

_____

_____

_____

LESEECKE

Lesetext 1: Second-Hand Mode

Vor dem Lesen

Kaufen Sie gern Second-Hand Hosen, Hemden oder Pullover? _____

Warum? Warum nicht? _____

_____

▼▼▼▼▼

BABYLON

MODESCHMUCK-GALERIE

ausgesuchte Second-Hand Mode

Mode, Hüte und Accessoires aus
Brasilien, Bulgarien, London, Paris und
Kunst vom Amazonas

Öffnungszeiten:
Di-Fr 9-13 und 14-18.30 Uhr
Sa 9-13 Uhr und langer Sa bis 16 Uhr

(Straßenbahn Haltestelle Mühlburger Tor)
7500 Karlsruhe 1 • Lessingstraße 37
Telefon 85 75 29

Arbeit mit dem Text

1. Was kann man in der Galerie Babylon kaufen?

_____

2. Woher kommen die Sachen?

_____

3. Von wann bis wann hat das Geschäft am Donnerstag geöffnet?

_____

4. Hat das Geschäft an allen Tagen geöffnet?

_____

5. Die Galerie Babylon ist in welcher Stadt?

_____

Lesetext 2: Michael und seine Nachbarn

Vor dem Lesen

Wie finden Sie Ihre Nachbarn? (nett, interessant, laut . . .)

_____

Michael

Michael Pusch spricht über seine Nachbarn

In meiner Straße wohnen zwei interessante Familien. Da ist die Familie Wagner, Josie und Uli Wagner. Sie haben drei Kinder: einen Jungen, Ernst, und zwei Mädchen, Andrea und Paula. Nette Kinder.

Ihnen gegenüber in der Isabellastraße wohnt Familie Ruf. Herr Ruf ist Schriftsteller.[1] Hält sich für was Besseres. Spielt immer den Künstler. Aber sein Hobby ist Fußball. Er sieht immer die Sportschau im Fernsehen, liegt auf dem Sofa und trinkt Bier. Na ja. Seine Frau Margret ist Geschäftsfrau, arbeitet in einer Spielzeugfabrik.[2] Herr Ruf paßt auf die Kinder auf und kocht, spielt den Hausmann. Sie haben einen Jungen, Hans, und ein Mädchen, Jutta. Auch ganz nette Kinder.

Dann sind da noch Herr Thelen (er ist Hausmeister,[3] wo die Rufs wohnen) und Herr Siebert, ein pensionierter Lehrer. Junggeselle.[4] Sehr nett. Zum Schluß möchte ich Ihnen noch meine Freundin Maria vorstellen, Maria Schneider. Sie wohnt als einzige nicht hier, aber sie besucht mich oft hier. Wir essen oft zusammen nach der Arbeit. Ja, und mein Name ist Pusch, Michael Pusch. Ich bin fünfundzwanzig und arbeite bei einer Werbeagentur.

Das ist unsere Straße. Wir leben alle in München, in Schwabing. Das ist ein sehr alter und schöner Teil der Stadt. Also, Servus, bis später.

_____

[1]_author_
[2]_toy factory_
[3]_superintendent_
[4]_bachelor_

Arbeit mit dem Text

Was gehört zusammen?

1. Familie Ruf und Familie Wagner
2. Herr und Frau Wagner
3. Herr Ruf schreibt Romane
4. Frau Ruf
5. Herr Siebert
6. Maria Schneider
7. Michael Pusch

a. wohnt nicht in der Isabellastraße
b. aber sein Hobby ist Fußball
c. wohnen in Michaels Straße
d. ist fünfundzwanzig
e. arbeitet außerhalb[1] des Hauses
f. sind Ernsts Eltern
g. ist nicht verheiratet

Lesetext 3: Eine amerikanische Deutschprofessorin Karin Schulz

Vor dem Lesen

Woher kommt Ihr Deutschprofessor / Ihre Deutschprofessorin?

_____

Karin Schulz, Deutschprofessorin an der Universität von Kalifornien, Berkeley, stellt sich vor.

Ich heiße Karin Schulz. Meine Eltern sind Deutsche, aber ich komme aus Kalifornien. Ich unterrichte Deutsch an der Universität von Kalifornien in Berkeley. Im Sommer fahre ich oft nach Deutschland und besuche manchmal Fortbildungskurse[2] am Goethe-Institut* in München. Ich bin gern in München, denn meine Eltern kommen aus München, und ich habe noch viele Freunde und Verwandte in dieser Stadt.

In den Fortbildungskursen sind wir immer eine sehr internationale Gruppe. Die Leute kommen nicht nur aus den USA, sondern auch aus Kanada, Südamerika und verschiedenen anderen europäischen Ländern. Wir machen oft auch sehr viel in unserer Freizeit zusammen, gehen in die Museen oder machen Ausflüge[3] in die Berge und an die Seen.

An der Universität in Berkeley unterrichte ich sehr gern. In meiner Freizeit fahre ich oft nach San Francisco und gehe ins Konzert oder ins Museum. Abends bin ich viel mit meinen Freunden zusammen. Wir gehen oft in Cafés, in den Park oder an den Strand.

_____

[1]*outside*

[2]*workshops*

[3]*trips*

*Das Goethe-Institut repräsentiert deutsche Sprache und Kultur im Ausland. Es gibt über 160 Institute in der ganzen Welt. Das amerikanische Äquivalent ist das Amerika-Haus in Deutschland.

Arbeit mit dem Text

Wo macht Karin Schulz was?

	IN MÜNCHEN	IN BERKELEY
an der Universität Deutsch unterrichten		
Fortbildungskurse besuchen		
Verwandte besuchen		
in Museen gehen		
Ausflüge in die Berge machen		
mit Freunden in Cafés gehen		
ins Konzert gehen		
an den Strand gehen		
in den Park gehen		
Ausflüge an Seen machen		

KAPITEL **3**

HÖRVERSTÄNDNIS

Dialoge aus dem Text

A. Rolf trifft Katrin in der Cafeteria.

Richtig oder falsch?

1. _____ Rolf stört Katrin beim Lernen.

2. _____ Morgen hat Katrin eine Prüfung.

3. _____ Katrin muß noch das Arbeitsbuch kaufen.

4. _____ Katrin will heute abend fernsehen.

B. Heidi sucht einen Platz in der Cafeteria.

1. Woher kommt Stefan? _____

2. Woher kommt Heidi? _____

Richtig oder falsch? Korrigieren Sie die falschen Sätze.

3. _____ Heidi studiert Kunstgeschichte. _____

4. _____ Stefan will bei einer deutschen Firma arbeiten. _____

_____

Weitere Hörtexte

A. Hobbies

NEUE VOKABELN

der Knoblauch *garlic*

Frau Schulz spricht mit den Studenten über ihre Hobbies.

Wer macht was? Kreuzen Sie an.

	PETER	MONIKA	NORA	STEFAN
stricken				
windsurfen				
Gitarre spielen				
kochen				

B. Pläne

NEUE VOKABELN

genießen   *to enjoy*
die „Ente"   *an old Citroen*

Jürgen Baumann erzählt seinem Freund Hans, was er für seine Ferien plant.

Beantworten Sie die Fragen.

1. Wie viele Monate muß Jürgen noch arbeiten? _____

2. Was will er studieren? _____

3. Wie viele Wochen Ferien will er machen? _____

4. Wohin möchten Silvia und Jürgen fahren? _____

5. Was kann Silvia gut? _____

6. Was kann Jürgen gut? _____

7. Was wollen sie kaufen? _____

C. Pflichten. Ernst Wagner möchte einen Hund.

NEUE VOKABELN

füttern   *to feed*
der Spinat   *spinach*
kämmen   *to comb*
die Eisdiele, -n   *ice-cream parlor*
mitnehmen   *to take with*

Ernst spricht mit seiner Mutter. Er fragt, ob er einen Hund haben darf.

Was muß Ernst machen, wenn er einen Hund bekommt?

1. _____

2. _____

3. _____

D. Ach, wie nett! Frau Frisch geht durch die Stadt mit ihrer Tochter Rosemarie. Frau Frisch ist in Eile, Rosemarie aber nicht. Rosemarie will alles haben und sieht sich alle Schaufenster[1] an.

---

[1]*window displays*

Umkreisen Sie das richtige Wort!

1. Rosemarie findet den blauen Mantel *schön / häßlich / warm*.
2. Rosemarie will *eine Geige / ein Klavier / eine Trompete* kaufen.
3. Rosemarie möchte *eine Orange / einen Apfel / eine Banane* haben.
4. Sie sagt, sie hat *Hunger / Durst*.

E. Der arme Herr Ruf

NEUE VOKABELN

die Kopfschmerzen   *headache*
der Wal, -e   *whale*
die Beratung, -en   *consultation*

Herr Ruf ist bei seiner Ärztin. Es geht ihm nicht gut.

A. Was sind Herrn Rufs Beschwerden? Kreuzen Sie an!

1. _____ Er hat oft Kopfschmerzen.

2. _____ Er hat Magenschmerzen.

3. _____ Er ist immer müde.

4. _____ Er schläft den ganzen Tag.

5. _____ Er kann nicht schlafen.

6. _____ Er hat schwere Beine.

7. _____ Er macht sich Sorgen um sein Geld.

8. _____ Er hat Augenschmerzen.

B. Was rät ihm die Ärztin? Kreuzen Sie an!

1. _____ Er soll nicht mehr rauchen.

2. _____ Er soll Kopfschmerztabletten nehmen.

3. _____ Er soll nicht mit dem Auto zum Supermarkt fahren.

4. _____ Er soll jeden Tag schwimmen gehen.

5. _____ Er soll zu einer psychologischen Beratung gehen.

Rollenspiel

IN DER CAFETERIA

A. Sie sind Student/Studentin an der Uni in Heidelberg. Sie gehen in die Cafeteria und setzen sich zu jemanden an den Tisch. Fragen Sie, woher die Person kommt, was sie studiert, was sie gern macht. Sie wollen heute oder morgen abend ins Kino gehen; es läuft ein guter Film. Laden Sie die andere Person ein.

B. Sie sind Student/Studentin an der Uni in Heidelberg und sind in der Cafeteria. Jemand setzt sich an Ihren Tisch. Stellen Sie Fragen—zum Beispiel, wie lange die Person schon studiert, was sie gern in den Ferien macht, usw. Heute abend haben Sie keine Zeit; Sie müssen arbeiten. Sie haben auch kein Telefon.

VOR DEM HÖREN

Was wollen Sie von einem anderen Studenten / einer anderen Studentin wissen, wenn Sie die Person noch nicht kennen? Machen Sie eine Liste.

   MODELL: Wie heißt du?

_____

_____

_____

Bei dem Hören

Was will Adrianna abends machen?

_____

_____

Warum will Tom nicht ins Kino gehen?

_____

_____

Aussprache und Orthographie

AUSSPRACHE

The Vowels *i/ü, e/ö*

A. Although they sound very different, the sounds represented by the letters **i** and **ü** are produced in similar ways. The only difference in production between **i** and **ü** is that the lips are rounded for **ü**, and this changes the sound. Say **i** (English *ee*), hold it, and then round your lips without changing the position of your tongue.

Listen and pronounce the following word pairs. Concentrate on the change from **i** to **ü**.

> spielen, spülen; Fliege, Flüge; diese, Düse

B. German vowel sounds differ slightly from English ones. Whereas English vowels tend to change their quality when pronounced long (*pay*, for example, in which long *a* almost becomes long *e* at the end of the word), German vowels do not glide off into other vowels but rather retain their initial quality.

Listen to the difference in vowel sounds between English and German. The first word of a pair you hear is an English word; the second one is a German word that has a similar but purer vowel sound.

> *say*, See; *vain*, wen; *lame*, Lehm

C. Pronounce the following words. Concentrate on not changing the quality of the German vowel **e**.

> nehmen, geht, geben, zehn, stehen, Schnee

D. The difference between **e** and **ö** is the same as that between **i** and **ü**: **ö** is the rounded version of **e**. Try producing the sound **ö**. Start by saying **e** (remember to keep the sound pure), and hold it while rounding your lips.

Pronounce the following word pairs. Concentrate on the change from **e** to **ö**.

> lesen, lösen; Besen, böse; Hefe, Höfe

E. Practice the following sentences. Concentrate on the **i/ü** and the **e/ö** sounds, and remember not to glide off into other vowel sounds.

1. Jens Krügers Haus hat sieben Türen.
2. Jens übt jeden Tag Klavier.
3. Am Dienstag war seine Mutter ziemlich müde.
4. Seine Brüder waren wütend.
5. Hör auf mit dem Klavierspielen und lerne lieber für deine Französischprüfung.

ORTHOGRAPHIE

A. Listen and write the words you hear with the **i** sound (here spelled **ie**) and the **ü** sound.

1. _____   4. _____

2. _____   5. _____

3. _____   6. _____

B. Listen and write the words you hear with the letter **e** and the letter **ö**.

1. _____   4. _____

2. _____   5. _____

3. _____   6. _____

AUSSPRACHE

The Sounds *j, y*

A. The letter **j** in German represents the sound that English speakers spell with the letter *y* (*you*).

Listen to and pronounce the following words with the letter **j**.

> ja, Japan, jung, jetzt, Jacke, Juni

B. The letter **y** in German appears primarily in words borrowed from Greek and is pronounced like **ü**.

Listen to and pronounce the following words with the letter **y**. Concentrate on rounding your lips.

     Gymnasium, System, Psychologie, Symbol, Typ, Physik

C. Repeat the following sentences that contain words with the letters **j** and **y**.

1. Jürgen fährt jeden Tag Rad.
2. Jens geht seit sieben Jahren aufs Gymnasium.
3. Nächstes Jahr kommt Jens ins Kurssystem.
4. Ja, Jutta möchte Psychologie studieren.
5. Von Januar bis Juni gehe ich noch aufs Gymnasium, und dann studiere ich an der Uni Physik.

ORTHOGRAPHIE

A. Write the words you hear with the letter **j**.

1. _____   4. _____

2. _____   5. _____

3. _____   6. _____

B. Write the words you hear with the letter **y**. Remember, the letter **y** is most commonly found in words of Greek origin, and it is pronounced like the German letter **ü**.

1. _____   4. _____

2. _____   5. _____

3. _____   6. _____

SCHRIFTLICHES

A. Was können Sie machen? Nennen Sie fünf Aktivitäten, die Sie machen können, und fünf Aktivitäten, die Sie nicht machen können. Verwenden Sie Ausdrücke aus der folgenden Liste.

singen	Tennis, Volleyball, Fußball,	kochen
Witze erzählen	Tischtennis spielen	stricken
Autos reparieren	Deutsch, Französisch,	Rollschuh laufen
zeichnen	Spanisch, Russisch sprechen	Schlittschuh fahren
segeln	tanzen	Ski fahren
fotografieren	Klavier, Gitarre, Geige spielen	???
Motorrad fahren		

Achtung!   Lesen Sie Grammatik 3.1, „Modal Verbs 1: **Können, wollen, mögen**"!

NÜTZLICHE ADVERBIEN

+	0	–
ausgezeichnet	ganz gut	nicht so gut
fantastisch		nur ein bißchen
sehr gut		gar nicht
gut		kein bißchen

ICH KANN . . .   ICH KANN NICHT . . .

MODELL: Ich kann fantastisch Spaghetti   MODELL: Ich kann nur ein bißchen stricken.
kochen.

1. _____   1. _____

   _____   _____

2. _____   2. _____

   _____   _____

3. _____   3. _____

   _____   _____

4. _____   4. _____

   _____   _____

5. _____   5. _____

   _____   _____

B. Pläne. Stellen Sie sich vor: Sie haben viel Geld und viel Zeit. Sie können alles machen, was Sie möchten. Was möchten Sie machen? Was wollen Sie nicht mehr machen?

ICH MÖCHTE . . .

MODELL: Ich möchte in Hawaii wohnen.

ICH WILL NICHT . . .

MODELL: Ich will nicht mehr kochen.

1. _____

   _____

2. _____

   _____

3. _____

   _____

4. _____

   _____

5. _____

   _____

1. _____

   _____

2. _____

   _____

3. _____

   _____

4. _____

   _____

5. _____

   _____

C. Lydia will fernsehen. Lydia Frisch möchte einen Krimi[1] im Fernsehen sehen. Sie fragt ihre Mutter. Benutzen Sie **können, mögen, dürfen, müssen, sollen** oder **wollen**.

Achtung!   Lesen Sie Grammatik 3.2, „Modal Verbs 2: **müssen, sollen, dürfen**"!

LYDIA: Mami, heute abend kommt ein Krimi im Fernsehen. _____[1] ich den sehen?

FRAU FRISCH: Wann denn?

LYDIA: Um 9 Uhr.

FRAU FRISCH: Nein, Lydia, das ist zu spät. Du _____[2] doch morgen früh zur Schule!

LYDIA: Aber, Mami, ich gehe auch sofort nach dem Film ins Bett.

FRAU FRISCH: Lydia, du bist erst 12. Ein Kind in deinem Alter _____[3] mindestens acht Stunden schlafen.

LYDIA: Aber ich _____[4] doch acht Stunden schlafen!

FRAU FRISCH: Wie denn? Du _____[5] um Viertel vor sieben aufstehen!

LYDIA: Wenn ich nach dem Film um halb elf ins Bett gehe und gleich einschlafe, sind es genau acht Stunden bis Viertel vor sieben.

FRAU FRISCH: Na ja, mal sehen.

LYDIA: Ach, Mami, _____[6] ich ihn sehen? Bitte?

FRAU FRISCH: Nein, Lydia, ich glaube nicht. Und jetzt keine Diskussion mehr.

_____

[1]*crime story*

LYDIA: Ach, Mama, du bist gemein[a] . . . Alle in meiner Klasse _____[7] ihn sehen, nur

ich nicht.

D. Andrea Wagner ist erst 10 Jahre alt. Was möchte sie? Was muß sie? Was darf sie? Schreiben Sie eine kleine Geschichte.

    um 10 Uhr mit Freunden ins Kino gehen
    um 12 Uhr ins Bett gehen
    um 7 Uhr aufstehen
    jeden Tag Hausaufgaben machen
    Chips essen und Cola trinken
    um 8 Uhr „Bonanza" gucken[1]
    jeden Tag in die Schule gehen
    ????

1. Andrea möchte _____

    _____

    _____

2. Andrea muß _____

    _____

    _____

3. Andrea darf _____

    _____

    _____

Und Sie? Denken Sie an Ihr Leben als Student/Studentin. Was möchten Sie? Was müssen Sie? Was dürfen Sie? Schreiben Sie einen Aufsatz.

_____

_____

_____

_____

_____

E. Geschmacksfragen. Wie finden Sie ihn, sie oder es? Benutzen Sie die folgenden Wörter, und beantworten Sie die Fragen.

ziemlich	altmodisch, intelligent, ausgezeichnet,
sehr	toll, interessant, häßlich, hübsch,
einfach	gut aussehend,[2] schön, langweilig, dumm,
ganz	schlecht, gut, blöd[3]

----

[a]*mean*
[1]*im Fernsehen sehen*
[2]*„hübsch" für Männer*
[3]*stupid*

Achtung!   Lesen Sie Grammatik 3.3, „Accusative Case Pronouns"!

Sprachnotiz: Ich finde + Akkusativ

MODELL: Wie finden Sie Arnold Schwarzenegger? → Ich finde **ihn** sehr gut aussehend.

Wie finden Sie seine Filme? → Ich finde **sie** einfach langweilig.

1. Wie finden Sie Woody Allen? Ich finde ihn _____

_____

2. Wie finden Sie seine Filme? _____

_____

3. Wie finden Sie Elvis Presley? _____

_____

4. Wie finden Sie seine Musik? _____

_____

5. Wie finden Sie Modeschmuck? _____

_____

6. Wie finden Sie moderne Kunst? _____

_____

7. Wie finden Sie klassische Musik? _____

_____

8. Wie finden Sie deutsche Literatur? _____

_____

9. Wie finden Sie Ihren Deutschkurs? _____

_____

10. Wie finden Sie Ihre Deutschprofessorin / Ihren Deutschprofessor? _____

_____

F. **Körperliche Verfassung.** Sagen Sie, warum Sie das machen wollen.

Achtung!   Lesen Sie Grammatik 3.4, „Word Order: Dependent Clauses" und Grammatik 3.5, „Dependent Clauses and Separable-Prefix Verbs"!

MODELL: zur Bibliothek gehen → Ich gehe zur Bibliothek, weil ich ein Buch brauche.

Aspirin nehmen → Ich nehme Aspirin, weil ich Kopfschmerzen habe.

1. zur Bank gehen: _____

_____

2. Pizza essen: _____

_____

3. Wasser trinken: _____

_____

4. zum Supermarkt gehen: _____

_____

5. zum Arzt gehen: _____

_____

G. Geistige Verfassung. Sagen Sie, was Sie machen, wenn Sie sich so fühlen. Beachten Sie die Wortstellung!

> MODELL: Was machen Sie, wenn Sie Langeweile haben? →
> Wenn ich Langeweile habe, rufe ich meine Freundin an.
>
> Was machen Sie, wenn Sie traurig sind? →
> Wenn ich traurig bin, esse ich Eis.

1. Was machen Sie, wenn Sie deprimiert sind?

Wenn _____ bin, _____

_____

2. Was machen Sie, wenn Sie glücklich sind?

Wenn _____

_____

3. Was machen Sie, wenn Sie wütend sind?

Wenn _____

_____

4. Was machen Sie, wenn Sie müde sind?

Wenn _____

_____

5. Was machen Sie, wenn Sie besorgt sind?

Wenn _____

_____

Schreiben Sie!

A. Hans Ruf muß fleißiger arbeiten. Was gehört zusammen?

1. _____ Hans bekommt schlechte Noten,
2. _____ Er muß seine Noten verbessern,
3. _____ Er darf abends nicht fernsehen,
4. _____ Er darf nicht mehr mit seinem Freund Ernst spielen,
5. _____ Er ist aber nicht deprimiert,

a. wenn er seine Hausaufgaben nicht fertiggemacht hat.
b. weil er nicht genug arbeitet.
c. weil sein Vater wütend ist.
d. weil die Ferien bald kommen.
e. weil er frech ist, und auch schlechte Noten hat.

Bringen Sie jetzt die kompletten Sätze in eine logische Reihenfolge.

_____

_____

_____

_____

_____

B. **Stellen Sie sich vor,** ein guter Freund / eine gute Freundin bekommt schlechte Noten. Was raten Sie ihm/ihr?

NÜTZLICHE AUSDRÜCKE

sollen	müssen	aber
wollen	können	oder
mögen	weil	und
dürfen	wenn	

MODELL: Anna, du mußt bessere Noten bekommen, wenn du Professorin werden willst. Heute abend . . . , weil du morgen eine Biologieprüfung hast. Du darfst nicht . . . , weil . . .

_____

_____

_____

_____

_____

LESEECKE

Lesetext 1: Besser Schlafen

Vor dem Lesen

Können Sie manchmal nicht schlafen? Was machen Sie in dieser Situation?

_____

_____

_____

Arbeit mit dem Text

1. Wie heißen die Trinktabletten?

   _____

2. Wann benutzt man Gittalun?

   _____

3. Wirkt Gittalun schnell oder langsam?

   _____

4. Wo kann man Gittalun kaufen?

   _____

Lesetext 2: GRECIAN 2000

[a] *causes and treatment*
[b] *care*

Arbeit mit dem Text

Würden[1] Sie GRECIAN 2000 benutzen, wenn Sie graue Haare hätten? Warum oder warum nicht?
Ja ____   Nein____

_____

_____

Lesetext 3: Renate Röder, eine Geschäftsfrau in Berlin

Vor dem Lesen

1. Arbeiten Sie neben dem Studium? Wo? _____

    _____

2. Kennen Sie viele Frauen in Managerpositionen? Was machen diese Frauen? _____

    _____

_____
[1] *would*

Eine Berlinerin stellt sich vor: Renate Röder

Renate Röder arbeitet seit zwei Jahren bei Siemens in Berlin. Siemens ist eine große deutsche Firma, die ihre Produkte auch exportiert. Frau Röder muß deshalb oft Geschäftsreisen[1] ins Ausland machen und Kongresse und internationale Ausstellungen besuchen. Ihr Job ist anstrengend[2] und nimmt viel Zeit in Anspruch. Es ist nicht leicht, als Frau in einer Führungsposition zu sein. Viele Männer trauen Frauen keine Verantwortung zu,[3] und in Deutschland sind die meisten Manager immer noch Männer. Da Frau Röder soviel auf Reisen ist, hat sie kaum Zeit fürs Privatleben. Sie ist auch nicht an einer traditionellen Frauenrolle oder Ehe[4] interessiert. Sie sucht einen Mann, der mit einer Frau leben kann, die Karriere machen will. Obwohl[5] heute die meisten jüngeren Männer sagen, sie finden es gut, daß Frauen erfolgreich[6] sind, sieht die Realität anders aus. Frau Röder sucht immer noch einen Partner, der auch die Hausarbeit machen will und akzeptiert, daß sie oft spät nach Hause kommt.

Arbeit mit dem Text

Glauben Sie, daß Renate Röder ein Yuppie ist? Definieren Sie den Begriff „Yuppie".

_____

_____

_____

_____

---

[1]*business trips*

[2]*demanding*

[3]trauen . . . *won't entrust women with responsibility*

[4]*marriage*

[5]*Although*

[6]*successful*

KAPITEL 4

HÖRVERSTÄNDNIS

Dialoge aus dem Text

A. Das Fest. Silvia Mertens und Jürgen Baumann sitzen in der Mensa und essen zu Mittag.

Beantworten Sie die Fragen.

1. Wann ist Silvia nach Hause gekommen? _____

2. Wo war sie? _____

3. Was hat sie getrunken? _____

4. Was macht sie seit zwei Jahren nicht mehr? _____

B. Hausaufgaben für Deutsch. Heute ist Montag. Auf dem Schulhof[1] des Albertus-Magnus-Gymnasiums sprechen Jens, Jutta und ihre Freundin Angelika übers Wochenende.

Was haben Jutta und Angelika übers Wochenende gemacht?	Was haben Jutta und Angelika übers Wochenende nicht gemacht?

---
[1]school yard

C. Welcher Tag ist heute? Marta Szerwinski und Sofie Pracht sitzen in einem Café in Dresden.

Beantworten Sie die Fragen!

1. Wann hat Willi Geburtstag? _____

2. Wann hat Christian Geburtstag? _____

3. Hat Sofie schon ein Geschenk für Willi? _____

Weitere Hörtexte

A. Jutta hatte einen schweren Tag.

> NEUE VOKABELN
> blöd   *stupid*
> das Klassenfest, -   *class party*
> versprechen (verspricht), versprochen   *to promise*

Heute hören wir Jutta am Telefon. Sie ruft gerade ihre Freundin Angelika an. Der Tag war nicht leicht für Jutta.

Wer ist es?

1. _____ Sie telefoniert mit Angelika.

2. _____ Sie ist wütend, weil Jutta die Hausaufgaben nicht gemacht hat.

3. _____ Er ist wütend, weil Jutta gestern abend im Kino war.

4. _____ Er hat Juttas Shampoo benutzt.

5. _____ Er hat nicht angerufen.

6. _____ Er hat schon zweimal angerufen.

7. _____ Sie hat Billy versprochen, mit ihm zum Klassenfest zu gehen.

8. _____ Sie hat Juttas neuen Pullover ruiniert.

a. Jutta
b. die Katze
c. Juttas Bruder Ernst
d. Juttas Freund Billy
e. Juttas Mutter
f. Der dicke, schüchterne Junge aus dem Tanzkurs
g. Juttas Vater

B. Erlebnisse

NEUE VOKABELN

Du Ärmste/r!   *You poor thing!*
das Referat, -e   *class presentation*

Es ist Montagmorgen in Regensburg, und Melanie Staiger spricht mit Jochen, einem anderen Studenten.

Was haben sie gesagt?

1. MELANIE: Ich _____ am Samstag mit ein paar Freunden zum Waldsee _____.

2. MELANIE: Wir sind viel _____. Wir haben viel _____ und _____.

3. JOCHEN: Ich _____ leider das ganze Wochenende _____.

4. JOCHEN: Am Samstag habe ich zuerst _____ und dann habe ich an einem Referat für

   Kunstgeschichte _____.

5. JOCHEN: Am Sonntag _____ ich erst für meinen Französischkurs _____ und

    dann das Referat fertig _____.

Richtig oder falsch?

1. _____ Melanies Wochenende war schön.

2. _____ Jochen muß noch ein Geschichtsreferat machen.

3. _____ Melanie hat ihr Referat schon fertig gemacht.

Was haben Sie am Wochenende gemacht?

_____

_____

_____

C. Ein Informationsspiel

NEUE VOKABELN

keine Ahnung   *no idea*
die Röntgenstrahlen   *X rays*
die Glühbirne, -n   *light bulb*

Es ist Dienstagabend. Ernst Wagner und sein Vater machen ein Spiel.

Setzen Sie die fehlenden Informationen ein.

WER?	WAS?	WANN?
	das Auto	1893
	Röntgenstrahlen	
	ins Bett gehen	

Wissen Sie es?

	die Glühbirne	

D. Stefan weiß mehr, als er glaubt.

NEUE VOKABELN

verstehen, verstanden   *to understand*

Stefan ist im Büro von Frau Schulz.

Was hat Stefan gemacht? Kreuzen Sie an.

1. _____ Stefan hat das Kapitel im Deutschbuch verstanden.

2. _____ Stefan hat das Kapitel gelesen.

3. _____ Stefan hat die Übungen gemacht.

4. _____ Er hat Physikaufgaben gemacht und einen Roman gelesen.

5. _____ Stefan hat zum Geburtstag eine Katze bekommen.

6. _____ Stefan hat als Kind seine Großeltern besucht.

7. _____ Stefan benutzt das Perfekt falsch.

E. Ein schöner Urlaub. Melanie Staiger beschreibt ihren letzten Sommerurlaub.

Richtig oder falsch? Korrigieren Sie die falschen Sätze.

1. _____ Melanie hat im Sommer gearbeitet. _____

2. _____ Melanie ist im Sommer nach Amerika geflogen. _____

3. _____ Melanie hat oft Freunde besucht. _____

4. _____ Melanie hat mit ihren Freunden manchmal gekocht. _____

5. _____ Melanie hat viele Romane gelesen. _____

Rollenspiel

A. Sie sind Reporter/Reporterin von einer Unizeitung in Österreich und machen ein Interview zum Thema: Studentenleben in den USA. Fragen Sie, was Ihr Partner / Ihre Partnerin gestern alles gemacht hat: am Vormittag, am Mittag, am Nachmittag und am Abend.

B. Sie sind Student/Studentin an einer Uni in den USA. Ein Reporter / Eine Reporterin aus Österreich fragt Sie viel und Sie antworten gern. Sie wollen aber auch wissen, was der Reporter / die Reporterin gestern alles gemacht hat.

Nach dem Hören

Jetzt sind Sie der Reporter / die Reporterin. Fragen Sie was der Student im Rollenspiel gestern nachmittag und gestern abend gemacht hat.

_____

_____

_____

Jetzt sind Sie der Student / die Studentin. Beantworten Sie die Fragen.

_____

_____

_____

_____

Aussprache und Orthographie

AUSSPRACHE (1. Teil)

The consonants *v/f, w*

A. In German, the letters **v** and **f** are pronounced like the English letter *f* (*fish*).*

Repeat the following words. Make sure you produce an *f*-sound in each of them.

> **v/f** Freitag, vier, fünf, vielleicht, verheiratet, Februar, Vorname, Viertel

B. The German letter **w** sounds like the English letter *v*. Repeat the words that have the letter **w**.

> **w** wann, Krawatte, Wohnort, wie, schwarz, wo, Wort, weiß

C. Repeat the following word pairs. Concentrate on the way the letters **v/f** and **w** are pronounced.

> **v/f - w** vier, wir; vor, wo; viel, wie; fährt, wer

D. Now repeat the following sentences containing words with **w** and **v**.

1. Wo wohnst du?
2. Wie ist Ihr Vorname?
3. Wie ist das Wetter, wo du wohnst?
4. Vielleicht komme ich um Viertel vor vier bei dir vorbei.
5. Wie viele Geschwister haben Sie, vier oder fünf?

---

*In some international words, such as **Vision, Visum, Vase,** and so forth, the letter **v** is pronounced like English *v* (*veal*).

ORTHOGRAPHIE

A. Write the words you hear with the letter **v**. Don't forget to capitalize the nouns.

1. _____   4. _____

2. _____   5. _____

3. _____   6. _____

B. Write the words you hear with the letter **w**.

1. _____   4. _____

2. _____   5. _____

3. _____   6. _____

AUSSPRACHE (2. Teil)

The Consonants *z, s, ß*

A. The letter **z** in German is pronounced like the letter combination *ts* in English (*nuts*).

Listen to and then pronounce the following words with the letter **z**, using a *ts* sound.

> vierzehn, Anzug, Kennzeichen, tanzen, kurz, zehn, zwei, zu

B. The letter **s** represents *two* distinct sounds: when it is the first and only letter before a vowel, or when it is between two vowels, then it is pronounced like the English letter *z* (*zeal*).

Listen to and then pronounce the following words that have the letter **s** in front of a vowel, using a *z* sound.

> sieben, Semester, Sonntag, sie, Sommer, Nase, lesen, rosa

When the letter **s** is not in front of a vowel, or when it is doubled, it is pronounced like the English letter *s* (*seal*). The letter **eß-tsett** (ß) is pronounced like **double s (ss)**.

Listen to and then pronounce the following words with the letters **s, ss,** and **ß,** using an *s* sound.

> groß, Ausweis, Russisch, Adresse, schließen, Tschüs

C. Repeat the following sentences. Concentrate on the correct pronunciation of **z, s,** and **ß**.

1. Setzen Sie sich.
2. Im Sommer ist es im Süden oft heiß.
3. Haben Sie besondere Kennzeichen?
4. Jean ist Franzose und studiert Soziologie.
5. Stehen Sie auf und tanzen Sie.
6. Hören Sie gut zu, Frau Schulz.

ORTHOGRAPHIE

s, z

The letter **s** in front of a vowel is pronounced like the English letter *z*; the German letter **z** is pronounced like the English combination *ts*.

A. Write the words you hear with the letter **s**.

1. _____   4. _____

2. _____   5. _____

3. _____   6. _____

B. Write the words you hear with the letter **z**.

1. _____   4. _____

2. _____   5. _____

3. _____   6. _____

ss, ß

Both **ss** and **ß** are symbols for the *s*-sound. The **double s** appears between two vowels when the first one is short; the **ß** is used in place of **ss** in all other circumstances: at the end of words, before consonants, after diphthongs, and after long vowels.

A. Write the words you hear with **ss**.

1. _____   4. _____

2. _____   5. _____

3. _____   6. _____

B. Now write the words you hear with **ß**.

1. _____   4. _____

2. _____   5. _____

3. _____   6. _____

SCHRIFTLICHES

TAGESABLAUF

A. Kreuzworträtsel: Das Perfekt. Tragen Sie die Partizipien von den folgenden Verben ein.

Achtung! Lesen Sie Grammatik 4.1, „Talking about the Past: Present Perfect Tense" and Grammatik 4.2, „Strong and Weak Past Participles"!

WAAGRECHT

1. schlafen
2. arbeiten
3. nehmen
4. trinken

SENKRECHT

1. spielen
2. essen
3. kochen
4. sehen
5. bekommen

B. Sofie und Willi sind ins Kino gegangen. Was ist logisch? Füllen Sie die fehlenden Partizipien ein. Verwenden Sie die folgenden Wörter.

essen   gehen   sehen
finden   schlafen   spazierengehen

Sofie ist gestern abend mit Willi ins Kino _____.[1] Sie haben den Film „Drakula"

_____.[2] Nach dem Film haben Sofie und Willi ein Eis _____,[3] und sie

sind durch die Stadt _____.[4] Sofie hat „Drakula" sehr unheimlich

_____;[5] sie hat die ganze Nacht nicht _____.[6]

C. Ihr Tagesablauf. Schreiben Sie eine Liste: Was haben Sie heute morgen gemacht?

NÜTZLICHE AUSDRÜCKE

schlafen   frühstücken   Kaffee trinken
aufstehen   Gymnastik machen   in einen Kurs gehen
duschen   Tasche packen   in einem Kurs schlafen
Zähne putzen   den Bus nehmen   ???
Haare waschen   zur Uni fahren

MODELL: Ich habe heute bis 8 Uhr geschlafen.
         Ich bin um halb zehn zur Uni gefahren.

1. _____

2. _____

3. _____

4. _____

5. _____

D. Erlebnisse. Haben Sie diese Dinge als Kind oft, selten oder nie gemacht?

MODELL: Hausaufgaben machen. → Ich habe nie meine Hausaufgaben gemacht.

         Fußball spielen → Ich habe oft Fußball gespielt.

         Karten spielen → Ich habe selten Karten gespielt.

1. Fahrrad fahren: _____

2. spazieren gehen: _____

3. Eis essen: _____

4. ins Kino gehen: _____

5. Tennis spielen: _____

6. Bier trinken: _____

7. vor dem Fernseher sitzen: _____

8. im Zelt schlafen: _____

9. schwimmen: _____

10. Wäsche waschen: _____

E. **Was haben Sie gemacht, als Sie High School Student/Studentin waren?** Schreiben Sie ganze Sätze.

NÜTZLICHE AUSDRÜCKE

vor der Schule	nach der Schule	in den Ferien
in der Schule	morgens	am Wochenende
in den Pausen	auf Parties	???

MODELL: In der Schule → In der Schule **habe** ich immer **geschlafen**.

Morgens → Morgens **habe** ich nie **gefrühstückt**.

1. _____
2. _____
3. _____
4. _____
5. _____

F. **Was haben Sie mit Ihren Freunden/Freundinnen letztes Wochenende gemacht?**

NÜTZLICHE AUSDRÜCKE

Freitagabend	am Samstag	am Freitag
Samstagabend	am Sonntag	????
Sonntagabend		

MODELL: Freitagabend → Freitagabend sind wir ins Kino gegangen.

Am Samstag → Am Samstag haben wir die Wäsche gewaschen.

1. _____
2. _____
3. _____
4. _____
5. _____

G. Geburtstage und Jahrestage. Schreiben Sie die Geburtsdaten dieser Personen.

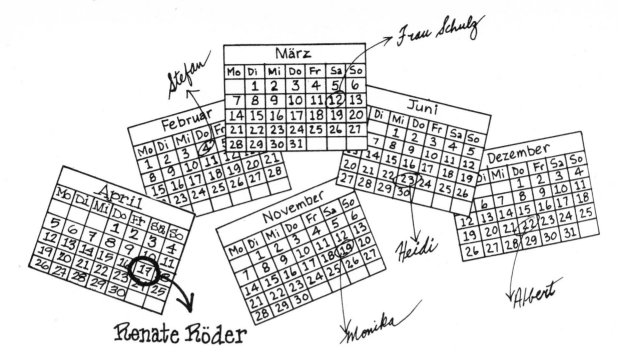

MODELL: Renate Röder ist am 17. April geboren.
ODER: Renate Röder hat am 17. April Geburtstag.

Achtung! Lesen Sie Grammatik 4.3, „Dates and Ordinal Numbers" und Grammatik 4.4, „Prepositions of Time: **um, am, im**"!

1. _____

2. _____

3. _____

4. _____

5. _____

6. Was ist Ihr Geburtsdatum? _____

H. Eine Kurzreise. um, am, im, oder **in?**

Meine Freundin hat mir _____¹ 1991 zu meinem Geburtstag eine Kurzreise nach München geschenkt.

_____² 7 Uhr, _____³ 15. Juli, an meinem Geburtstag also, sind wir mit dem Taxi zum Flughafen gefahren.

Das Flugzeug ist _____⁴ 8 Uhr 15 von Düsseldorf abgeflogen und der Flug hat nur eine Stunde gedauert.

_____⁵ Vormittag sind wir durch die Stadt gegangen und haben uns alles angesehen. Es war heiß, denn

_____⁶ Sommer ist das Wetter in München immer schön. _____⁷ 2 Uhr haben wir in einem typisch

bayrischen Restaurant mit Biergarten zu Mittag gegessen. _____⁸ Nachmittag sind wir dann in die Neue

und die Alte Pinakothek gegangen. Das sind zwei große Museen in München. Danach, _____⁹ frühen

Abend, haben wir auf der Leopoldstraße in einem Café gesessen und Wein getrunken. Später haben wir

in einem italienischen Restaurant zu Abend gegessen. Wir hatten genug Zeit, denn unser Flug war erst

_____¹⁰ Mitternacht. Mitten _____¹¹ der Nacht waren wir wieder zu Hause. Es war so schön, daß ich ihr

_____¹² September, an ihrem Geburtstag, eine Kurzreise für einen Tag nach Hamburg schenke.

Schreiben Sie!

A. Lesen Sie Huberts Tagesablauf!

Hubert ist um halb neun aufgestanden. Zuerst hat er geduscht, und dann hat er gefrühstückt. Um Viertel nach zehn ist er ins Seminar gegangen. Nachher hat er einen Kaffee in der Mensa getrunken. Schließlich ist er wieder nach Hause gelaufen. Am Abend hat er ein bißchen fürs Studium gearbeitet, und dann ist er mit seiner Freundin ins Kino gegangen.

Was gehört zusammen?

1. _____ zuerst	a.	*then*
2. _____ dann	b.	*afterward*
3. _____ nachher	c.	*first*
4. _____ schließlich	d.	*finally*

Schreiben Sie jetzt Ihren Tagesablauf. Was haben Sie gestern gemacht?

NÜTZLICHE AUSDRÜCKE

zuerst	schließlich	am Abend
dann	um neun Uhr	???
nachher	um halb fünf	

_____

_____

_____

_____

_____

_____

B. Silvia Mertens studiert an der Universität Göttingen. Sie hat ihrer Mutter einen Brief geschrieben. Sie schreibt über ihr Wochenende mit ihrem Freund Jürgen.

Samstag war nicht besonders interessant. Am Morgen sind Jürgen und ich einkaufen gegangen, und am Nachmittag hat er die Wäsche gewaschen. Samstagabend haben wir beide fürs Studium gearbeitet. Aber am Sonntag haben wir viel Spaß gehabt. Jürgens Vetter, Rainer, der an der Uni in Regensburg studiert, hat uns besucht. Wir sind in die Berge gefahren, wo wir ein Picknick gemacht haben. Das Wetter war herrlich. Sonntagabend haben wir Spaghetti gekocht und dazu zwei Flaschen Wein getrunken. Rainer hat uns Geschichten von seinem Leben in Regensburg erzählt, und wir haben stundenlang gelacht. Rainer ist erst um halb zwei abgefahren, und wir sind endlich um zwei ins Bett gegangen. Das war kein Problem für mich, weil ich montags keine Seminare habe, aber Jürgen hat einen Biologiekurs um 9 Uhr an der Uni.

Schreiben Sie jetzt einen kleinen Aufsatz über das Wochenende von einem Freund / einer Freundin.

_____

_____

_____

_____

_____

_____

_____

Lesetext 1: Horoskop

Vor dem Lesen

Lesen Sie Ihr Horoskop? Warum oder warum nicht?

_____

_____

HOROSKOP

Fische (20. Februar–20. März): Sie arbeiten sehr viel. Sie sind unabhängig.[1] Ihre Beziehungen[2] sind nicht stabil. Sie sind nicht eifersüchtig.[3]

Widder (21. März–20. April): Sie sind sehr energisch. Widdermänner sind leidenschaftliche[4] Liebhaber.

Stier (21. April–20. Mai): Sie haben sehr viel Temperament. Sie sind treu und haben Humor.

Zwillinge (21. Mai–21. Juni): Sie sind intelligent, lieben die Abwechslung[5] und sind nicht sentimental. Freunde und Familie sind sehr wichtig in Ihrem Leben.

Krebs (22. Juni–22. Juli): Sie suchen Geld und Sicherheit[6] im Leben. Geld ist zu wichtig für Sie. Sie sind sehr aktiv und romantisch.

Löwe (23. Juli–23. August): Sie sind aggressiv und arbeiten viel. Sie haben nicht viele, aber gute Freunde. Sie sind sehr enthusiastisch.

Jungfrau (24. August–23. September): Sie sind ruhig[7] und bescheiden,[8] ernst und praktisch. Mit Menschen sind Sie sehr vorsichtig.[9]

---

[1]*independent*

[2]*relationships*

[3]*jealous*

[4]*passionate*

[5]*change*

[6]*security*

[7]*calm*

[8]*modest*

[9]*cautious*

Waage (24. September–23. Oktober): Sie sind künstlerisch, sensibel[1] und ein bißchen schüchtern. Sie haben viele Freunde und sind großzügig.[2]

Skorpion (24. Oktober–22. November): Sie sind intuitiv und ein bißchen schüchtern, aber auch romantisch und sensibel. Sie arbeiten planvoll.

Schütze (23. November–21. Dezember): Sie sind enthusiastisch und optimistisch und manchmal ein Träumer.[3] Manchmal sind Sie sehr impulsiv.

Steinbock (22. Dezember–20. Januar): Sie sind ein sehr reflektierter Mensch. Sie wissen, was Sie wollen. Sie haben viel Humor, sind offen und haben viele Freunde.

Wassermann (21. Januar–19. Februar): Sie sind ein kultivierter und kreativer Mensch, aber manchmal ein bißchen zu idealistisch. Für Vertreter des anderen Geschlechts[4] sind Sie unwiderstehlich.[5]

Arbeit mit dem Text

1. Melanie ist am 4. April geboren. Was ist ihr Sternzeichen?

   _____

2. Für welches Sternzeichen ist Geld zu wichtig?

   _____

3. Welche zwei Sternzeichen haben viele Freunde?

   _____

4. Welches Sternzeichen ist nicht sentimental?

   _____

5. Welches Sternzeichen ist manchmal ein Träumer?

   _____

6. Was ist Ihr Sternzeichen?

   _____

7. Finden Sie, daß Ihr Horoskop stimmt?

   _____

---

[1]*sensitive*
[2]*generous*
[3]*dreamer*
[4]Vertreter . . . *members of the opposite sex*
[5]*irresistible*

Schreiben Sie ein Horoskop für einen Freund oder eine Freundin.

_____

_____

_____

_____

_____

Lesetext 2: Meeting mit Mozart. Eine Kurzreise nach Salzburg.

Vor dem Lesen

1. Was assoziieren Sie mit Österreich?

_____

_____

2. An was denken Sie, wenn Sie Salzburg hören?

_____

_____

Sabine Hofbauer, die Kusine von Richard Augenthaler, wohnt in Wien, aber sie hat in Salzburg studiert und kennt Salzburg ganz genau. Sie erzählt von einem Tag in ihrer Stadt.

Vor ein paar Wochen bin ich mal wieder nach Salzburg gefahren. Es war ein schöner Frühlingstag im Mai. Morgens bin ich ins Café Bazar gegangen und habe mich dort unter die alten Bäume nach draußen gesetzt. Rechts saßen junge Schauspieler, die über ihre Arbeit im Landestheater redeten. Links sprach ein Tourist mit einem großen Fotoapparat vor dem Bauch, aufgeregt und wütend mit dem Kellner. Er hat keine Zeit, will sofort bezahlen, doch der Kellner meint nur: „Sind Sie im Urlaub oder auf der Flucht?"[1]

Ich habe langsam meinen Kaffee getrunken und bin dann über die Staatsbrücke gegangen. Überall sieht man schöne alte Gebäude, die wie Puppenhäuser aussehen: rosa oder hellblau. Dann bin ich in die Getreidegasse gegangen. Hier ist Mozarts Geburtshaus. Am 5. Dezember 1991 war Mozarts 200.

_____

[1]auf . . . *on the run*

Todestag. Überall standen Touristen, die Souvenirs kaufen wollten. Und es gab wirklich alles, von Mozart-Socken, Mozart-Uhren, Mozart-Spielkarten bis zu den berühmten Mozart-Schokoladenkugeln. Am Ende der Getreidegasse liegt das Luxushotel „Goldener Hirsch". Typisches Understatement: kleines Türschild, simple Fassade.

Ich bin weiter gegangen und habe mir die schönen südländischen Plätze angesehen mit ihren vielen Kaffeehäusern und Studenten, die laut über Kunst diskutieren. Nach einem Imbiß[1] in „Fasties" habe ich mittags einen Ausflug auf den Gaisberg gemacht, die Frühlingsonne genossen und die schick gestylten Typen beobachtet. Viele treffen sich abends im „Half Moon" und tanzen zu Hip-Hop Musik. Doch man findet nicht nur Diskomusik und Mozartkonzerte in Salzburg. Von Ende Juli bis Ende August gibt es hier ein progressives Theater-Festival, und auf dem Residenzplatz finden Open-air Konzerte mit Stars wie Tina Turner oder Herbert Grönemeyer statt.

Am Abend bin ich dann in einem schön renovierten Jugendstil[2] Restaurant gewesen, „Maria-Theresia-Schlößl". Es liegt mitten in einem romantischen Park, ideal für Liebespaare: Doch mein Freund war leider gerade in Wien.

Arbeit mit dem Text

1. Was hat Sabine gesehen?

    a. im Café Bazar? _____

    b. in der Getreidegasse? _____

    c. auf dem Gaisberg? _____

    _____

2. Was hat sie abends gemacht? _____

    _____

3. Sind Sie schon einmal in Österreich gewesen? Wenn ja, wo waren Sie und wie finden Sie diese Städte? Wenn nein, sind Sie schon einmal in einer anderen großen Stadt wie Salzburg oder Wien gewesen? Wo? Wie war das?

    _____

    _____

    _____

    _____

    _____

---

[1]*meal*
[2]*Art Nouveau*

KAPITEL 5

HÖRVERSTÄNDNIS

Dialog aus dem Text

Richard Augenthaler bekommt im Mai seine Matura. Er weiß nicht, soll er studieren oder soll er eine Lehre beginnen? Er geht zu einer Berufsberaterin.

Richtig oder falsch?

1. _____ Richard hat keine bestimmte Vorstellung von seinem Beruf.

2. _____ Er möchte mindestens einen Monat Urlaub im Jahr.

3. _____ Er möchte 6000,- DM pro Monat verdienen.

4. _____ Er sollte Lehrer werden.

Weitere Hörtexte

A. Geschenke

NEUE VOKABELN

das Märchen, - *fairy tale*
der Krimi, -s *crime story*

Herr und Frau Wagner sind im Kaufhaus und überlegen, was sie für Weihnachtsgeschenke kaufen können.

Richtig oder falsch?

1. _____ Herr und Frau Wagner kaufen ihrer Tochter Andrea ein Fahrrad.

2. _____ Sie kaufen ihrer Tochter Paula eine Puppe.

3. _____ Herr Wagner findet die Puppe sehr schön.

4. _____ Die Wagners haben Paula schon zum Geburtstag eine Puppe geschenkt.

5. _____ Frau Wagner findet das Märchenbuch zu teuer.

6. _____ Herr und Frau Wagner wollen mit den Kindern Fußball spielen.

7. _____ Frau Wagner schenkt ihrer Mutter einen Pullover.

8. _____ Sie wollen Frau Wagners Vater ein Buch schenken.

B. Gefälligkeiten

NEUE VOKABELN
leihen, geliehen   *to lend*

Jürgen fährt mit Silvia zum Skilaufen in die Alpen. Er bittet Claudia, eine andere Studentin in seiner Wohngemeinschaft,[1] um Gefälligkeiten.

Was gehört zusammen?

1. _____ Jürgen fährt zum Skilaufen

2. _____ Klaus hat eine Skihose,

3. _____ Jürgen gießt die Blumen

4. _____ Claudia leiht Jürgen eine Skibrille

a. einmal in der Woche.
b. aber keine Skier.
c. und Claudia gießt für ihn die Blumen.
d. die Jürgen paßt.
e. weil seine Skibrille kaputt ist.
f. für Silvia.
g. weil Claudia zum Skilaufen fährt.

---

[1]*cooperative household*

C. Der neue Trend: „Kombi-Berufe"

NEUE VOKABELN

die Ausbildung, -en *education*
der Sportverein, -e *sports club*
der Sportler, - / die Sportlerin, -nen *person who participates in sports*
das Recht *law*
brutto *net*

BERUF

SPORT-ÖKONOMIN schon mal gehört?

Setzen Sie die fehlenden Wörter ein.

Interessieren Sie sich für Sport und _____[1], Technik und _____[2] oder Sprachen und

Wirtschaft? Jetzt gibt es die neuen „Kombi-Ausbildungen". Hier ein Beispiel: Sport- _____[3]

oder Sport _____.[4] Es gibt in der Bundesrepublik _____[5] Millionen organisierte

_____[6] und Hobbysportler. Man sucht immer mehr Sportmanager und -managerinnen, die bei

Sportartikelfirmen, Sportvereinen und in _____[7] - und Fitnesscentern _____.[8]

Deshalb kann man jetzt an der _____[9] Bayreuth Sport-Ökonomie _____.[10] Neben

Sport stehen dort Wirtschaft, Recht und _____[11] auf dem Stundenplan. Wenn Sie

Geschäftsführer bei einem großen _____[12] werden, verdienen Sie am Anfang zwischen 3500

und 4000 DM brutto im Monat.

D. Berufe raten

NEUE VOKABELN

Sie sind dran. *It's your turn.*
das Rathaus, ̈er *City Hall*
der Schauspieler, - *actor*

Frau Schulz und ihre Klasse machen ein Ratespiel. Ein Student / Eine Studentin sagt, *wo* er/sie arbeiten möchte, und die anderen raten, was er/sie werden will.

Setzen Sie die fehlenden Informationen ein!

STUDENT/IN	ARBEITSPLATZ	BERUF
Stefan	in einer Schule	
Heidi		
Peter		

E. Josef Bergmanns Küche

NEUE VOKABELN

das Gewürz, -e   *spice*

der Haken, -   *hook*

hintere   *back*

vordere   *front*

Josef hat sehr gern Gäste und kocht sehr gern. Er beschreibt, wie seine Küche aussieht.

Wo ist das?

1. _____ Wo ist der Kühlschrank?

2. _____ Wo ist das Spülbecken?

3. _____ Wo sind die Messer?

4. _____ Wo sind Teller und Gläser?

5. _____ Wo hängen die Tassen?

6. _____ Wo steht der Tisch?

7. _____ Wo sitzt Peter oft?

8. _____ Wo sind die Gewürze?

a. unter dem Regal
b. im Gewürzregal
c. an dem großen Tisch
d. rechts in der hinteren Ecke
e. unter dem Fenster
f. an dem Magneten
g. in der vorderen linken Ecke
h. im Regal

Können Sie Josefs Küche zeichnen?

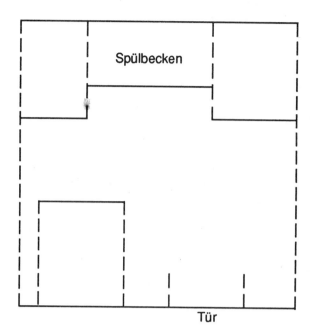

Rollenspiel

A. Sie gehen zu einem Berufsberater. Sie möchten gern lange schlafen und lange Ferien haben. Sie möchten eine flexible Arbeitszeit. Das Geld ist Ihnen nicht so wichtig. Ihr Lieblingsfach ist Deutsch. Sie mögen auch Mathematik, hassen aber Wirtschaft und Politik. Sie arbeiten nicht gern mit Ihren Händen. Wenn Sie einen guten Rat bekommen, sagen Sie „Danke" und gehen.

B. Jemand kommt zu Ihnen in die Berufsberatung. Fragen Sie, wieviel Geld er/sie verdienen möchte, ob er/sie gern am Wochenende arbeitet, was seine/ihre Lieblingsfächer sind. Fragen Sie, ob er/sie gern mit den Händen arbeitet. Schlagen Sie einen Beruf (Arzt, Anwalt, Fernsehreporter) vor. Machen Sie Vorschläge, bis Ihr Kunde zufrieden ist.

Nach dem Hören

Schreiben Sie einen kurzen Dialog zwischen einem Berufsberater und einem Studenten.

BERUFSBERATER: _____

_____

STUDENT: Ich bin bald mit dem Studium fertig und möchte mich nach Berufsmöglichkeiten erkundigen.

BERUFSBERATER: _____

_____

STUDENT: Mein Hauptfach ist _____

BERUFSBERATER: _____

_____

STUDENT: Ja. Ich habe ein halbes Jahr _____ gearbeitet.

BERUFSBERATER: _____

_____

Aussprache und Orthographie

AUSSPRACHE

The German *r*

A. The German **r** does not sound at all like the American English *r*. The German **r** is either a uvular trill—the "standard" German pronunciation, which is similar to the French *r*—or a trill or flap with the tip of the tongue—the predominant pronunciation in southern Germany, Austria, and Switzerland, which is similar to the Spanish *r*.[*]

Pronounce the following words with **r**. First you will hear a standard speaker and then a southern speaker. Try to find out which **r** suits you better.

standard **r**   rot, reisen, hören, Gitarre, Freund, Brief
southern **r**   rot, reisen, hören, Gitarre, Freund, Brief

B. Now repeat the following words that contain an **r** between two vowels.

Gitarre, Amerika, Ferien, Jahre, fahren, Motorrad

C. When the letter **r** appears after a vowel but before a consonant or at the end of a syllable, it is vocalized. This means that it is pronounced like a *schwa*, an undistinctive vowel such as the indefinite article *a* (*This is a cat.*).

Pronounce the following words with vocalized **r**.

fährt, Meer, Sport, hier, Eltern, Berge

D. Repeat the following sentences. Concentrate on **r** and *schwa* sounds.

1. Spielt ihr im Winter gern Karten?
2. Veronika reitet gern, und Robert spielt gern Gitarre.
3. Herr und Frau Ruf gehen freitags immer spazieren.
4. Renate Röder reist nächstes Jahr in die Karibik.
5. Ich habe drei Brüder und vier Schwestern.

---

[*]Many students find that the standard **r** is easier to learn, because it is so different from the American English *r* and because it is very close to the **ch** sound after dark vowels (**ach**). The standard **r** is used in this workbook and tape program whenever the **r** is practiced explicitly.

The German *l*

A. German has only one pronunciation of the letter l, which is very similar to the *l*-sound in English words such as *million* and *billion*.

Concentrate on using the same l-sound throughout as you pronounce the following words.

Millionen, Licht, Klavier, billig, Bild, Stuhl

B. Now repeat the following sentences containing the l-sound.

1. Silvia Mertens studiert Englisch und will Gymnasiallehrerin werden.
2. Ihr Zimmer ist ziemlich klein, aber billig.
3. Sie hat ein Bücherregal, einen Sessel, einen Tisch und zwei Stühle.
4. Silvia liebt Musik und hat einen tollen Plattenspieler und viele Schallplatten.
5. An der Wand neben dem Regal sieht man einen Tennisschläger, einen Fußball und das Telefon.

AUSSPRACHE

The Sounds *sp*, *st*

A. At the beginning of a word or a syllable, the German combinations **sp** and **st** are pronounced as if they were written **schp** and **scht**.

Pronounce the following words. Concentrate on producing the **schp-** and **scht-** sounds.

sp   Beispiel, spazieren, spielen, Sport, sprechen, Spanisch
st   Studentin, Stiefel, Stuhl, Strand, Stunde, Frühstück

B. Now repeat the following sentences, and concentrate on both the "pure" **sp-** and **st-** sounds and the **schp-** and **scht-** sounds.

1. Meist frühstückt Silvia im Studentenheim.
2. Melanie Staiger studiert Kunstgeschichte; ihre Schwester Gloria studiert Psychologie.
3. In ihrer Freizeit treiben sie viel Sport oder gehen sie in der Stadt spazieren?
4. Heute kauft Melanie Spaghetti und Wurst, und auch etwas Aspirin.
5. Stellen wir doch die Stühle ans Fenster und frühstücken dort.

ORTHOGRAPHIE

sch, sp, st

The letter combination **sch** is considered a single sound, and it is pronounced like English *sh*. When the letter combinations **sp** and **st** are in the beginning of the word, they are pronounced as if they were spelled **schp** and **scht**.

A. Write the words you hear with the letters **sch**.

1. _____   4. _____
2. _____   5. _____
3. _____   6. _____

B. Write the words you hear with the letters **sp** and **st**.

1. _____   4. _____
2. _____   5. _____
3. _____   6. _____

SCHRIFTLICHES

A. Geschenke. Alle Ihre Freunde und Verwandten haben bald Geburtstag. Weil Sie nicht so viel Geld haben, können Sie nur ein paar Geschenke kaufen. Was möchten Sie wem kaufen? Was möchten Sie für die anderen machen?

LEUTE	DINGE	VERBEN
Mutter, Vater, Oma, Opa, Tante, Onkel, Vetter, Kusine, Freund/in, Schwester, Bruder, Professor/in, Sohn, Tochter, Mitstudent/in, ???	Brief (*m.*), Buch (*n.*), CD (*m.*), Gefallen (*m.*), Hausaufgaben (*pl.*), Kette (*f.*), Küche (*f.*), Kuchen (*m.*), Pizza (*f.*), Schuhe (*pl.*), Suppe (*f.*), Witz (*m.*), Zelt (*n.*), ???	backen, erklären, geben, kaufen, kochen, leihen, machen, putzen, schenken, schreiben, tun, verkaufen, ???

Achtung!   Lesen Sie Grammatik 5.1 „Dative Case: Articles and Possessive Adjectives"!

> MODELL: Ich möchte meiner Tante eine Kette schenken.
> Ich möchte meinem Sohn einen Kuchen backen.

1. _____

2. _____

3. _____

4. _____

5. _____

6. _____

7. _____

8. _____

B. Gefälligkeiten. Für welche Personen tun Sie das?

NÜTZLICHE AUSDRÜCKE

Mutter	Vetter	Sohn
Vater	Kusine	Tochter
Oma	Freund/in	Mitstudent/in
Opa	Schwester	Nachbar/in
Tante	Bruder	???
Onkel	Professor/in	

Achtung!   Sie können auch Pluralformen verwenden!

> MODELL: einen Kuchen backen → Ich backe meinen Kindern einen Kuchen.
> die Blumen gießen → Ich gieße meiner Oma die Blumen.

1. eine Zeitung kaufen: _____

_____

2. das Fahrrad reparieren: _____

_____

3. eine Suppe kochen: _____

_____

4. die Hausaufgaben erklären: _____

_____

C. Wer, wen oder wem? Sie sprechen mit einem Freund in der Deutschklasse, aber Sie können ihn nicht verstehen. Sie wollen wissen, von wem er spricht. Fragen Sie nach dem unterstrichenen Teil.

Achtung!   Lesen Sie Grammatik 5.2, „Question Pronouns: **wer, wen, wem**"!

MODELL: IHR FREUND: Ich habe <u>unserem Professor</u> gestern einen Apfel gegeben.
　　　　　　　　SIE: *Wem* hast du einen Apfel gegeben?
　　　IHR FREUND: Unserem Professor. <u>Heidi</u> hat ihm auch einen Apfel gegeben.
　　　　　　　　SIE: *Wer* hat ihm auch einen Apfel gegeben?

1. IHR FREUND: Ich habe gestern mit meiner Familie <u>meine Tante und meinen Onkel</u> besucht.

　　　　　SIE: _____

2. IHR FREUND: Meine Tante und meinen Onkel. Meine Tante hat <u>meiner Schwester</u> ein Buch gegeben.

　　　　　SIE: _____

3. IHR FREUND: Meiner Schwester. <u>Ich</u> habe meiner Tante Witze erzählt.

　　　　　SIE: _____

4. IHR FREUND: Ich! Meine Tante hat <u>mich</u> nicht hören können.

　　　　　SIE: _____

5. IHR FREUND: Mich!

　　　　　SIE: *Ich* kann dich auch nicht hören! Vielleicht solltest du lauter sprechen!

D. Kreuzworträtsel. Füllen Sie die fehlenden Berufe ein.

WAAGRECHT

1. Er arbeitet in einem Gebäude, wo man Bücher ausleihen kann.
2. Er bringt den Fluggästen Essen.
3. Sie fliegt das Flugzeug.
4. Er arbeitet in einer Schule.

SENKRECHT

1. Er arbeitet im Supermarkt an der Kasse.
2. Sie fährt einen Bus.
3. Er pflegt kranke Menschen im Krankenhaus.
4. Er fährt Taxi.

E. Was werden sie? Was werden die folgenden Personen? Schreiben Sie ganze Sätze!

Achtung! Lesen Sie Grammatik 5.3, „The Verb **werden**"!

Heidi

MODELL: Heidi wird Ärztin.

Josef   Claire

Josef und Claire werden Mathematiker.

1. Ernst

2. Helga & Sigrid

3. Jutte

4. Thomas

5. Katrin

6. Silvia

7. Jens

8. Peter

9. Melanie

1. _____

2. _____

3. _____

4. _____

5. _____

6. _____

7. _____

8. _____

9. _____

Und Sie? Was werden Sie?

10. _____

F. Arbeitsplätze. Wo macht man was? Kombinieren Sie die Verben mit den Arbeitsplätzen.

> **Sprachnotiz:** *Location* + **in, an, auf** = Dativ

arbeiten	in	Bank
Briefmarken kaufen	an	Bibliothek
Bücher finden	auf	Buchhandlung
ein Konto eröffnen		Büro
einkaufen		Kino
Filme sehen		Post
lesen		Schwimmbad
schwimmen		Supermarkt
studieren		Universität

Achtung!   Lesen Sie Grammatik 5.4, „Location: **in, an, auf** + Dative Case"!

MODELL: Man kauft Briefmarken auf der Post.
          Man kauft im Supermarkt ein.

1. _____

2. _____

3. _____

4. _____

5. _____

6. _____

7. _____

G. In der Küche. Jochen Ruf ist Schriftsteller und Hobbykoch. Sie lesen ein Exzerpt aus seinem neuen Roman *Kinder, Küche und ein Mann*. Setzen Sie die richtigen Präpositionen ein: **an, auf, in, im.**

Spät abends kommt er immer hierhin, _____ [1] die Küche, allein. _____ [2] der Wand hängt das große Andy Warhol Poster „Campbell's Soup", wie immer. Er setzt sich _____ [3] den Tisch und sieht _____ [4] seine Uhr, schon Mitternacht. Der Kühlschrank _____ [5] der Ecke brummt leise, und er hört, wie Karin _____ [6] Wohnzimmer das Licht ausmacht. Er sieht sich um. Die Küche sieht aus wie immer, denkt er, _____ [7] dem Tisch stehen zwei Kaffeetassen, _____ [8] dem Herd die Kaffeekanne und _____ [9] dem Boden liegen noch die Zeitungen von gestern. Gestern hatten sie das Geschirr _____ [10] die Schränke gestellt und dann noch lange hier gesessen und geredet. Wie lange können wir wohl noch hier bleiben, fragte er sich . . .

Schreiben Sie!

A. Jobsuche. Unten sehen Sie eine Stellenanzeige für das Hotel Edelweiß. Welche Stellen sind frei? Was für Erfahrung braucht man für die verschiedenen Stellen? Füllen Sie die Tabelle aus.

WIR SUCHEN FÜR unser Hotel in Oberbayern ab sofort einen Koch oder eine Köchin mit Erfahrung in französischer Küche. Wir bieten gute Bezahlung, eine Wohnung in der Nähe des Hotels und fünf Wochen Urlaub im Jahr. Außerdem suchen wir einen Kellner oder eine Kellnerin für die Arbeit in unserem exklusiven Restaurant. Gute Bezahlung garantiert. Verpflegung in der Kantine und Unterbringung im Angestelltentrakt[a] des Hotels möglich. Für den Sommer suchen wir einen Studenten oder eine Studentin als Telefonist oder Telefonistin für die Hotelrezeption. Organisationstalent erwünscht. Interessenten schreiben bitte an: Frau Holz, Hotel Edelweiß, Garmisch-Partenkirchen, Neuer Weg 14.

[a]*personnel section*

JOB	ERFAHRUNG	BEZAHLUNG	VERPFLEGUNG und UNTERBRINGUNG[1]
Koch/Köchin	_____ Küche	gute _____	eine _____ in der Nähe _____ Wochen Urlaub
	XXXXX	_____ Bezahlung garantiert	Verpflegung in der _____ und Unterbringung im _____
Telephonist/in	_____ -talent	?	XXXXX

B. Sie sind jetzt in Oberbayern, und sind auf Jobsuche. Beantworten Sie die folgenden Fragen.

Welchen Job möchten Sie gern haben? _____

Wieviel möchten Sie verdienen? _____

Wollen Sie diesen Job permanent haben oder nur zeitweilig? Warum? _____

_____

Haben Sie praktische Erfahrungen? Sind Sie für diesen Job qualifiziert? _____

_____

_____

C. Schreiben Sie bitte einen Brief an Frau Holz. Geben Sie an, welche Stelle Sie haben möchten, wieviel Sie verdienen möchten, wie lange Sie die Stelle haben möchten (und warum) und was für Qualifikationen Sie für die Stelle haben.

Sehr geehrte Frau Holz,

_____

_____

_____

_____

_____

_____

_____

[1]Verpflegung . . . *room and board*

_____

_____

_____

_____

_____

LESEECKE

Lesetext 1: Möchten Sie als Autoverkäufer/Autoverkäuferin arbeiten?

Vor dem Lesen

1. Haben Sie oder Ihre Eltern ein neues Auto gekauft? Wie war der Verkäufer / die Verkäuferin?

_____

2. Kennen Sie die Automarke Volvo? Was für einen Ruf[1] hat sie?

_____

_____
[1]*reputation*

VOLVO

WIR SUCHEN SIE!

Ja, Sie haben richtig gelesen. Wir suchen Verkäufer und Verkäuferinnen für unseren Neuwagenverkauf. Sind Sie gründlich,[a] zuverlässig[b] und engagiert, haben Sie Spaß an der Mitarbeit in einem kompetenten Team? Dann melden Sie sich bei Interesse bitte bei uns. Wir freuen uns auf Sie.

... sicher fährt am längsten!

THEIS

EIN UNTERNEHMEN DER BAYWA AG / KARL THEIS GMBH
GÄRTNERSTR. 39 / 8000 MÜNCHEN 50 / TEL. 0 89 · 1 41 30 74
FILIALE   BERG-AM-LAIM-STR. 33 / 8000 MÜNCHEN 80
TEL. 0 89 · 49 42 34 / **FILIALE STARNBERG: PETERS-**
BRUNNER STR. 5 / 8130 STARNBERG / TEL. 0 81 51 · 2 83 80

[a]*thorough*
[b]*reliable*

Arbeit mit dem Text

1. Volvo sucht Verkäufer und Verkäuferinnen. Welche Eigenschaften sollen diese Leute haben?

     _____

     _____

2. Verkaufen die Volvohändler[1] neue oder gebrauchte Autos? _____

3. Wie viele Autohändler suchen Verkäufer und Verkäuferinnen? _____

_____
[1]Händler = *dealers*

Lesetext 2: Michael Puschs Berufe

Vor dem Lesen

1. Arbeiten Sie während des Studiums? Wo? _____

2. Machen Sie eine Liste von Jobs, die Sie gehabt haben.

_____

_____

_____

Michael Pusch hat viele Jobs gehabt. Er spricht jetzt mit Frau Körner über seine Jobs.

FRAU KÖRNER: Stimmt es eigentlich, daß Sie bei einer Werbeagentur[1] arbeiten?

MICHAEL PUSCH: Ja, seit fast einem Jahr. Ich bin Werbetexter.[2]

FRAU KÖRNER: Haben Sie das studiert? Wie wird man Texter?

MICHAEL PUSCH: Nein, ich habe nicht studiert. Ich war zuerst Assistent bei einer Werbeagentur, und dann bin ich Texter geworden. Eine besondere Ausbildung dafür gibt es nicht.

FRAU KÖRNER: Und was haben Sie vorher gemacht?

MICHAEL PUSCH: Ich war schon Taxifahrer, ich war Kellner, einmal in einer Kneipe und einmal in einem sehr teuren Restaurant. Ich habe als Krankenpfleger in einem Altenheim gearbeitet, ich habe in einem Geschäft als Verkäufer gearbeitet, ich war Chauffeur, ich war . . .

FRAU KÖRNER: Hören Sie auf! Sie haben ja tatsächlich schon alles mögliche gemacht.

MICHAEL PUSCH: Ja, fast alles. Und Sie, Frau Körner, arbeiten Sie nicht bei der Deutschen Bank? Was machen Sie denn?

FRAU KÖRNER: Ich bin Kassiererin.

MICHAEL PUSCH: Und was ist das für ein Gefühl, jeden Tag so viel Geld in der Hand zu haben?

FRAU KÖRNER: Nichts Besonderes. Abends sind meine Hände immer ganz schmutzig, wenn ich den ganzen Tag Geld angefaßt habe.

MICHAEL PUSCH: Ja? Hmm. Frau Körner, ich war noch nie Bankräuber, wir müssen einmal in Ruhe[3] darüber sprechen.

---

[1]*advertising agency*
[2]*copywriter*
[3]*private*

Arbeit mit dem Text

Welche Berufe hatte Michael schon? Machen Sie eine Liste, und sagen Sie, ob Sie diese Jobs gern machen möchten oder nicht.

Michaels Jobs	Ich möchte den Job machen.	Ich möchte den Job nicht machen.

KAPITEL **6**

HÖRVERSTÄNDNIS

Dialog aus dem Text

Silvia Mertens ist auf Wohnungsuche.

Richtig oder falsch? Korrigieren Sie die falschen Sätze.

1. ——   Das Zimmer ist in Frankfurt-Nord. _____

2. ——   Das Zimmer liegt im fünften Stock. _____

3. ——   Es gibt keinen Aufzug. _____

4. ——   Das Zimmer ist nicht möbliert. _____

5. ——   Das Zimmer hat kein Bad. _____

6. ——   Silvia kommt morgen vorbei. _____

Weitere Hörtexte

A. Ein alter Nachbar

NEUE VOKABELN

das Erdgeschoß   *first floor*
der erste Stock   *second floor*
der Neubau   *new building*

Frau Frisch trifft einen alten Nachbarn, Herrn Übele, in einem Geschäft im Zentrum von Zürich.

Beantworten Sie die Fragen.

1. Warum wird Herr Übele fast verrückt? _____

2. Welche Vorteile[1] hat das Haus? _____

   _____

3. Wie alt ist das Haus? _____

4. Setzen Sie die Namen der Zimmer in den Plan ein:

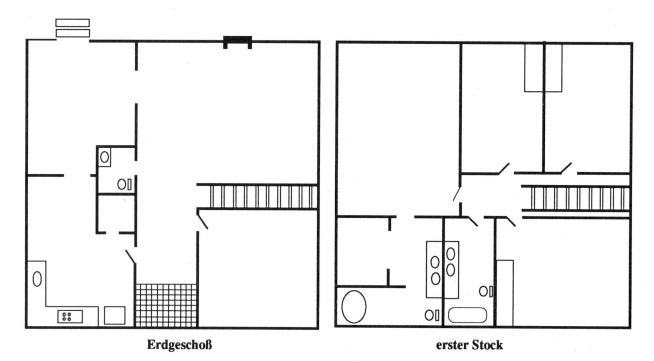

Erdgeschoß   **erster Stock**

---
[1]advantages

B. Alte Möbel

NEUE VOKABELN

das Holz, ̈er   *wood*
der Stahl   *steel*
ganz unter uns   *just between us*

Herr Siebert ist bei Frau Gretter. Sie sprechen über Frau Gretters neue Möbel.

Beantworten Sie die Fragen.

1. In welchem Zimmer sind Frau Gretter und Herr Siebert? _____

2. Ist der Tisch neu? _____

3. Aus welchem Material sind die Stühle in der Eßecke? _____

   _____

4. Was für Möbel möchte Herr Siebert für sein Wohnzimmer, antike oder moderne? _____

5. Von wem hat Frau Gretter den Eßzimmerschrank? Von wem die Stühle? _____

C. Sofie ist wütend.

NEUE VOKABELN

der Billigladen, ⸚   *discount store*
das Vollkornbrot   *whole-grain bread*
die Wiedervereinigung   *reunification* (of Germany)
der Aufschnitt   *cold cuts*

Es ist Samstag. Sofie Pracht aus Dresden sieht in den Kühlschrank und findet nur Sachen, die ihr nicht gefallen. Ihr Freund Willi hatte gestern für sie eingekauft. Da ruft Willi an. Hören Sie, was sie ihm wütend sagt.

Wohin sollte Willi gehen? Was sollte er kaufen?

WOHIN?	WAS?
1. Zum _____ am Markt.	tollen _____
2. In die neue _____.	gutes _____

D. Ein Interview mit Richard

NEUE VOKABELN

Geld abheben *to withdraw money*

Richard Augenthaler ist in der Stadt. Ein Mann auf der Straße will ein Interview mit ihm machen, aber er hat keine Zeit.

Wohin will Richard? Bringen Sie die folgenden Zeilen in die richtige Reihenfolge.

_____ in die Reinigung

_____ zur Bank

_____ in den Supermarkt

_____ ins Kaufhaus

Was will der Mann auf der Straße wissen? _____

_____   _____

E. Wohnungssuche

NEUE VOKABELN

der Waldblick   *forest view*
der Hauswirt, -e / die Hauswirtin, -nen   *landlord/landlady*
erreichen, erreicht   *to reach*

Hier ist Radio Bremen mit den Kurznachrichten. Doch zuvor noch etwas Werbung.

Setzen Sie die fehlenden Informationen ein.

1. Man kann im Apartmenthaus „Waldblick" eine Wohnung _____.

2. Die Apartments sind _____ und _____.

3. Die Apartments haben _____ Zimmer, eine _____, ein Bad, und

   einen Balkon.

4. Die Küche hat einen _____, einen Kühlschrank und eine _____.

5. Jede Wohnung hat einen _____ in der Tiefgarage und einen Keller.

F. Hausarbeit

Rolf und Nora haben geplant, nach San Francisco zu fahren, um ins Kino zu gehen. Aber Nora hat viel zu tun. Jetzt ruft Rolf sie an.

Was muß Nora alles tun? Kreuzen Sie an!

_____ die Garage aufräumen   _____ Auto waschen

_____ die Wäsche waschen   _____ ihr Zimmer aufräumen

_____ Geschirr spülen   _____ den Rasen mähen

_____ staubsaugen   _____ die Fenster putzen

_____ einkaufen gehen

An welches Stereotyp denkt Noras Vater? _____

Rollenspiel

A. Sie sind Student/Studentin und suchen ein schönes großes Zimmer. Das Zimmer muß hell und ruhig sein. Sie haben nicht viel Geld und können nur bis zu DM 300,- Miete zahlen, inklusive Nebenkosten. Sie rauchen nicht und hören keine laute Musik. Fragen Sie den Vermieter / die Vermieterin, wie groß das Zimmer ist, was das Zimmer kostet, ob das Zimmer im Winter warm ist, ob Sie kochen dürfen, ob Ihre Freunde Sie besuchen dürfen. Sagen Sie dann, ob Sie das Zimmer mieten möchten.

B. Sie möchten ein Zimmer in Ihrem Haus vermieten. Das Zimmer ist 25 m^2 groß und hat Zentralheizung. Es kostet warm DM 310,- im Monat. Es hat große Fenster und ist sehr ruhig. Das Zimmer hat keine Küche und auch kein Bad. Der Mieter / Die Mieterin darf aber Ihre Küche und Ihr Bad benutzen. Der Mieter / Die Mieterin darf Freunde einladen, aber sie dürfen nicht zu lange bleiben. Sie haben kleine Kinder, die früh ins Bett müssen. Fragen Sie, was der Student / die Studentin studiert, ob er/sie raucht, ob er/sie oft laute Musik hört, ob er/sie Haustiere hat, ob er/sie Möbel hat.

VOR DEM HÖREN

Was fragen Sie, wenn Sie eine Wohnung mieten wollen?

_____

_____

_____

_____

_____

Bei dem Hören

A. Gibt es die Fragen, die Sie oben geschrieben haben, in der Konversation zwischen der Hauswirtin und dem Studenten? Wenn ja, kreuzen Sie sie an.

B. Hören Sie das Rollenspiel noch einmal. Schreiben Sie die Fragen, die nicht in Ihrer Liste sind, auf.

_____

_____

_____

_____

Aussprache und Orthographie

AUSSPRACHE

Auslautsverhärtung

Unless it occurs before a vowel (or before l or r), the letter **b** is pronounced like **p**, **d** is pronounced like **t**, and **g** like **k**. In German, this is called **Auslautsverhärtung** (*the hardening of final sounds*).

Repeat the following words. Concentrate on the change from **b** to **p**, **d** to **t**, and **g** to **k**.

b → p	leben, lebt; schreiben, schreibt; geben, gibt
d → t	Freunde, Freund; Hunde, Hund; Lieder, Lied
g → k	Tage, Tag; fragen, fragt; Dialoge, Dialog

Now repeat the following sentences. Concentrate on the various pronunciations of the letters **b, d,** and **g**.

1. Gib mir mal die Schreibmaschine.
2. Übst du den Dialog jeden Tag?
3. Mittags esse ich im „Dorfkrug" und abends zu Hause.
4. Abends sind wir bei Birgit; da ist heute eine Gartenparty.
5. Zum Geburtstag möchte ich ein Diamantarmband, einen Hund und ein großes Motorrad.

ORTHOGRAPHIE

Write the words you hear with the letters **b, d,** and **g.**

1. _____   4. _____   7. _____

2. _____   5. _____   8. _____

3. _____   6. _____   9. _____

SCHRIFTLICHES

A. Kreuzworträtsel. Haus und Haushaltsgeräte

WAAGRECHT

1. Eine Art Veranda im ersten oder in einem höheren Stock.
2. Man benutzt sie zum Wäschewaschen.
3. Man benutzt ihn zum Fegen.
4. In diesem Zimmer arbeitet man.
5. Man sitzt dort mit Gästen und sieht fern.

SENKRECHT

1. Man benutzt ihn zum Kuchenbacken.
2. Man benutzt ihn zum Saugen der Teppiche.
3. Man schläft in diesem Zimmer.
4. Man duscht oder badet in diesem Zimmer.

B. Vergleiche. Nennen Sie 10 Sachen, die Sie in Ihrem Haus haben. (Bett, Herd, Kühlschrank, Sofa, usw.)

Achtung! Lesen Sie Grammatik 6.1, „Making Comparisons with Adjectives and Adverbs"!

1. _____   6. _____

2. _____   7. _____

3. _____   8. _____

4. _____   9. _____

5. _____   10. _____

Jetzt vergleichen Sie die Sachen.

NÜTZLICHE AUSDRÜCKE

alt	kalt	warm
gut	billig	schwer
groß	teuer	leicht
hoch	schön	jung
lang	häßlich	???
klein		

MODELL: Mein Zimmer ist wärmer als mein Kühlschrank.
Mein CD-Spieler ist besser als mein Schallplattenspieler.

1. _____

2. _____

3. _____

4. _____

5. _____

6. _____

7. _____

8. _____

9. _____

10. _____

C. Wo macht man das? Schreiben Sie, wo Sie das machen.

NÜTZLICHE AUSDRÜCKE

in der Apotheke	in der Fußgängerzone	an der Universität
auf dem Balkon	im Park	in der Wäscherei
im Café	im Schwimmbad	???
im Aufzug	an der Tankstelle	

Achtung!   Lesen Sie Grammatik 6.2, „Location: Prepositions with the Dative Case"!

MODELL: tanzen → Ich tanze in der Disko.
            fernsehen → Ich sehe im Wohnzimmer fern.

1. schwimmen: _____

    _____

2. einen Kaffee trinken: _____

    _____

3. Aspirin kaufen: _____

    _____

4. die Wäsche waschen: _____

    _____

5. tanken: _____

    _____

6. spazierengehen: _____

    _____

7. in Vorlesungen gehen: _____

    _____

8. Fußball spielen: _____

    _____

9. Musik hören: _____

    _____

10. meine Freundin / meinen Freund küssen: _____

    _____

D. **Jürgen hat heute viel zu tun.** Hier ist sein Tagesablauf.

9.00–12.30	auf der Bank arbeiten	16.45	tanken
13.00–13.45	schwimmen	17.00	mit Sylvias Schwester zu Abend essen
14.00–16.00	Klausur schreiben	19.00	einen Film sehen
16.00	Bücher ausleihen	21.00	Mutti und Vati in Kassel treffen
16.20	Briefmarken kaufen		

Sagen Sie, wann und wohin Jürgen gehen muß. Schreiben Sie ganze Sätze.

Achtung!   Lesen Sie Grammatik 6.3, „Word Order: Time before Place" und Grammatik 6.4, „Direction: **in/auf** + Accusative and **zu/nach** + Dative"!

1.   Er muß um 9.00 auf die Bank gehen.

2.   Er muß um 13.00 ins Schwimmbad gehen.

3.   _____

4.   _____

5.   _____

6.   _____

7.   _____

8.   _____

9.   _____

E.   **Auf Wohnungssuche**

WIE WOHNEN SIE JETZT:
KREUZEN SIE AN!

_____   Ich wohne im Studentenwohnheim.

_____   Ich wohne in einem Apartmenthaus.

_____   Ich wohne in einem großen Haus.

_____   Ich wohne allein.

_____   Ich wohne bei meinen Eltern.

_____   Ich wohne mit Freunden zusammen.

_____   Ich habe ein großes Zimmer.

_____   Mein Zimmer ist klein.

_____   Ich habe viel Platz.

_____   Ich habe wenig Platz.

_____   Meine Wohngegend ist ruhig.

_____   Meine Wohngegend ist laut.

_____   Ich wohne in der Stadt.

_____   Ich wohne auf dem Land.

WIE MÖCHTEN SIE WOHNEN?
KREUZEN SIE AN!

_____   im Studentenwohnheim

_____   in einem Apartmenthaus

_____   in einem großen Haus

_____   allein

_____   bei meinen Eltern

_____   mit Freunden zusammen.

_____   in einem großen Zimmer

_____   in einem kleinen Zimmer

_____   mit viel Platz

_____   mit wenig Platz

_____   in einer ruhigen Wohngegend

_____   in einer lauten Wohngegend

_____   in der Stadt

_____   auf dem Land

Jetzt beschreiben Sie, wie Sie wohnen möchten.

> MODELL: Ich möchte allein in einem kleinen Zimmer wohnen. Ich brauche nur wenig Platz.
> ODER: Ich möchte in einer ruhigen Wohngegend wohnen.
> ODER: Ich möchte auf dem Land wohnen.

_____

_____

_____

_____

_____

_____

F. Hausarbeit. Wer hat was gemacht? Sagen Sie, wer in Ihrem Haushalt (Sie, Zimmerkamerad/in, Bruder, Schwester, Mutter, Vater, usw.) letzte Woche was gemacht hat.

NÜTZLICHE AUSDRÜCKE

staubsaugen	die Wäsche waschen	den Rasen gießen
das Wohnzimmer aufräumen	den Tisch abwischen	die Blumen gießen
aufwischen	das Geschirr spülen	einkaufen
nach dem Essen abwaschen	den Rasen mähen	das Essen kochen

Achtung!   Lesen Sie Grammatik 6.5, „Separable-Prefix Verbs: Present Tense and Present Perfect Tense"!

> MODELL: Meine Mutter hat letzte Woche das Essen gekocht.
> Ich habe letzte Woche eingekauft.

1. _____

2. _____

3. _____

4. _____

5. _____

Was machen Sie oder Ihre Haushaltsmitglieder[1] diese Woche oder nächste Woche, weil Sie das letzte Woche nicht gemacht haben?

> MODELL: Ich sauge nächste Woche Staub.
> Meine Zimmerkameradin räumt diese Woche ihr Zimmer auf.

1. _____

2. _____

3. _____

4. _____

5. _____

_____

[1]_household members_

G. Womit macht man das? Sagen Sie, welche Geräte man benutzt zum:

staubsaugen   das Geschirr spülen   die Blumen gießen
aufwischen   den Rasen mähen   bügeln
die Wäsche waschen

Achtung!   Lesen Sie Grammatik 6.6, „The Preposition **mit** (*with*) + Dative"!

       MODELL: Man saugt mit einem Staubsauger Staub.
                   Man gießt die Blumen mit einer Gießkanne.

1. _____

2. _____

3. _____

4. _____

5. _____

Schreiben Sie!

Ihr Traumhaus. Lesen Sie die Beschreibung von Juttas Traumwohnung.

Ich möchte gern in einer großen Stadt in Süddeutschland wohnen, vielleicht München oder Augsburg. Ich möchte in der Stadtmitte wohnen, weil da immer viel los ist. Meine Wohnung sollte hell und warm sein, und die Küche sollte sehr groß sein, weil ich Hobbyköchin bin. Weil ich gern Freunde einlade, sollte mein Wohnzimmer groß und gemütlich sein, vielleicht mit einem Kamin. Meine Nachbarn sollten hip sein, weil ich Mitglied einer Punkband bin, und wir jeden Mittwoch von 9 bis 1 Uhr abends bei mir üben. Vielleicht könnten die Nachbarn ja mitspielen.

Wie sollte Ihr Traumhaus aussehen? Folgen Sie Juttas Beispiel und schreiben Sie, warum Sie so wohnen möchten.

> **Sprachnotiz:** To spice up your description, mention specific details and avoid using too many adjectives. Use **weil** clauses to explain why you want to live the way you do, and remember that in German you can change word order to add variety. Read Jutta's description again, and notice how she has varied the word order. Suggestion: Read your composition out loud and revise it if necessary to make sure you have varied the word order and sentence length.

_____

_____

_____

_____

_____

_____

_____

_____

_____

_____

_____

LESEECKE

Lesetext 1: Ein Andy Warhol für 2,50 DM.

Haben Sie in Ihrem Zimmer Kunstposter? Von welchem Künstler? _____

_____

> **Ein Andy Warhol für 2,50 Mark**
>
> Sie möchten auch mal einen echten Warhol über der Couch hängen haben? Dazu müssen Sie kein Millionär sein. In der Artothek im Münchener Stadtmuseum kann man sich moderne und klassische Kunst für daheim oder das Büro ausleihen.[a] Zwei Monate kosten 2,50 Mark (Unkostenbeitrag für die Versicherung). Die Nachfrage ist natürlich groß, aber anhand eines Katalogs kann man sich „sein" Bild reservieren lassen.

[a] *borrow*

Arbeit mit dem Text

1. Kann man einen Andy Warhol für 2,50 kaufen? Erklären Sie. _____

_____

2. Von welchem Museum bekommt man das Kunstwerk? _____

_____

3. Was für Bilder möchtest du zu Hause haben? Moderne? Klassische? Von welchem Künstler?

_____

_____

4. Wer ist dein Lieblingskünstler / deine Lieblingskünstlerin? Warum? _____

_____

Lesetext 2: Altbau- und Neubauwohnungen in Deutschland

1. Wie alt ist das Gebäude in dem Sie wohnen? _____

2. Welche modernen Vorzüge hat Ihre Wohnung? (Kreuzen Sie an.)

   _____ Zentralheizung   _____ Waschmaschine

   _____ Geschirrspülmaschine   _____ privates Badezimmer

Zwei Drittel aller Wohnhäuser in Deutschland sind weniger als 40 Jahre alt. Die Bomben des 2. Weltkriegs haben fast alle Großstädte stark zerstört, deshalb waren die 50er und 60er Jahre eine Phase des Aufbaus. Alle Häuser, die nach 1949 entstanden sind, nennt man Neubauten; die alten, die noch von vor dem Krieg sind, heißen Altbauten.

    Viele Neubauten sind mit allem modernen Komfort ausgestattet, vor allem seit den 60er Jahren. Sie haben Badezimmer und fast alle haben Zentralheizung. Die Altbauten aber haben meistens weder das eine noch[1] das andere. In Berlin, zum Beispiel, gibt es auch heute noch sehr viele Leute, die kein Bad haben oder sich die Toilette mit anderen auf einer Etage[2] teilen müssen.

    Weil die Wohnungsnot[3] seit der Wiedervereinigung immer größer wird, subventioniert der Staat seit einiger Zeit den Ausbau von Dachböden.[4] Hausbesitzer können billige Kredite bekommen, wenn sie damit eine neue Wohnung schaffen. Trotzdem steigen die Mietpreise immer mehr und Bauspekulanten versuchen, das große Geschäft zu machen. In der ehemaligen DDR sieht es auch nicht besser aus. Die Mietpreise sind aufgrund der sozialistischen Wohnpolitik seit 1945 stabil geblieben. Es gab zum Beispiel Wohnungen für 65,-- Ostmark. Doch jetzt sind auch dort die Preise stark gestiegen und solche Wohnungen kosten DM 265,--. Ein anderes Problem ist der Zustand[5] der Wohnungen in Ostdeutschland. Sie waren nicht nur billig, sondern auch sehr veraltet, da man nichts in Häuser investiert hat.

Arbeit mit dem Text

Richtig oder falsch? Korrigieren Sie die falschen Sätze.

1. _____ Die Altbauten in Deutschland sind meistens mit allem modernen Komfort ausgestattet. _____

   _____

2. _____ Alle Häuser, die nach 1949 gebaut sind, nennt man Neubauten. _____

   _____

3. _____ Hausbesitzer bekommen billige Kredite, wenn sie Zimmer vermieten.

   _____

4. _____ Seit 1990 sind die Mietpreise in der ehemaligen DDR nicht gestiegen. _____

   _____

---

[1]weder . . . *neither one nor*

[2]*Stock*

[3]*need for housing*

[4]*loft apartments*

[5]*condition*

5. _____ Wohnungen in Westdeutschland sind alle renoviert. _____

_____

Möchten Sie lieber in einer Altbauwohnung oder in einer Neubauwohnung wohnen? Warum? _____

_____

_____

_____

Lesetext 3: Die Wohnung der Familie Ruf

Vor dem Lesen

Beschreiben Sie ein Haus oder eine Wohnung, in dem Sie mit Ihrer Familie als Kind gewohnt haben.

1. Wie viele Zimmer hatte das Haus oder die Wohnung insgesamt? _____

2. Wie war die Küche? Modern oder veraltet? _____

die Familie Ruf

Hans   Jochen   Jutta
Margret

Lesen Sie jetzt über die Wohnung der Familie Ruf in München.

Die Wohnung der Rufs ist ziemlich groß. Sie wohnen in München in der Isabellastraße, gegenüber von den Wagners. Sie haben ein Wohnzimmer, ein Schlafzimmer, ein Arbeitszimmer für Herrn Ruf, zwei Kinderzimmer und natürlich eine Küche und zwei Badezimmer.

Im Arbeitszimmer stehen ein Schreibtisch und ein Stuhl. An den Wänden sind überall Regale mit Büchern, und in der Ecke neben dem Fenster steht ein Gummibaum. Das Schlafzimmer der Eltern und die Kinderzimmer sind im ersten Stock. Die Fenster sind kleiner als im Erdgeschoß, und die Zimmer sind ein bißchen dunkler. Das Schlafzimmer ist sehr groß, fast größer als das Wohnzimmer und viel größer als Herrn Rufs Arbeitszimmer. Außer dem Bett stehen eine Kommode, ein kleines Sofa und ein großer Schrank im Schlafzimmer. An der Wand hängt ein Spiegel, und auf einem kleinen Tisch steht ein Radio. Über dem Bett hängt ein Bild.

Arbeit mit dem Text

Beantworten Sie die Fragen.

1. Wo wohnen die Rufs? _____

2. Wie viele Zimmer hat ihre Wohnung? _____

3. Wie sind die Zimmer im ersten Stock? _____

4. Was ist im Arbeitszimmer von Herrn Ruf? _____

   _____

5. Beschreiben Sie jetzt Ihr Schlafzimmer. _____

   _____

   _____

   _____

6. Was ist Ihr Lieblingszimmer? Warum? Was machen Sie da? _____

   _____

   _____

   _____

KAPITEL **7**

HÖRVERSTÄNDNIS

Dialog aus dem Text

Im Reisebüro in Berlin

Richtig oder falsch?

1. _____ Renate möchte nach Zürich fahren.

2. _____ Sie möchte am Montagabend so spät wie möglich fahren.

3. _____ Der erste Intercity kommt um 14.25 an.

4. _____ Renate reserviert einen Platz in der ersten Klasse.

Weitere Hörtexte

A. Geographie. Ernst und Andrea Wagner spielen ein Ratespiel über Geographie. Wenn der eine einen geographischen Begriff nennt, muß der andere einen bestimmten Ort in der Welt nennen, zu dem der geographische Begriff paßt.

Füllen Sie die Tabelle aus. Welche Begriffe nennen Ernst und Andrea? Was sind ihre Antworten? Nennen Sie dann noch ein weiteres Beispiel für den genannten geographischen Begriff.

GEOGRAPHISCHER BEGRIFF	ERNSTS UND ANDREAS ANTWORTEN	IHRE ANTWORTEN
eine Insel	England	
ein _____		
ein Tal		
eine _____	Arabische	
ein _____		
eine Wüste		
ein _____		
eine _____		

B. Transportmittel

NEUE VOKABELN

die Mitfahrerzentrale, -n *ride-share information center*
der Stau *traffic jam*
sich verändern *to change*

Claire trinkt gerade einen Kaffee mit Josef in Regensburg und spricht über ihren Plan, in zwei Wochen nach Berlin zu fahren.

Tragen Sie die Vorteile und Nachteile der Transportmittel ein.

	VORTEILE	NACHTEILE
Flugzeug		
Bundesbahn		
Bus		
Mitfahrerzentrale		

C. Der neue Corrado

VW Corrado

Corrado G 60, EZ 2/89, KW 118, US-Kat., 44'km, SSD, ZV, Servo, Alu, ABS, R/C, M + S mit Felgen, usw., kein Umsatzsteuerausweis möglich § 25a UStG
31 500,-
Corrado G 60, EZ 6/89, KW 118, US-Kat., 49'km, SSD, ZV, Servo, Alu, ABS, R/C, el. FH, usw.
31 900,-
MAHAG Frankfurter Ring, ☎323006-15

Mehrere Corrado US-Modelle in Weiß, Silber, Gelb, mit Vollausstatt., Leder, Klima, SSD, weit. Extras, 0 km, dt. Brief, mit Werksgarantie, DM 39 900,- je Fahrzeug, MwSt. ausweisbar. **V.A.G. Horndasch** ☎09177/806

Corrado G 60, EZ 4/91, 8'km, aquabl.met., BBS 195/50, NS, ZV, Auß.sp., e.Sportsitze, Rad. „gamma" Soundsyst., SD, e. Cass.abl. Verbandsk. u. Warndreieck usw. 20 % u. NP umsth. z. verk., NR, Gg.-Wg. ☎07751/6072

Corrado G 60, neu, ABS, Klima, eFH, eSSD, Tempomat, RC m. 6 LSP, ZV, el. Sp., Rückhalteautomatic-Gurte, DM 37 900,- Mws† ausweisbar. **Kfz-Firma** ☎09181/33355

Corrado, Bj. 7.89, tornadorot, scheckh.gepfl., 51'km, VB 27500,- nehme auch Gebrauchtwagen bis zu 8000,- Inzahl. ☎09664/1583 oder 1704

Corrado G 60, KAT, EZ 5/90, anthrazitmet., 1. Hd., eSHD, el. FH, BBS, neu bereift, Stereo, ZV, Servo, ABS usw., 34 700,- MwSt. awb. **Firma Hutter** ☎07556/5550

VW Corrado G-60, Bj. 89, ABS, Servo, Color, RC, Alu, 60'km, Top-Zust., 26 600,- **Kfz.-Fa.** ☎0881/2254

NEUE VOKABELN

die Ausstattung *feature*
unbequem *uncomfortable*
serienmäßig *standard*
beheizt *heated*

das Fahrwerk *chassis*
die Servolenkung *power steering*
der Heckspoiler *spoiler*
ABS: das Antiblockiersystem *antilock brakes*

Sie hören eine Werbung von VW für den neuen Corrado.

Was hat der neue Corrado serienmäßig? Kreuzen Sie an!

_____	Innenraum in Lederausstattung	_____	High-Tech-Fahrwerk
_____	Holzlenkrad	_____	6 Zylinder
_____	beheizte Recaro-Sportsitze	_____	Servolenkung
_____	elektrische Fenster und Schiebedach	_____	Zusatzinstrumente
_____	Heckschiebenantenne	_____	ABS
_____	Radio-Cassettengerät	_____	Heckspoiler
_____	ergonomische Sitze	_____	Klimaanlage

D. Josef will ein Auto kaufen.

NEUE VOKABELN

die Kupplung   *clutch*
die Karosserie   *auto body*
ausbauen   *to take out*
einbauen   *to put in*

Josef will einen Gebrauchtwagen kaufen. Er spricht am Telefon mit der Verkäuferin des Wagens.

Tragen Sie die fehlende Information ein.

Baujahr	
Kilometerstand	92.000
Kupplung	
Bremsen	
	in sehr gutem Zustand
	nein, ausgebaut
Preis	

E.   Reiseerlebnisse. Silvia will in die Sonne und träumt vom Urlaub.

Beantworten Sie die folgenden Fragen.

1.   Was kann man in Rio de Janeiro tun? _____

_____

2.   In Paris? _____

_____

3.   An der Nordsee? _____

_____

4.   Was hat Silvia gegen Mallorca? _____

_____

F.   Sommerskilauf in der Schweiz

NEUE VOKABELN
der Gletscher, - *glacier*
die Piste, -n *ski slope*
der Abfall *litter*

Claire ist letzten Juli in die Schweiz gefahren. Jetzt spricht sie mit Josef über ihren Urlaub.

Wer hat was gesagt: Claire (C) oder Josef (J)?

1. _____ Wie war's in der Schweiz?

2. _____ Es war toll.

3. _____ Der Schnee war nicht so gut wie im Winter.

4. _____ Ich war noch nie in der Schweiz zum Skifahren.

5. _____ [Ich fahre] meistens nach Oberstdorf in Bayern oder auch nach Österreich.

6. _____ Ich war noch nie zum Sommerskifahren auf einem Gletscher.

7. _____ Das schönste am Sommerskifahren ist, daß es so warm ist.

8. _____ Zürich ist eine der saubersten Städte, die ich je gesehen habe.

9. _____ [Ich wollte überall] ein bißchen Abfall fallen lassen.

Rollenspiel

A. Sie stehen am Fahrkartenschalter im Bahnhof von Bremen und wollen eine Fahrkarte nach München kaufen. Sie wollen billig fahren, müssen aber vor 16.30 Uhr am Bahnhof in München ankommen. Fragen Sie, wann und wo der Zug abfährt und über welche Städte der Zug fährt.

B. Sie arbeiten am Fahrkartenschalter im Bahnhof von Bremen. Ein Kunde möchte eine Fahrkarte nach München kaufen. Hier ist der Fahrplan.

	ABFAHRT	ANKUNFT	2. KL.	1. KL.
D-Zug	4.25	15.40	160,-	195,-
Intercity	7.15	16.05	175,-	210,-
D-Zug	7.30	20.45	160,-	195,-

Alle Züge fahren über Hannover und Würzburg.

VOR DEM HÖREN

Welchen Zug müssen Sie nehmen, um billig zu fahren und um vor 16.30 Uhr in München anzukommen?

_____

Bei dem Hören

Welchen Zug nimmt der Kunde? _____

Wieviel kostet das? _____

Wann kommt der Zug in München an? _____

Aussprache und Orthographie

Schwierige Konsonantenverbindungen. German uses a few consonant clusters (combinations of consonants) that are uncommon in American English. In the following exercises, you will practice pronouncing and spelling the consonant clusters **ng, pf,** and **qu,** as well as various combinations with the letter **z.**

1. *ng*

AUSSPRACHE

The German consonant cluster **ng** is always pronounced like the *ng* in the English word *singer*—never as in the word *finger*. Listen to and pronounce the following words with the consonant cluster **ng.**

 Schlange   Hunger   Ring   Frühling   England   Finger

ORTHOGRAPHIE

Listen and write the words you hear with the consonant cluster **ng.**

1. _____   3. _____

2. _____   4. _____

2. *pf*

AUSSPRACHE

Both the **p** and the **f** of the German consonant cluster **pf** are pronounced. Listen and pronounce the following words containing **pf.**

 Schnupfen   Pfennig   pfeifen   kämpfen   pflücken

ORTHOGRAPHIE

Write the words you hear with the consonant combination **pf.**

1. _____   3. _____

2. _____   4. _____

3. *qu*

AUSSPRACHE

The German consonant cluster **qu** is pronounced like *kv* in English. Listen and pronounce the following words containing **qu.**

 Quark   quatschen   Quadratmeter   Äquator

ORTHOGRAPHIE

Listen and write the words you hear containing the consonant cluster **qu.**

1. _____   3. _____

2. _____   4. _____

4. *z/tz, zw, tzt/zt*

AUSSPRACHE

z/tz: The German letter **z** and the consonant cluster **tz** are both pronounced like the English consonant cluster *ts*. Listen to and pronounce the words with the letters **z** and **tz**.

> **Zentrum   Zürich   Zoo   Platz   Mütze   stolz   Wolkenkratzer**

zw: The German consonant cluster **zw** is pronounced like *tsv* in English. Listen and pronounce the following words that contain the consonant cluster **zw**.

> **zwanzig   Zwillinge   zwei   zwingen**

tzt/zt: The German consonant clusters **tzt** and **zt** are pronounced like *tst* in English. Listen and pronounce the following words containing **tzt** and **zt**.

> **geheizt   Arzt   jetzt**

ORTHOGRAPHIE

Write the words you hear with the letter **z**.

1. _____   3. _____

2. _____   4. _____

Write the words you hear with the letters **tz**.

1. _____   3. _____

2. _____   4. _____

Write the words you hear with the letters **zw**.

1. _____   3. _____

2. _____   4. _____

Write the words you hear with the letters **tzt**.

1. _____   2. _____   3. _____

Write the words you hear with the letters **zt**.

1. _____   2. _____   3. _____

SCHRIFTLICHES

A. Geographie. Kreuzworträtsel

> **Sprachnotiz:** Erinnern Sie sich! In Kreuzworträtseln schreibt man ß als **ss**!

WAAGRECHT

1. Wasser, das meistens in Richtung Meer fließt
2. sandiges Land, das zwischen Meer und Land liegt
3. eine Erhebung, die nicht so hoch wie ein Berg ist
4. große Menge von salzigem Wasser
5. Süßwasser, das an allen Seiten von Land umgeben ist

SENKRECHT

1. Land, das nicht ganz von Wasser umgeben ist
2. Land, das trocken und sandig ist
3. Land, das dicht mit Bäumen bewachsen ist
4. Niederung, die zwischen zwei Bergen liegt
5. eine Gruppe von Bergen

B. Satzpuzzle

Achtung!   Lesen Sie Grammatik 7.1, „Relative Clauses"!

Peter hat letzten Sommer in der Schweiz gearbeitet. Jetzt hält er ein Referat in der Deutschklasse von Frau Schulz über seine Erfahrungen in der Schweiz. Er zeigt Dias von den Orten, wo er gewesen ist. Was sagt er zu den Bildern?

Bilden Sie Sätze aus den gegebenen Elementen, und lösen[1] Sie das Satzpuzzle.

> MODELL: Der Bodensee ist der See   (trennt / Deutschland / von / der / der Schweiz) →
> Der Bodensee ist der See, der Deutschland von der Schweiz trennt.
>
> Das ist der Strand   (ich / habe / an dem / gelegen / in der Sonne) →
> Das ist der Strand, an dem ich in der Sonne gelegen habe.

1. Das ist der Berg   (habe / auf / ich / gewohnt / dem)

   _____

2. Das ist das Tal   (ich / gearbeitet / dem / habe / in)

   _____

3. Das ist das Kind   (im See / ist / das / jeden Tag / geschwommen)

   _____

4. Das ist der Fluß   (durch / der / fließt / Tal / das)

   _____

5. Das ist ein Wald   (ich / besucht/ den / habe)

   _____

C. Was ist es? Definieren Sie die Begriffe. Benutzen Sie die Sätze unter den Bildern, und ergänzen Sie sie mit Relativsätzen.

MODELL: Das ist ein Berg, auf dem man im Sommer zelten kann.

---

[1]*solve*

1. Man segelt auf diesem See.

2. Diese Stadt ist die größte Stadt der Welt.

3. Dieser Fluß ist der längste Fluß Deutschlands.

4. In diesem Tal wohnt mein Onkel.

5. Auf dieser Wiese hat Jochen Ruf als Kind gespielt.

6. Diese Wüste ist die trockenste Wüste der Welt.

7. In diesem Wald hat Rotkäppchen den Wolf getroffen.

8. An diesem Strand spielt man Volleyball.

1. Das ist ein See, _____

2. Hier ist die Stadt, _____

3. Das ist der Fluß, _____

4. Das ist das Tal, _____

5. Hier ist die Wiese, _____

6. Das ist die Wüste, _____

7. Hier ist der Wald, _____

8. Das ist ein Strand, _____

D. Beschreiben Sie diese Orte.

Achtung!   Lesen Sie Grammatik 7.2, „The Superlative of Adjectives and Adverbs"!

   MODELL: Jamaika: Das ist die schönste Insel der Welt.
            Grönland: Das ist die größte Insel der Welt.

1. der Nil: _____

   _____

2. der Mount Everest: _____

   _____

3. Asien: _____

   _____

4. das Tal des Todes: _____

   _____

5. Mexiko-Stadt: _____

   _____

6. die Antarktis: _____

   _____

E. **Transportmittel.** Kreuzworträtsel

WAAGRECHT

1. Transportmittel, das zwei Räder und keinen Motor hat
2. Daran erkennt man, woher das Auto kommt und wer es besitzt
3. Privates Transportmittel, das vier Reifen und einen Motor hat
4. In Deutschland darf man hier am schnellsten fahren.

SENKRECHT

1. Transportmittel, das fliegt
2. Transportmittel, das wie ein Bus aussieht, aber einen Elektromotor hat und nur in Städten fahren kann
3. Transportmittel, das schwimmt und kleiner als ein Schiff ist
4. Auto, in dem man für eine Fahrt bezahlen muß

F. Was ist logisch? Finden Sie für jeden Satz das richtige Bild.

Achtung!   Lesen Sie Grammatik 7.3, „Two-way Prepositions: Dative and Accusative"!

j.

1. _____ Das Kind schwimmt im Wasser.

2. _____ Das Auto fährt auf der Autobahn.

3. _____ Das Flugzeug steigt in die Luft.

4. _____ Das Taxi fährt in der Stadt.

5. _____ Die Straßenbahn fährt in den Tunnel.

6. _____ Das Flugzeug fliegt in der Luft.

7. _____ Das Auto fährt auf die Autobahn.

8. _____ Das Kind läuft in das Wasser.

9. _____ Das Taxi fährt in die Stadt.

10. _____ Die Straßenbahn fährt im Tunnel.

G. Was macht man mit diesen Teilen des Autos?

Achtung!   Lesen Sie Grammatik 7.4, „**Da**-Compounds"!

Benutzen Sie die folgenden **da**-Verbindungen, und definieren Sie die Teile des Autos. Benutzen Sie **man** als Subjekt.

darauf   darin
daran   damit

NÜTZLICHE AUSDRÜCKE

den Wagen lenken   die Scheiben wischen   Koffer verstauen
das Auto anhalten   Musik und Nachrichten hören   sich setzen
andere Leute warnen   erkennen, woher das Auto kommt

MODELL: das Lenkrad: Damit lenkt man den Wagen.
            das Nummernschild: Daran erkennt man, woher das Auto kommt.

1. die Bremsen: _____

   _____

2. der Kofferraum: _____

   _____

3. die Scheibenwischer: _____

_____

4. die Sitze: _____

_____

5. das Autoradio: _____

_____

6. die Hupe: _____

_____

H. Reiseerlebnisse. Beantworten Sie die folgenden Fragen. Verwenden Sie **schon, noch nicht, noch** und **nicht mehr.** Schreiben Sie ganze Sätze!

Achtung!   Lesen Sie Grammatik 7.5, „Duration: **schon/noch nicht; noch/nicht mehr**"!

MODELL: Haben Sie Ihren Führerschein schon gemacht? →
          Ja, ich habe ihn schon gemacht.
   ODER: Nein, ich habe ihn noch nicht gemacht.

1. Sind Sie schon in Deutschland gewesen?

_____

2. Sind Sie schon im Sommer Ski gelaufen?

_____

3. Können Sie schon Französisch sprechen?

_____

4. Haben Sie schon einmal einen ganzen Nachmittag in einem Café in Wien gesessen?

_____

5. Sind Sie schon einmal nackt in einem See oder im Meer geschwommen?

_____

6. Fahren Sie noch jeden Sommer nach Hause?

_____

7. Fahren Sie noch ein Dreirad?

_____

8. Spielen Ihre Freunde noch mit Gummitieren in der Badewanne?

_____

9. Kann man in Berlin noch die Mauer besuchen?

_____

10. Schreiben Sie Sankt Nikolaus noch Briefe?

_____

I. Beschreiben Sie eine Reise, die Sie einmal gemacht haben. Wohin sind Sie gefahren? Wie lange war die Reise? Mit wem sind Sie gefahren? Was haben Sie dort gemacht?

_____

_____

_____

_____

_____

_____

_____

Schreiben Sie!

Most people, when they go on a trip, send postcards to their friends and family. Look at the two postcards that follow, and see if you can guess the writers' ages.

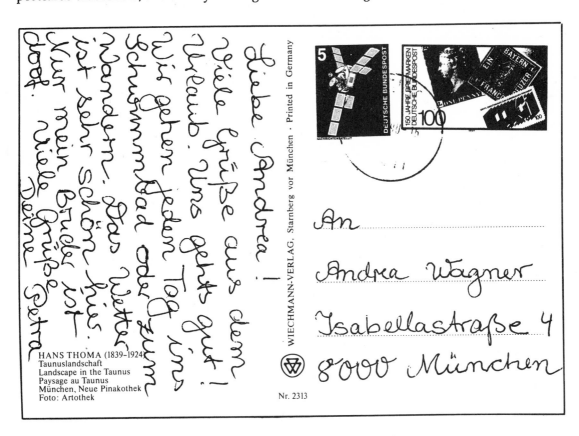

What differences do you notice between the two postcards?

Using the two postcards provided below (or postcards of your own), write one to a child who is learning how to read and one to a German-speaking adult. Describe a real or an imaginary trip.

Basset Griffon Vendéen
Basset Griffon Vendéen
Basset Griffon Vendéen
Basset griffon vendéen

Foto: H. Ausloos

Printed in Germany

© A. Korsch Verlag, Posttach 1080, 8031 Gilching vor München

HANS THOMA (1839–1924)
Taunuslandschaft
Landscape in the Taunus
Paysage au Taunus
München, Neue Pinakothek
Foto: Artothek

Nr. 2313

WIECHMANN-VERLAG, Starnberg vor München · Printed in Germany

Lesetext 1: Deutsche Bundesbahn

Vor dem Lesen

1. Sind Sie schon einmal mit dem Zug gefahren? Wohin?

    _____

2. Wie lange hat die Zugreise gedauert? _____

Renate Röder ist in Frankfurt auf einer Geschäftsreise. Danach muß sie nach München, aber vorher hat sie ein paar Tage frei. Sie will diese Zeit in Rothenburg ob der Tauber verbringen. Sie sehen Renates Reiseverbindungen von Frankfurt am Main nach Rothenburg.

Reiseverbindungen   Deutsche Bundesbahn

```
VON    Frankfurt(Main)Hbf          Gültig am Mittwoch, dem 15.05.91
NACH   Rothenburg o d Taub.
ÜBER


BAHNHOF                    UHR    ZUG      BEMERKUNGEN

Frankfurt(Main)Hbf      ab 10:20  EC    21  Zugrestaurant
  Würzburg Hbf          an 11:40
                        ab 11:49  E   3245
    Steinach(b Rothenb) an 12:27
                        ab 12:33  N   6353  nur 2.Kl.
Rothenburg o d Taub.    an 12:48
```

Arbeit mit dem Text

1. Wann fährt der Zug vom Hauptbahnhof in Frankfurt ab? _____

2. Welche Nummer hat der Zug von Frankfurt nach Würzburg? _____

3. Wie lange dauert die Reise von Würzburg nach Steinach? _____

4. Kann man von Steinach nach Rothenburg in der ersten Klasse fahren? _____

5. An welchem Tag reist Renate? _____

Lesetext 2: Die Schwarzfahrgemeinschaft

Wenn man mit dem Bus, dem Zug oder der Bahn fährt, ohne zu bezahlen, so heißt das „Schwarzfahren".

Anders als in den USA kann man in Deutschland auch ohne Fahrkarte problemlos in Busse, Straßen- oder U-Bahnen, ja sogar in Züge einsteigen. Es gibt keine Schranken, die sich öffnen und schließen, und niemand kontolliert beim Einsteigen die Fahrscheine. Um jedoch das „Schwarzfahren" zu unterbinden, sind oft Kontrolleure unterwegs, die von Bus zu Bus oder Wagen zu Wagen gehen und sich die Fahrkarten zeigen lassen.

Vor dem Lesen

Sind Sie schon einmal schwarzgefahren? Wann war das? Warum haben Sie das gemacht? _____

_____

_____

Lesen Sie jetzt von einer Gruppe von Schülern, die eine Schwarzfahrgemeinschaft gegründet hat.

Hans ist mit der U-Bahn unterwegs zur Schule. Als er gerade aussteigen will, kommt ein älterer Mann auf ihn zu, zieht eine kleine Metallplakette aus der Tasche[1] und sagt: „Kann ich bitte Ihren Fahrausweis sehen?"

Hans sieht ihn an. Weglaufen geht nicht, es sind zu viele Menschen in dem Wagen. „Ich habe meinen Fahrschein verloren,"[2] sagt Hans, nachdem er in seinen Taschen gesucht hat. „Ehrlich!"

„Bitte steig an der nächsten Station mit mir aus."

Als der Zug hält, und die Türen aufgehen, will Hans gerade losrennen,[3] als ein anderer Beamter ihm den Weg verstellt. „Pech[4] gehabt!"

„Schwarzfahren kostet 40 Mark," sagt der Beamte später im Büro. Hans hat natürlich nicht soviel Geld dabei. Also werden seine Personalien aufgenommen, und er bekommt einen Strafzettel. Er muß das Geld innerhalb von 30 Tagen bezahlen.

Am nächsten Tag in der Schule geht Hans zu Werner und bekommt gegen Quittung[5] vierzig Mark. „Das ist das dritte Mal in diesem Monat, daß sie dich erwischt[6] haben. Du mußt vorsichtiger sein, wenn du schwarzfährst. Wenn du so oft erwischt wirst, machst du den ganzen Schnitt kaputt! Wir zahlen nur für deine Ungeschicklichkeit[7] und haben bald kein Geld mehr übrig."[8] Werner ist ein alter Schwarzfahrer, und die Schwarzfahrgemeinschaft war seine Idee.

Die ganze Klasse, bis auf Udo, der sich nicht traut,[9] ist in der Schwarzfahrgemeinschaft. Alle kommen mit dem Bus, der Straßenbahn oder der U-Bahn zur Schule. Von ihren Eltern bekommen sie jeden Monat das Geld für die Monatsfahrkarte. Dieses Geld geben sie Werner, und dann fahren sie alle schwarz. Wenn die Kontrolleure einen aus der Gruppe erwischen, dann bezahlt Werner die Strafe von 40 Mark aus der gemeinsamen Kasse. Wenn sie alle vorsichtig sind, werden sie nicht erwischt, und es bleibt Geld übrig.

---

[1] pocket

[2] lost

[3] loslaufen

[4] bad luck

[5] receipt

[6] caught

[7] lack of skill

[8] left over

[9] sich... Angst hat

Was übrigbleibt, teilt[1] Werner dann durch alle, die eingezahlt haben. So bekommen sie jeden Monat Geld zurück. Meistens ist das für sie auch ein gutes Geschäft. Sie dürfen sich nur nicht zu oft erwischen lassen.

Arbeit mit dem Text

1. Hat Hans einen U-Bahn Fahrschein? _____

2. Wieviel muß er bezahlen? _____

3. Von wem bekommt Hans das Geld für seine Strafe? _____

4. Woher bekommen Hans und seine Freunde das Geld für die gemeinsame Kasse?

    _____

5. Was passiert mit dem Geld, das am Ende des Monats übrigbleibt?

    _____

Was halten Sie vom Schwarzfahren? Begründen Sie ihre Meinung.

_____

_____

_____

_____

Lesetext 3: Stolz auf vier Räder

Vor dem Lesen

Haben Sie ein Auto? Wie denken Sie darüber? Ist es für Sie ein einfaches Transportmittel, oder ist es ein Statussymbol? Erklären Sie.

_____

_____

_____

Der Trabant oder „Trabbi"

---

[1]*divides*

Die meisten Autofahrer (56 Prozent) sind nach einer Umfrage „unbedingt" oder „überwiegend" stolz[1] auf ihren fahrbaren Untersatz.[2] Dabei waren mehr Männer (95 Prozent) dieser Meinung als Frauen (52 Prozent). „Eher nicht" oder „gar nicht" stolz auf ihr Auto waren etwa 33 Prozent. Nur wenige Autofahrer sind bereit,[3] öffentliche Verkehrsmittel zu benutzen. Die große Mehrheit der Befragten (77 Prozent) sagte, das Auto gehört zum modernen Industriestaat, weil viele Arbeitsplätze davon abhängen.[4]

Seit der Wiedervereinigung hat die deutsche Autoindustrie einen großen Boom erlebt. Viele der Neu- und vor allem Gebrauchtwagen sind an Ostdeutsche verkauft worden. Das Markenzeichen der ehemaligen DDR, der Trabant oder „Trabbi", ist mittlerweile zum Museumsstück geworden. Der Trabbi ist technisch so veraltet, daß keiner ihn mehr fahren oder kaufen möchte. Die traurige Seite der Geschichte ist, daß viele Ostdeutsche ihre neuen Autos schon wieder verkaufen mußten. Sie hatten nicht genug Geld, um den Wagen zu halten. Die Preise sind überall in Ostdeutschland so stark gestiegen, daß der Traum vom eigenen Automobil für viele dort nur kurz war.

Arbeit mit dem Text

1. Sind mehr Männer oder mehr Frauen stolz auf ihr Auto?

   _____

2. Wollen die Deutschen auf öffentliche Verkehrsmittel umsteigen?

   _____

3. Seit wann hat die deutsche Autoindustrie einen Boom erlebt?

   _____

4. Warum mußten viele Ostdeutsche ihr Auto wieder verkaufen?

   _____

Wie denken Sie über das Auto? Ist es wichtig für Sie? Sind Sie eher für oder gegen Autos? Glauben Sie, es gibt Alternativen zum Auto? Welche?

_____

_____

_____

_____

_____

---

[1]*proud*

[2]*fahrbaren . . . = Auto*

[3]*ready*

[4]*davon . . . depend on it*

KAPITEL **8**

HÖRVERSTÄNDNIS

A. Kindheit

NEUE VOKABELN
die Jungs   *boys*
quatschen   *to gossip*

Katrin und Rolf unterhalten sich über Sport und ihre Kindheit. Katrin ist in Amerika und Rolf in Deutschland aufgewachsen.[1]

---

[1]ist . . . aufgewachsen   *grew up*

Wer hat was gemacht? Katrin oder Rolf? Haben Sie als Kind das Gleiche gemacht?

AKTIVITÄT	KATRIN	ROLF	UND SIE?
Fußball spielen			
Football spielen			
Tennis spielen			
Volleyball spielen			
Skifahren			
ins Freibad gehen			
ans Meer fahren			
schwimmen			

B. Michael Puschs erste Freundin

NEUE VOKABELN

umwerfend   *devastingly*
die Schule schwänzen   *to play hooky*
(in der Schule) sitzenbleiben, blieb . . . sitzen, ist sitzengeblieben   *to repeat a year in school*
Streit haben   *to quarrel*

Michael Pusch erzählt von seiner ersten Freundin.

Beantworten Sie die folgenden Fragen.

1. Wie alt war Michael, als er Cora kennengelernt hat? _____

2. Wo hat er sie kennengelernt? _____

3. Was haben sie im Sommer zusammen gemacht? _____

   _____

4. Wann mußte Michael samstags immer zu Hause sein? _____

5. Wann mußte Cora zu Hause sein? _____

6. Warum hatte er mit seinem Vater Streit? _____

   _____

7. Wen will Michael gerne kennenlernen? _____

C. Juttas neue Frisur

NEUE VOKABELN

Stell dich nicht so an!   *Don't make such a fuss!*
Spinnst du?   *Are you crazy?*
Das kann doch nicht dein Ernst sein!   *You can't be serious!*
spießig   *narrow-minded*
dieser Ton   *this tone of voice*
toben   *to be outraged*

Jutta ist heute zum Friseur gegangen. Jetzt sieht sie aus wie ein Punk. Hören Sie, was Juttas Eltern zu Juttas neuer Frisur sagen.

Richtig oder falsch? Korrigieren Sie die falschen Sätze.

1. _____ Herr Ruf glaubt, daß Jutta spinnt. _____

2. _____ Jutta und ihr Freund Billi finden die Frisur „mega-in". _____

3. _____ Juttas Haare sind blau und orange. _____

4. _____ Herr Ruf findet Juttas Frisur auch mega-in. _____

5. _____ Herr Ruf hatte immer kurze Haare. _____

D. Karin Schulz war auf einem Seminar in München und hat einen Italiener kennengelernt.

Bringen Sie die Sätze aus Frau Schulz' Geschichte in die richtige Reihenfolge.

_____ Für mich bleibt er der Flirt mit dem Süden.

_____ Einmal kam Alfredo, ein Italiener aus Rom, dazu.

_____ Vor sieben Jahren war ich in den Semesterferien auf einem vierwöchigen Seminar am Goethe-Institut in München.

_____ Wir haben uns von Anfang an sehr gut verstanden.

_____ Ein Wochenende sind wir nach Italien gefahren.

_____ Abends sind wir zusammen essen gegangen.

_____ Vor einem Jahr habe ich von einem anderen Seminarteilnehmer gehört, daß Alfredo geheiratet hat.

_____ Er hat damals Deutsch an einer Schule in Milano unterrichtet.

E. Oma Schmitz' Jugend

NEUE VOKABELN

der Erste Weltkrieg   *World War I*
im Krieg fallen   *to die in the war*
die Nachbarschaft, -en   *neighborhood*
der Geschäftsschluß   *closing time*

Sigrid und Helga Schmitz stellen ihrer Oma Fragen über ihre Jugend.

Was erzählt Oma Schmitz aus ihrer Jugend?

1. Als ich so alt war wie ihr, war der _____ gerade zu Ende.

2. Mein Vater ist im Krieg _____.

3. Ein Junge in der _____ hat mich nach der Schule immer nach Hause

   _____.

4. Ich bin nie auf eine _____ _____.

5. Nachdem ich meine Lehre _____hatte, hatte ich meine erste _____ in

   einem Geschäft.

6. Eines Tages _____ Opa ins Geschäft _____.

7. Später hat er dann eines Abends auf mich _____.

8. Drei Jahre nachdem wir uns _____ hatten, haben wir _____.

F. Märchen. Kennen Sie viele Märchen? Hören Sie diese Teile aus verschiedenen Märchen und sagen Sie, woher sie kommen.

Rumpelstilzchen

Rotkäppchen

Hänsel und Gretel

Dornröschen

Der Froschkönig

Schneewittchen

1. _____   2. _____

3. _____   4. _____

5. _____   6. _____

G. Der unglückliche Wolf

NEUE VOKABELN

ungezogen *naughty*
das Unglück *misfortune*
das Mofa *moped*
der Verkehr *traffic*
überfahren, überfuhr, hat überfahren *to run over*
aufschneiden, schnitt . . . auf, hat aufgeschnitten *to slit open*
der Pelz *fur*

Setzen Sie die fehlenden Verben ein.

Es _____[1] einmal ein freches, ungezogenes Mädchen. Es _____[2] Rotkäppchen, weil es ein rotes

Käppchen _____.[3] Eines Tages _____[4] die Mutter zu Rotkäppchen: „Geh zu deiner Oma und

bring ihr eine Flasche Limonade und eine Schallplatte von Duran Duran. Der Großvater hat sie verlassen,

und sie trinkt, um ihr Unglück zu vergessen. Sie hat schon zwei Flaschen Whisky getrunken!"

Rotkäppchen _____[5]: „Was für ein langweiliger Vorschlag! Ich will lieber Dallas sehen!" Die

Mutter _____[6] wütend: „Dann gehst du nicht in die Disko!" Rotkäppchen _____[7] schnell, sehr

schnell mit seinem Mofa. Zum Glück _____[8] der Verkehr im Wald nicht stark. Im Wald _____[9]

ein guter, netter Wolf. Er pflückte gerade seiner Mutter einen bunten Strauß Blumen, weil sie krank war.

Rotkäppchen _____[10] den Wolf; er war tot. In der Nähe war ein böser und schrecklicher Jäger.

Er _____[11] alles. Er _____[12] den Bauch des Wolfes auf. So _____[13] es, daß

Rotkäppchen zu der Oma mit einem anderen Geschenk ging: einer Tasche aus Wolfspelz.

Rollenspiel

A. Sie sind auf dem fünften Klassentreffen Ihrer alten High-School-Klasse. Sie unterhalten sich mit einem alten Schulfreund / einer alten Schulfreundin. Fragen Sie: Was er/sie nach Abschluß der High-School gemacht hat, was er/sie jetzt macht und was seine/ihre Pläne für die nächsten Jahre sind.

B. (Siehe A.)

Bei dem Hören

Was hat Michael nach der Schule gemacht?

_____

_____

_____

Was hat Petra nach der Schule gemacht?

_____

_____

_____

Was macht Petra jetzt?

_____

Was haben Sie nach der High-School gemacht?

_____

_____

_____

_____

Aussprache und Orthographie

1.   Die _ich_ und _ach_ **Laute**

AUSSPRACHE

There are two **ch** sounds in German: a softer one called the **ich** sound, which is produced more in the front of the mouth, and a harsher one called the **ach** sound, produced more in the back of the mouth. The **ach** sound is used after the "dark" vowels **a, o,** and **u** and after the diphthong **au**. The **ich** sound is used in all other cases—that is, after the "light" vowels **i, ü, e, ö,** and **ä,** after the diphthongs **ei/ai** and **eu/äu,** after consonants, and when it is the first sound of a word.

Listen to and pronounce the following words with the **ach** sound.

> Dach, Jacht, Achtung, einfach, flach
> hoch, Woche, nochmal, kochen
> Bucht, buchen, Kuchen, besuchen
> Schlauch, gebraucht, rauchen, auch

The **ich** sound is closely related to the j sound (English _y_). Try to say a strong j (as in **ja**) and then just breathe out air.

Listen to and pronounce the following words with the **ich** sound.

> Zeichen, Richtung, dicht, technisch, Fächer, schleichen
> München, Chemie, China, Österreich, täglich, Chirurg

Listen to and pronounce the following word pairs. Concentrate on the change from the **ach** sound to the **ich** sound.

> lacht → Licht, Nacht → nicht, gedacht → Gedicht

The letter combination **ig** is pronounced as **ich** when it occurs at the end of a word.[1] When a vowel follows, the combination is pronounced as **ig**. Listen to the following word pairs with the letter combination **ig**. Concentrate on the change from **ich** to **ig**.

> schwierig → schwierige, einig → einige, sandig → sandige

---

[1]In Austria, Southern Germany, and Switzerland, **ig** at the end of a word is pronounced _ik_. Compare the rules of **Auslautsverhärtung** in Chapter 6.

The letter combination **chs** is pronounced as it is spelled when the **s** is part of an ending (**kochen,** **koch-st**)—that is, with an **ich** or an **ach** sound followed by an **s**. Otherwise, when the **s** is a part of the stem, **chs** is pronounced **ks** (like the letter **x**): **sechs**.[1] Listen to and pronounce the following words with the letter combination **chs**.

ch-s	schleichst, buchst, brauchst, machst
chs	bewachsen, wechseln, Achse, Erwachsene

When pronouncing the letter combination **chts** (**nichts, nachts**), concentrate on the final **ts** and put less emphasis on the intervening **ich** or **ach** sound. Listen to and pronounce the following words with this letter combination.

nachts, rechts, nichts

ORTHOGRAPHIE

Listen to and write the following sentences containing words with the various **ch** sounds.

1. _____
2. _____
3. _____
4. _____
5. _____

2. *sch, ck*

AUSSPRACHE

The letter combination **sch** is similar to English *sh* (*shoe*). In German, however, **sch** is pronounced with considerable lip-rounding (as if you were whistling). Listen to and repeat the following words containing the letter combination **sch**.

Schule, schön, Schwester, duschen, schlafen, Maschine

The letter combination **ck** is pronounced exactly like the letter **k** in both English and German. Listen to and pronounce the following words with the letter combination **ck**.

zurück, Frühstück, Decke, Rock, verrückt, schrecklich

ORTHOGRAPHIE

Listen to and write the following sentences containing words with **ch, ck,** and **sch**.

1. _____
2. _____
3. _____
4. _____
5. _____

---

[1]When these words have cognates in English, the cognates are usually spelled with **x**: **Achse,** *axle*; **sechs,** *six*; **Wachs,** *wax*.

SCHRIFTLICHES

A. **Josefs Kindheit.** Kreuzworträtsel

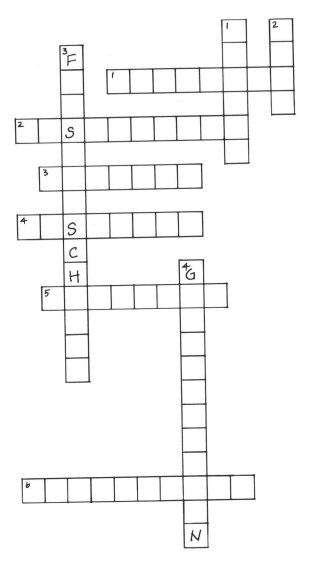

WAAGRECHT

1. Als Kind bin ich mit meinen Eltern oft in die Berge _____.

2. Sonntags habe ich immer bis mittags im Bett gelegen und _____.

3. Ich habe als Kind nicht viele Filme im Fernsehen _____.

4. In den Ferien habe ich den ganzen Tag Fußball _____.

5. Ich bin jeden Tag zu Fuß in die Schule _____.

6. Als Kind bin ich oft auf Bäume _____.

SENKRECHT

1. Wenn wir in den Ferien ans Meer gefahren sind, habe ich den ganzen Tag am _____ gelegen.

2. Jeden Samstag bin ich ins _____ gegangen und habe einen Film gesehen.

3. Einmal habe ich mit dem Fußball eine _____ eingeworfen, und dann mußte ich sie selber reparieren.

4. Ich habe mich selten mit meinen drei _____ gestritten.

B. Haben Sie das als Kind gemacht? Mit wem?

Achtung!   Lesen Sie Grammatik 8.1, „Perfect Tense (Review)"!

MODELL: Kuchen backen: Ja, ich habe mit meiner Oma Kuchen gebacken.
                    ODER: Nein, ich habe keine Kuchen gebacken.

Kirschen pflücken: Ja, ich habe mit meinen Eltern Kirschen gepflückt.
                    ODER: Nein, ich habe keine Kirschen gepflückt.

1. auf Bäume klettern: _____

_____

2. einen Schneemann bauen: _____

_____

3. Märchen lesen: _____

_____

4. Kreuzworträtsel lösen: _____

_____

Jetzt schreiben Sie fünf andere Sachen, die Sie als Kind gemacht haben.

1. _____

2. _____

3. _____

4. _____

5. _____

C. Was haben Sie in diesen Situationen gemacht?

Achtung!   Lesen Sie Grammatik 8.2, „Simple Past Tense of **haben, sein, werden,** the Modal Verbs, and **wissen**",
und Grammatik 8.3, „**als, wenn, wann**"!

MODELL: Wenn Sie nicht zur Schule gehen wollten? →
             Wenn ich nicht zur Schule gehen wollte, habe ich die Schule geschwänzt und bin ins Kino
             gegangen.

1. Wenn Sie spät abends noch fernsehen wollten?

   _____

   _____

2. Wenn Sie eine neue Platte kaufen wollten, aber kein Geld hatten?

   _____

   _____

3. Als Sie einmal unglücklich verliebt waren?

   _____

   _____

4. Wenn Sie ins Kino wollten und Ihre Eltern es nicht erlaubt haben?

   _____

   _____

5. Als Sie einmal große Angst vor einer Prüfung hatten?

   _____

   _____

D. Wann haben Sie die folgenden Aktivitäten gemacht?

Sprachnotiz	
Was? Hauptsatz	*Wann?* Nebensatz
Aktivität + gestern letzten Sonntag um 3 Uhr	, als . . . Verb
Aktivität + oft immer	, wenn . . . Verb

MODELL: Volleyball spielen: Ich habe *gestern* Volleyball gespielt, *als* ich meine Hausaufgaben nicht machen wollte.

ODER: Letztes Jahr habe ich *immer* Volleyball gespielt, *wenn* es regnete.

Ergänzen Sie mit **als**:

1. Hausaufgaben machen: _____

   _____

2. ins Kino gehen: _____

   _____

3. Musik anhören: _____

_____

Ergänzen Sie mit **wenn**:

4. Eis essen: _____

_____

5. mit Freunden in die Stadt gehen: _____

_____

6. Freunde besuchen: _____

_____

E. Was hat man zuerst gemacht? Bringen Sie die folgenden Aktivitäten in eine logische Reihenfolge. Verwenden Sie die Konjunktion **nachdem**.

Achtung! Lesen Sie Grammatik 8.5, „Sequence of Events in Past Narrations: The Past Perfect Tense and the Conjunction **nachdem** (*after*)"!

MODELL: (Silvia) zwei Semester in einer Wohngemeinschaft wohnen / allein in eine Wohnung ziehen →
Nachdem Silvia zwei Semester in einer Wohngemeinschaft gewohnt hatte, ist sie allein in eine Wohnung gezogen.

(Ernst) weglaufen / die Fensterscheibe einwerfen →
Nachdem Ernst die Fensterscheibe eingeworfen hatte, ist er weg gelaufen.

1. (Jutta) Angst vor den Eltern haben / eine neue Frisur bekommen

_____

2. (Juttas Vater) Juttas neue Frisur sehen / eine Kurzgeschichte über ungezogene Kinder schreiben

_____

3. (Frau Schulz) sich total verlieben / Alfredo kennenlernen

_____

4. (Oma Schmitz) ihre Lehre beenden / ihre erste Stelle in einem Geschäft bekommen

_____

5. (Oma und Opa Schmitz) drei Kinder bekommen / heiraten

_____

6. (ich) diese Übung machen / ?

_____

F. Rotkäppchen. Was gehört zusammen?

1. _____ Rotkäppchens Mutter backte Kuchen.
2. _____ Rotkäppchen lief in den Wald.
3. _____ Der Wolf sah Rotkäppchen.
4. _____ Der Wolf sprach mit Rotkäppchen.
5. _____ Der Wolf kam ins Haus der Großmutter.
6. _____ Rotkäppchen kam ins Haus der Großmutter.
7. _____ Rotkäppchen sagte, „Großmutter, was hast du für einen großen Mund!"

a. Sie grüßte ihrer Großmutter.
b. Er fraß die Großmutter.
c. Er lief weg.
d. Rotkäppchen brachte den Kuchen zu ihrer Großmutter.
e. Er fragte sie, „Wohin gehst du?"
f. Der Wolf fraß Rotkäppchen.
g. Sie traf einen Wolf.

Verbinden Sie die obigen Sätze mit Hilfe der Konjunktion **nachdem.**

Sprachnotiz: Beachten Sie die folgende Wortstellung:

Nachdem . . . Verb, Verb Subjekt . . .

ODER

. . . Verb . . . , *nachdem* . . . Verb

You may have to change the tense of the verb in some sentences.

MODELL: Rotkäppchens Mutter backte Kuchen. Rotkäppchen brachte den Kuchen zu ihrer Großmutter. →
Nachdem Rotkäppchens Mutter Kuchen gebacken hatte, brachte Rotkäppchen den Kuchen zu ihrer Großmutter.

ODER: Rotkäppchen brachte den Kuchen zu ihrer Großmutter, nachdem ihre Mutter den Kuchen gebacken hatte.

1. _____
2. _____
3. _____
4. _____
5. _____
6. _____

G. Die verzauberte Froschprinzessin. Lesen Sie das Märchen über die Froschprinzessin.

Es war einmal ein Froschkönigspaar. Sie hatten eine wunderschöne Tochter, Ludmilla, die blonde Froschprinzessin. Ludmilla war nicht nur schöner, sondern auch intelligenter als alle Frösche im ganzen Froschreich. Es gab jedoch eine böse Froschhexe, die sehr eifersüchtig auf Ludmilla war. Sie haßte die schöne Froschprinzessin so sehr, daß sie sie verzauberte. Sie gab Ludmilla eine vergiftete Mücke zu fressen, und aus dem Frosch wurde ein Mensch! Ludmilla war furchtbar unglücklich als Mensch, weil alle Frösche glauben, daß Menschen sehr häßlich sind. Sie weinte jeden Tag bittere Tränen über ihr ungerechtes Schicksal. Eines Tages kam jedoch eine schöne Froschfee zu Ludmilla und sagte zu ihr, „Weine nicht! Ich habe mehr Zauberkraft als diese alte Froschhexe und weiß, wie du deine alte Gestalt zurückbekommen kannst." Sie flüsterte in Ludmillas Ohr und verschwand. Ludmilla hörte erstaunt auf zu weinen, fing erst an leise zu lächeln und lachte schließlich von ganzem Herzen.

Sie ging sofort zum Froschsee, wo sie den Froschprinzen fand. „Hallo," sagte sie zum Froschprinzen, „wenn du mich küßt, werde ich die schönste Froschprinzessin, die du je gesehen hast."

„Geh doch weg," antwortete der Froschprinz ärgerlich, „Du hast wohl zu viele Märchen gelesen."

Doch Ludmilla antwortete: „Hab Vertrauen zu mir. Ich habe mehr Zauberkräfte als du dir vorstellen kannst."

Was passiert weiter? Schreiben Sie das Märchen zu Ende.

_____

_____

_____

_____

_____

_____

_____

_____

_____

_____

_____

_____

_____

_____

_____

_____

_____

Schreiben Sie!

A. Expanding a Story. Read the following story.

Jutta hatte beim Abendessen mit ihren Eltern Streit. Sie ging früh ins Bett. Sie hatte einen seltsamen Traum. Ihr Freund Billy erschien darin als ein Engel. Er sagte, „Barry Manilow ist mein neues Vorbild." Jutta wachte auf. Sie rief Billy an. Er sagte, „Laß uns ins Kino gehen. *Sid und Nancy* läuft um Mitternacht. Kannst du mich um halb zwölf in der Kneipe treffen?" Jutta kletterte durchs Fenster. Sie traf Billy in der Kneipe.

When you are telling or writing a story, of course you include the events of the story, but you also supply a considerable amount of background information as well. This story gives only the sequence of events, however. Here they are again, along with some background information. Match the two columns and rewrite the story, including the background information and changing the word order as necessary. (You may not want to use all the items in the right-hand column.) Add a few more details of your own invention.

EREIGNISSE	HINTERGRUND
Was ist passiert?	Warum? Wann? Wie? Wo?

1. _____ Jutta hatte beim Abendessen mit ihren Eltern Streit.

2. _____ Sie ging früh ins Bett.

3. _____ Sie hatte einen seltsamen Traum.

4. _____ Ihr Freund Billy erschien als ein Engel.

5. _____ Er sagte, „Barry Manilow ist mein neues Vorbild."

6. _____ Jutta wachte auf.

7. _____ Sie rief Billy an.

8. _____ Er sagte, „Laß uns ins Kino gehen. *Sid und Nancy* läuft um Mitternacht. Kannst du mich um halb zwölf in der Kneipe treffen?"

9. _____ Jutta kletterte durchs Fenster.

10. _____ Sie traf Billy in der Kneipe.

a. in weiße Lederschuhe und Hose aus Kunststoff gekleidet
b. schweißgebadet
c. mit einem Kuß
d. nachdem sie sich einen Irokesenschnitt hatte schneiden lassen
e. in einem blauen Nebel
f. als sie wieder wach war
g. weil sie deprimiert war
h. voller Freude
i. als sie schlief
j. wie der alte, normale Billy

_____

_____

_____

_____

_____

_____

_____

_____

_____

_____

_____

_____

_____

B. Schreiben Sie eine Geschichte! Denken Sie an eine Geschichte aus ihrer Kindheit, einen Traum, den Sie einmal geträumt haben, ein Märchen, oder erfinden Sie eine andere Geschichte.

Was ist passiert? Schreiben Sie die Ereignisse der Geschichte untenhin. Wann, wie, wo, warum ist alles passiert? Schreiben Sie die Hintergrundinformation neben die Ereignisse.

EREIGNISSE	HINTERGRUND
Was ist passiert?	Warum? Wann? Wie? Wo?

Jetzt schreiben Sie die Geschichte!

_____

_____

_____

_____

_____

_____

_____

_____

_____

_____

_____

_____

_____

Lesetext 1: Richard hat die Matura bestanden.

Vor dem Lesen

Wußten Sie schon genau, was Sie nach der High-School machen wollten? Wollten Sie studieren oder etwas anderes machen?

_____

_____

_____

Richard Augenthaler hat die Matura, die Abschlußprüfung[1] am Gymnasium, bestanden.[2] Einerseits ist Richard froh, die 13 Jahre Schule hinter sich zu haben, aber andererseits bleibt eine Frage offen: Was nun? Diese Frage stellt Richard einem seiner Freunde.

RICHARD: Was sind denn deine Zukunftspläne?

FRANZ: Erstmal mache ich Ferien und dann . . . Ehrlich gesagt, ich weiß es nicht. Eigentlich hatte ich mir alles so schön vorgestellt.[3] Irgendetwas studieren—vielleicht Germanistik und Geschichte—und dann eine gute Stelle suchen. Aber angesichts der vielen arbeitslosen Akademiker habe ich mir das schon lange aus dem Kopf geschlagen.[4]

RICHARD: Ja, die Illusion, daß einem alle Türen offen stehen nach der Matura, habe ich auch nicht mehr. Ich möchte gern Medizin studieren, aber meine Durchschnittsnote[5] ist zu schlecht.

FRANZ: Manchmal denke ich, daß Leute, die mit 16 eine Lehre[6] angefangen haben, es besser haben als wir. Sie verdienen in unserem Alter schon Geld, liegen ihren Eltern nicht mehr auf der Tasche und haben einen Beruf.

RICHARD: Genau, und das Schlimme ist, ich habe auch Angst vor der Entscheidung.[7] Es ist eigentlich das erste Mal in meinem Leben, daß ich eine so wichtige Entscheidung für meine Zukunft treffen muß.

FRANZ: Ich glaube, viele Leute schieben diese Entscheidung vor sich her.[8] Sie fangen einfach an, irgendetwas zu studieren, aber sie haben noch keine Vorstellung,[9] was sie dann später mit dem Studium anfangen wollen.

RICHARD: Ich kann das verstehen, denn solange man zur Schule geht, wird einem ganz genau gesagt, was man zu tun hat. Und plötzlich soll man selbst entscheiden.

---

[1]*final exam*

[2]*passed*

[3]*pictured*

[4]habe . . . *I gave up on it*

[5]*GPA*

[6]*apprenticeship*

[7]*decision*

[8]scheiben . . . vor sich her *put off*

[9]Ahnung

FRANZ: Außerdem war diese Schule neun Jahre lang mehr oder weniger unser Zuhause. Wir haben zusammen gelernt, auf die Lehrer geschimpft, um Noten gezittert,[1] und jetzt geht jeder seine eigenen Wege.

RICHARD: Stimmt, und irgendwie tut es mir leid, daß alles jetzt zu Ende ist.

Arbeit mit dem Text

Wer sagt das? Franz (F) oder Richard (R)?

1. _____ Eigentlich wollte ich Germanistik und Geschichte studieren.

2. _____ Ich kann nicht Medizin studieren, denn meine Durchschnittsnote ist zu schlecht.

3. _____ Ich habe mir das Studium aus dem Kopf geschlagen.

4. _____ Leute, die mit sechzehn eine Lehre angefangen haben, haben es besser als wir.

5. _____ Es ist das erste Mal in meinem Leben, daß ich eine Entscheidung für meine Zukunft treffe.

6. _____ In der Schule sagt man einem, was zu machen ist, und plötzlich soll man selbst entscheiden.

7. _____ Es tut mir leid, daß alles zu Ende ist.

Nach dem Lesen

1. Erklären Sie kurz, wie Sie sich gefühlt haben, als die Schule vorbei war.

   NÜTZLICHE AUSDRÜCKE

   ich war froh   ich fühlte mich seltsam
   ich hatte Angst vor der Zukunft   ich wußte nicht, was ich machen sollte
   ich habe mich sehr gefreut

   _____

   _____

   _____

2. Franz sagt in dem Gespräch mit Richard, daß viele Leute nach dem Gymnasium einfach anfangen, irgendetwas zu studieren, aber daß sie noch keine Vorstellung haben, was sie später mit dem Studium machen wollen. Was glauben Sie? Ist das in den USA auch so? Begründen Sie Ihre Meinung.

   _____

   _____

Kultur: In Deutschland gibt es keine Studiengebühren.

Anders als in den USA muß man in den deutschsprachigen Ländern für ein Studium an einer Universität nichts bezahlen. Jeder, der die Matura oder das Abitur hat, kann sich an einer Universität einschreiben lassen. Viele Fächer sind allerdings überfüllt,[2] und dann entscheidet die Durchschnittsnote in der Matura oder im Abitur darüber, wer gleich studieren darf, oder wer ein oder mehrere Jahre aufs Studium warten muß.

---

[1]trembled
[2]sind . . . haben zu viele Studenten

Lesetext 2: Ein Gespräch über den Krieg

Wenn man in Europa über „den Krieg" spricht, dann meint man den Zweiten Weltkrieg, der, 1939 von Hitler-Deutschland begonnen, sechs Jahre lang Europa verwüstete.[1]

Melanie und Claire sind bei Melanies Großeltern, Herrn und Frau Staiger, zum Kaffee eingeladen. Claire kommt normalerweise nur mit Leuten zusammen, die in ihrem Alter sind. Jetzt hat sie die Gelegenheit[2] mit älteren Deutschen zu sprechen. Melanies Großvater ist Anfang siebzig und ihre Großmutter Ende sechzig.

CLAIRE: Waren Sie im Krieg, Herr Staiger?

HERR STAIGER: Ja, ich war gerade zwanzig, als der Krieg anfing. Ich war die ganze Zeit über dabei. Die letzten zweieinhalb Jahre war ich in russischer Kriegsgefangenschaft[3] in Sibirien.

CLAIRE: Das war sicher schrecklich. Waren Sie damals schon verheiratet?

FRAU STAIGER: Nein, aber verlobt[4] waren wir. Ja, das war eine furchtbare Zeit. Alles war kaputt. Sie haben sicher Fotos von deutschen Städten gesehen, wie die nach dem Krieg ausgesehen haben. Als mein Mann zurückgekommen ist, haben wir geheiratet, und dann ist es auch weitergegangen. Damals haben wir auch die ersten Amerikaner kennengelernt, Soldaten natürlich. Die waren eigentlich alle ganz nett, besonders zu den Kindern. Denen haben sie immer Schokolade und Kaugummi[5] geschenkt.

CLAIRE: Ich habe so viele Fragen über diese Zeit. Ich hoffe, es stört[6] Sie nicht, wenn ich Ihnen Fragen über den Krieg stelle.

FRAU STAIGER: Nein, ganz und gar nicht. Frag nur weiter.

CLAIRE: In Regensburg gibt es doch einen Dachauplatz, und Dachau ist auch nicht weit von hier, und ich weiß, wie Melanie und Josef denken, aber . . . wie denken Sie eigentlich über die Nazis?

FRAU STAIGER: Das kann man nicht so einfach sagen. Alles ist damals direkt vor unserer Tür passiert, und wenn ich sage, daß wir von allem nichts gewußt haben, dann stimmt das nicht.[7] Aber wirklich gewußt, was da passiert ist, haben wir trotzdem nicht. Jeder hatte so ein paar Informationen, nichts Bestimmtes.

HERR STAIGER: Vor allem hat man sich auch nicht getraut,[8] darüber zu sprechen.

FRAU STAIGER: Ja genau. Man wußte ja nie, mit wem man sprach. Es hätte ja auch ein Spitzel[9] sein können. Wir hatten auch oft einfach nur Angst.

MELANIE: Aber das ist doch keine Entschuldigung!

FRAU STAIGER: Nein, eine Entschuldigung ist das nicht. Aber was hätten wir denn tun sollen?

HERR STAIGER: Was sagt man denn bei euch in Amerika? Sind wir für euch alle alte Nazis?

---

[1] Zur Wüste machte

[2] Möglichkeit

[3] *prisoner of war camp*

[4] *engaged*

[5] *chewing gum*

[6] *bother*

[7] stimmt . . . das ist falsch

[8] hat . . . hatte man Angst

[9] *informant*

CLAIRE: Nein, ich glaube eigentlich nicht. Aber wir wissen auch viel zu wenig darüber, und nicht viele Leute haben die Gelegenheit, sich mit Deutschen, die den Krieg noch miterlebt haben, zu unterhalten.[1] Aber noch eine andere Frage: Wie haben Sie sich eigentlich gefühlt, als der Krieg vorbei war?

HERR STAIGER: Ich glaube, wir waren einfach nur froh, daß alles vorbei war, daß wir noch am Leben waren. Sibirien war schlimm, aber es war besser als der Krieg, und als ich dann nach Hause durfte und meine Rosi wieder hatte, da hat das Leben wieder von vorne angefangen, oder was meinst du, Rosi?

FRAU STAIGER: Ja, genau so war's. Und als der Bernd wieder da war, haben wir ja gleich geheiratet, und dann kam zuerst der Martin und dann die Sabine, und wenn man Kinder hat, denkt man eben nicht mehr so oft an die Vergangenheit, sondern an die Zukunft.

Arbeit mit dem Text

1. Wie alt war Herr Staiger, als der Zweite Weltkrieg ausbrach?

    _____

2. Wo war er die letzten zweieinhalb Jahre des Krieges?

    _____

3. Wie waren die amerikanischen Soldaten?

    _____

4. Warum hat man sich nicht getraut, „darüber" zu sprechen?

    _____

5. Was war für Herrn Staiger schlimmer als Sibirien?

    _____

6. Frau Staiger sagt: „Alles ist damals direkt vor unserer Tür passiert . . .", aber sie erklärt nicht, was das „Alles" eigentlich war. Was meinen Sie, was sie damit meint?

    _____

    _____

7. Was assoziieren Sie mit dem Zweiten Weltkrieg? Begründen Sie Ihre Assoziationen.

    _____

    _____

    _____

    _____

    _____

_____

[1]sprechen

KAPITEL **9**

HÖRVERSTÄNDNIS

Dialoge aus dem Text

A. Herr Thelen möchte einen Termin beim Arzt.

Wann bekommt Herr Thelen einen Termin? _____

B. Frau Körner geht in die Apotheke.

Richtig oder falsch?

1. _____ Frau Körner hat Kopfschmerzen.

2. _____ Die neuen Medikamente sollen sehr schnell helfen.

C. Frau Frisch ist bei ihrem Hausarzt.

Was sind Frau Frischs Symptome? _____

Weitere Hörtexte

A. Herr Frisch arbeitet zu viel.

NEUE VOKABELN

einen Eindruck machen   *to make an impression*
spüren   *to feel, perceive*
sich schonen   *to take care of oneself*
die Sitzung   *business meeting*

Bernd und Veronika Frisch unterhalten sich über Bernds Gesundheit.

Richtig oder falsch? Korrigieren Sie die falschen Sätze.

1. _____   Frau Frisch glaubt, Herr Frisch ist nervös.

   _____

2. _____   Herr Frisch ist arbeitslos.

   _____

3. _____   Er hat immer Magenschmerzen.

   _____

4. _____   Die Tabletten, die er genommen hat, sind sehr effektiv.

   _____

5. _____   Die Ärztin sagt, er soll sich ausruhen.

   _____

6. _____   Das Ehepaar will ohne die Kinder wegfahren.

   _____

7. _____   Herr Frisch will Sonntagmorgen zurückkommen.

   _____

B. Die Zwillinge sind krank.

NEUE VOKABELN

die Masern (*pl.*)   *measles*
der Umschlag, ̈e   *compress*

Helga und Sigrid Schmitz sind krank. Frau Schmitz ruft den Kinderarzt Dr. Gold an.

Welches Kind hat welche Symptome?

	HELGA	SIGRID
hohes Fieber		
roten Pocken		
Husten		
Kopfschmerzen		
apathisch		
Bauchschmerzen		

Womit soll Frau Schmitz das Fieber senken? _____

C. Maria Schneiders Aerobic-Kurs

NEUE VOKABELN

der Muskelkater   *muscle ache*

sich massieren lassen   *to get a massage*

Maria Schneider und Frau Gretter sprechen über Marias ersten Tag in einem Fitneßcenter.

Beantworten Sie die folgenden Fragen.

1. Wo war Maria Schneider? _____

2. Was hat Maria heute? _____

3. Was hat Maria im Fitneßcenter gemacht? _____

4. Was ist Aerobic? _____

5. Wie lange hat Maria Aerobic gemacht? _____

6. Wohin ist Maria nach dem Aerobic-Kurs gegangen? _____

7. Warum will Frau Gretter mit Maria zum Fitneßcenter gehen? _____

D. Noch ein Auszug aus Jochen Rufs Roman, *Kinder, Küche und ein Mann*. Kapitel 3: „Morgens".

NEUE VOKABELN

sich quälen   *to toil, struggle*

Der Mann sitzt in seiner Küche und denkt über die Beziehung[1] zu seiner Frau nach.

Wer hat was gemacht: der Mann (M) oder die Frau (F)?

1. _____   sich den Bademantel anziehen

2. _____   sich eine Tasse Jasmintee machen

_____

[1]*relationship*

3. _____ sich duschen wollen

4. _____ sich aus dem Bett quälen

5. _____ sich die Zähne putzen

6. _____ sich einen Espresso machen

7. _____ sich schnell anziehen

8. _____ sich kämmen

9. _____ sich mit dem Warhol Poster unterhalten

E. Michael ist krank.

NEUE VOKABELN

der Saft   *juice*

Michael Pusch fühlt sich gar nicht wohl und beschreibt Maria seine Symptome.

Beantworten Sie die folgenden Fragen mit **ja** oder **nein.**

1. Was sind Michaels Symptome?

    a. Hat er Husten? _____

    b. Hat er Kopfschmerzen? _____

    c. Hat er Fieber? _____

    d. Hat er Halsschmerzen? _____

    e. Ist er müde? _____

2. Was empfiehlt ihm Maria?

    a. Soll er ins Bett? _____

    b. Soll er Kopfschmerztabletten nehmen? _____

    c. Soll er sich eine Vitamin-Spritze geben lassen? _____

    d. Soll er Orangensaft trinken? _____

3. Was will Michael tun?

_____

_____

F. „Aktren": Das neue Schmerzmittel von Bayer

AKTREN®
Niedrig dosiert mit
dem Wirkstoff Ibuprofen.

Weniger ist oft mehr.

NEUE VOKABELN

unbedingt _absolutely_
der Wirkstoff _active ingredient_
sanft umgehen mit _to treat gently_

Sie hören Werbung von Bayer.

1. Welchen Wirkstoff hat „Aktren"? _____

2. Wogegen wirkt „Aktren"?

   a. _____   b. _____

   c. _____

3. Ist „Aktren" niedrig oder hoch mit dem neuen Wirkstoff dosiert? _____

G. Michael Pusch als Zeuge

NEUE VOKABELN

ausweichen, wich . . . aus, ist ausgewichen   *to make way for something*
zusammenstoßen (stößt . . . zusammen), stieß . . . zusammen, ist zusammengestoßen   *to bump into, collide (with)*
sich überschlagen (überschlägt), überschlug, hat überschlagen   *to overturn*
die Tatsache, -n   *fact*
das Vorurteil, -e   *bias, prejudice*

Michael hat einen Unfall gesehen und spricht jetzt mit einer Polizistin.

Bringen Sie die Sätze aus dem Dialog in die richtige Reihenfolge.

_____ Wie schnell sind die beiden Fahrzeuge gefahren?

_____ Der Fahrer des BMW konnte nicht mehr bremsen und ist dem Jungen ausgewichen.

_____ Plötzlich ist ein Ball auf die Straße gerollt.

_____ Bitte, erzählen Sie genau, was Sie gesehen haben.

_____ Der Motorradfahrer ist aus der Schillerstraße gekommen und der rote BMW aus der Schützallee.

_____ Der Motorradfahrer hat sich überschlagen, aber dem Jungen ist nichts passiert.

_____ Haben Sie den Unfall gesehen?

_____ Ein Junge ist hinterhergelaufen, genau vor den BMW.

Was ist passiert? Zeichnen Sie ein Diagramm des Unfalls.

Rollenspiel

Beim Arzt

A. Sie sind beim Arzt. Es geht Ihnen nicht gut. Sie sind oft müde und Sie schlafen sehr schlecht. Tagsüber trinken Sie drei bis vier Tassen Kaffee und abends immer Ihre zwei Martinis (und manchmal noch Bier oder Wein). Sie rauchen ungefähr 25 Zigaretten pro Tag. Sie treiben keinen Sport.

B. Sie sind Arzt/Ärztin und sprechen mit einem Patienten / einer Patientin. Fragen Sie ihn/sie, wie es geht, wo es weh tut. Fragen Sie, ob er/sie raucht. Wie viele Zigaretten pro Tag? Fragen Sie, ob er/sie trinkt. Was und wieviel pro Tag? Fragen Sie, ob er/sie Sport treibt. Beraten Sie Ihren Patienten / Ihre Patientin.

> NEUE VOKABELN
>
> das Druckgefühl, -e   *feeling of pressure*
> das Beruhigungsmittel, -   *tranquilizer*
> der Nebeneffekt, -e   *side effect*

Bei dem Hören

Was sind Frau Breidenbachs Symptome?

_____

_____

_____

Was empfehlt ihr Dr. Blömer?

_____

_____

_____

Nach dem Hören

Sie sind Arzt. Was empfehlen Sie einer Person, die die folgenden Symptome hat?

Sie ist oft müde und schläft sehr schlecht. Sie trinkt viel Kaffee und Alkohol, und sie raucht sehr viel. Sie treibt auch keinen Sport.

_____

_____

_____

_____

Aussprache und Orthographie

Kurze und lange Vokale

AUSSPRACHE

The German vowels **i, e, a, o, u, ü,** and **ö** have short and long variants.[1] In English, the terms *short* and *long* refer mostly to the quality of sound (*bit, bite*); in German, however, the most important distinction is length. Along with this change in vowel length there is often a slight change in vowel quality as well. We will look at these changes in more detail in subsequent chapters. When doing the following exercises, remember not to glide off into other vowel sounds as you pronounce the long vowels.

Note: In the following pronunciation exercises, the first word of each word pair contains the long variant and the second word the short variant of the vowel being practiced.

A. Listen to and pronounce the following words containing long and short i-sounds.

fliegen, Nichte; wieder, schwimmen; griechisch, sitzen

B. Listen to and pronounce the following words containing long and short ü-sounds.

früh, Küsse; Züge, müssen; spülen, Stück

C. Listen to and pronounce the following words containing long and short **e**-sounds.

lesen, essen; nehmen, treffen; stehen, stellen

D. Listen to and pronounce the following words containing long and short ö-sounds.

mögen, möchten; Öfen, öffnen; Röder, Göttingen

E. Listen to and pronounce the following words containing long and short a-sounds.

tragen, machen; baden, hassen; Bahnhof, Stadt

F. Listen to and pronounce the following words containing long and short o-sounds.

Sohne, Sonne; so, Sommer; Hof, hoffen

---

[1] **ä** is pronounced similarly to **e**. In Chapter 12 you will study the similarities and differences between **ä** and **e**.

G. Listen to and pronounce the following words containing long and short **u**-sounds.

Zug, Junge; tun, Pfund; Flug, Kuß

ORTHOGRAPHIE

Signale für kurze und lange Vokale

German spelling usually indicates whether a stressed vowel should be pronounced long or short. Here are the two most important rules.

Rule 1:

A vowel is long when it is doubled or followed by an **h**. Common double vowels are **ee** and **oo**; the double **i** is spelled **ie**. All vowels can be followed by **h**: **ah, eh, ih, oh, uh, äh, öh, üh**.

A. Listen and write the words you hear with the double letters **aa, ee, oo,** and **ie**.

1. _____	4. _____	7. _____
2 _____	5. _____	8. _____
3. _____	6. _____	9. _____

B. Now listen and write the words you hear with a vowel followed by **h**.

1. _____	4. _____	7. _____
2 _____	5. _____	8. _____
3. _____	6. _____	9. _____

Rule 2

A vowel is usually short when it is followed by two or more consonants other than **h**.

C. Listen and write the words you hear with a single vowel followed by two or more consonants. If you hear only one consonant, this consonant will be doubled in writing.[1]

1. _____	4. _____	7. _____
2 _____	5. _____	8. _____
3. _____	6. _____	9. _____

---

[1]Double **k**, however, is spelled **ck**.

●

SCHRIFTLICHES

A. Krankheit. Was machen Sie in diesen Situationen?

Achtung! Lesen Sie Grammatik 9.1, „Reflexive Pronouns 1: Accusative"!

NÜTZLICHE AUSDRÜCKE

sich ausruhen	sich aufregen	sich erkälten
sich ärgern	sich freuen	????
sich entspannen	sich ins Bett legen	

               1   2

MODELL: Wenn ich mich nicht wohl fühle, | lege | ich mich ins Bett.

               1   2

Wenn ich Kopfschmerzen habe, | nehme | ich Kopfschmerztabletten.

●

1. Wenn ich eine Stunde ohne Regenschirm oder Regenmantel im kalten Regen stehe, [ ]

   _____

   _____

2. Wenn ich krank bin und die Nachbarn eine laute Party haben, [ ] _____

   _____

3. Wenn ich eine Grippe habe, [ ] _____

   _____

4. Wenn ich zu viel Streß habe, [ ] _____

   _____

5. Wenn ich Liebeskummer habe, [ ] _____

   _____

6. Wenn ich endlich wieder gesund bin, [ ] _____

   _____

●

B. Sie sind Arzt/Ärztin. Geben Sie diesen Personen Rat.

```
                    Sprachnotiz:
 aufhören  ⎫              ⎧ (Präfix)zu(Infinitiv)
 anfangen  ⎬      +       ⎨       ODER
 versuchen ⎭              ⎩ zu + Infinitiv
```

Achtung!   Lesen Sie Grammatik 9.2, „**zu** + Infinitive"!

> MODELL: Herr Schmitz / sich aufregen →
> Herr Schmitz, Sie müssen *versuchen*, sich nicht so oft *aufzuregen*!
>
> Frau Kohl / rauchen →
> Frau Kohl, Sie müssen ***aufhören zu rauchen***!

1. Herr Ruf / Sport treiben

   _____

2. Frau Frisch / gesünder leben

   _____

3. Frau Staiger / früher ins Bett gehen

   _____

4. Frau Holz / Bonbons essen

   _____

5. Frau Schulz / jeden Tag frühstücken

   _____

6. Herr Baumann / Kaffee trinken

   _____

7. Herr Frisch / arbeiten

   _____

8. Herr Thelen / Alkohol trinken

   _____

9. Herr Kunz / sich ärgern

   _____

10. Michael Pusch / ????

    _____

C. Körperteile. Was machen Sie mit diesen Körperteilen?

Sprachnotiz: Vergessen Sie nicht—**mit** + Dativ!

MODELL: die Nase: Mit der Nase rieche ich.

1. die Zähne: _____

2. die Ohren: _____

3. die Augen: _____

4. die Hände: _____

5. die Lunge: _____

6. die Beine: _____

7. das Gesäß: _____

8. der Magen: _____

9. das Gehirn: _____

10. die Lippen: _____

D. Sie sind Babysitter bei Familie Frisch und bringen Rosemarie ins Bett.

Achtung! Lesen Sie Grammatik 9.3, „Reflexive Pronouns 2: Dative", Grammatik 9.4, „Word Order of Accusative and Dative Objects" und Grammatik 9.5, „Making Suggestions: The **du**-Imperative"!

Sagen Sie Rosemarie, was sie machen soll, bevor sie ins Bett geht.

NÜTZLICHE AUSDRÜCKE

sich ausziehen	sich die Haare waschen
sich das Gesicht waschen	sich die Haare fönen
sich die Hände waschen	sich die Haare kämmen
sich die Zähne putzen	sich ins Bett legen
sich baden	????

MODELL: Zieh dich aus.
          Wasch dir das Gesicht.

1. _____

2. _____

3. _____

4. _____

5. _____

E. Schon gemacht!

Achtung! Lesen Sie Grammatik 9.4, „Word Order of Accusative and Dative Objects"!

Ihr altkluger[1] Bruder sagt Ihnen, was Sie machen sollen. Sie sagen ihm, daß Sie das schon gemacht haben.

MODELL: Wasch dir das Gesicht! → Ich habe es mir schon gewaschen!
Gib deiner Schwester die Seife! → Ich habe sie ihr schon gegeben!

1. Fön dir die Haare!

_____

2. Schneide dir die Fingernägel!

_____

3. Wasch dir die Hände!

_____

4. Putz dir die Zähne!

_____

5. Bring mir das Handtuch!

_____

6. Gib mir die Zahnpasta!

_____

7. Gib deiner Schwester den Bademantel!

_____

8. Mach Papa den Rasierapparat sauber!

_____

F. Wer sind diese Personen?

MODELL: Ein Tierarzt ist ein Arzt, der kranke Tiere behandelt.
Eine Krankenwagenfahrerin ist eine Frau, die den Krankenwagen fährt.

Achtung! You may want to review relative clauses in Grammatik 7.1, „Relative Clauses".

NÜTZLICHE AUSDRÜCKE
Medikamente empfehlen
psychische Probleme behandeln
operieren

die Zähne in Ordnung bringen
Blut abnehmen

1. Eine Krankenschwester _____

_____

---

[1]condescending: *know-it-all*

2. Ein Chirurg _____

   _____

3. Eine Apothekerin _____

   _____

4. Ein Psychiater _____

   _____

5. Eine Zahnärztin _____

   _____

G. Ratschläge. Sie sind Arzt/Ärztin. Ihre Freunde kommen immer mit ihren Gesundheitsproblemen zu Ihnen. Was empfehlen Sie ihnen?

MODELL: FREUND/FREUNDIN: Ich habe Kopfschmerzen.
                         SIE: Nimm zwei Kopfschmerztabletten und ruf mich morgen an.

FREUND/-IN: Ich habe Bauchschmerzen.

         SIE: _____

FREUND/-IN: Ich habe Husten und Halsschmerzen.

         SIE: _____

FREUND/-IN: Ich habe mich erkältet.

         SIE: _____

FREUND/-IN: Ich habe Fieber.

         SIE: _____

FREUND/-IN: Ich habe Zahnschmerzen.

         SIE: _____

FREUND/-IN: Ich habe Liebeskummer.

         SIE: _____

H. Was ist passiert?

MODELL: Stefanie ist hingefallen.

NÜTZLICHE AUSDRÜCKE

sich ein Bein brechen   sich die Zunge verbrennen
sich in den Finger schneiden   zusammenstoßen
sich verletzen

1.   Jürgen

2.   Maria

3.   Hans

4.   —

5.   Mehmet

1. _____

2. _____

3. _____

4. _____

5. _____

Schreiben Sie!

Have you ever been in the hospital? If not, talk to someone who has and then jot down (in German) what you (he, she) remember(s) about the experience.

NÜTZLICHE AUSDRÜCKE

eine Mandelentzündung[1] haben   sich erholen
sich das Bein brechen   entlassen werden
eine Infektion haben   schwach sein
Krankenhaus   im Bett bleiben
Arzt   viel Eis essen
Krankenschwester   verwöhnt[2] werden
Intensivstation

_____

_____

_____

_____

_____

Now write a letter of encouragement to a friend who has to have his tonsils out. He's never been in the hospital before. To encourage him, describe your (your acquaintance's) experience.

Sprachnotiz: In Briefen wird die Anrede (**Du, Dein, Ihr, Euch** usw.) immer großgeschrieben.

Liebe/r _____ ,

_____

_____

_____

_____

_____

_____

_____

_____

_____

_____

_____

_____

---

[1] tonsilitis
[2] spoiled

_____

_____

_____

_____

_____

_____

Dein/e _____

LESEECKE

Lesetext 1: „Baldriparan": Natürliche Beruhigungsmittel

DIE RUHE IN PERSON.

Immer gut gelaunt. Von Hektik keine Spur. Ihre Nähe wird gesucht. Eigenschaften, von denen heute viele Menschen nur träumen können. Denn in Wirklichkeit sind sie oft nervös und voller innerer Unruhe. Gut, daß uns da die Natur etwas Bewährtes schenkt: Baldrian. Er ist als wesentlicher Wirkstoff in Baldriparan® Beruhigungs-Dragees enthalten. Sie wirken entspannend und beruhigend auf das angespannte Nerven-System. Und machen der konzentrierten Aktivität Platz.

RUHIG. KONZENTRIERT. AKTIV.

Baldriparan® Beruhigungs-Dragees zur Vorbeugung und Behandlung bei allgemeiner Nervosität, innerer Unruhe, Überreiztheit, Erregungs- und Spannungszu-ständen.

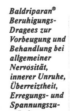

E. SCHEURICH
Pharmwerk
GmbH
Appenweier

Aus der Baldriparan® Heilpflanzenforschung

Arbeit mit dem Text

Von welchen Eigenschaften können viele Menschen nur träumen?

1. _____

2. _____

3. _____

Wie viele Menschen können das in Wirklichkeit? _____

_____

Worauf wirkt „Baldriparan"? _____

_____

Was halten Sie von natürlichen Heilmitteln? Warum? _____

_____

_____

_____

Lesetext 2: Rauchen

Zwanzig Zigaretten enthalten ungefähr 50 Miligramm Nikotin. Das ist eine tödliche Dosis, wenn man sie auf einmal zu sich nimmt. Raucher sind im Durchschnitt viermal so oft krank wie Nichtraucher. An den gesundheitsgefährdenden Auswirkungen[1] des Rauchens gibt es keinen Zweifel[2] mehr.

Zigarettenwerbung[3] ist nur im Fernsehen verboten. In Zeitungen, Zeitschriften und auf der Straße nicht. Man tut viel daran, um auf die Gefahren des Rauchens aufmerksam zu machen.[4] Besonders die Krankenkassen sind daran interessiert, daß die Leute nicht rauchen.

Dennoch nehmen viele Raucher die Warnungen auf die leichte Schulter,[5] und der Zigarettenkonsum nimmt nicht ab. In Restaurants gibt es auch keine Nichtraucherzonen, wie in den USA. Rauchen macht zwar noch krank, aber es ist neuerdings wieder modern und sexy. In *Wild at Heart* von David Lynch rauchen Laura Dern und Nick Cage ohne Pause. Nick Cage sagt: „Ich rauche Marlboro. Die hat mein Vater auch geraucht. Er hatte Lungenkrebs." In der Serie *Twin Peaks* auch von Lynch rauchen junge nette Jugendliche. Die Nichtraucher werden militant. In den USA erstach[6] ein Nichtraucher einen 23jährigen, der seine Zigarette nicht ausmachen wollte. Dagegen vergleicht *Time Magazine* Nichtraucherkampagnen mit der Prohibition, und das britische Magazin *Blitz* sagt klar: „Smoking is good for you!"

Aber der Mensch wird anscheinend mit 50 Jahren wirklich erwachsen,[7] denn dann geht laut Statistik die Zahl der Raucher wieder zurück. Im Alter scheint Rauchen also weder modern noch sexy zu sein.

---

[1] den . . . *health-threatening consequences*

[2] *doubt*

[3] *advertising*

[4] auf . . . *to draw attention to the dangers of smoking*

[5] auf . . . *take it lightly*

[6] *stabbed*

[7] wird . . . *is grown up*

Arbeit mit dem Text

1. Finden Sie Nichtraucherabteile in Restaurants gut? Warum (nicht)? Erklären Sie.

   _____

   _____

2. Was halten Sie vom Rauchverbot auf inneramerikanischen Flügen? Erklären Sie.

   _____

   _____

3. Stellen Sie sich vor, Sie haben einen Freund / eine Freundin, der/die raucht, aber gern aufhören möchte. Was empfehlen Sie dieser Person? Machen Sie einen Plan für ihn/sie, wie er/sie das Rauchen einstellen kann.

   _____

   _____

   _____

   _____

Lesetext 3: Der eingebildete Kranke

Vor dem Lesen

Ein Hypochonder ist ein Mensch, der sich immer krank fühlt. Immer hat er gesundheitliche Probleme. Sind Sie manchmal auch ein Hypochonder? Wieso? Erzählen Sie!

_____

_____

_____

Haben Sie echte gesundheitliche Probleme? Wie sehen die aus? Was tut Ihnen manchmal weh? Erklären Sie!

_____

_____

_____

Lesen Sie jetzt über die Probleme von Herrn Ruf.

Herr Ruf liegt auf dem Sofa. Die Kinder sind in der Schule, seine Frau ist im Büro. Er fühlt sich nicht wohl. Er tastet seinen Hals ab,[1] schluckt, hustet, seufzt. Dann tastet er seinen Bauch ab, holt tief Luft,[2] hält die Luft an, atmet aus. So liegt er da. Schließlich steht er auf, geht zum Telefon und wählt die Nummer seines Hausarztes. Er möchte noch für diesen Vormittag einen Termin.

Dr. Schöllers Sprechstundenhilfe kennt Herrn Ruf gut und er bekommt einen Termin für 14.30 Uhr. Als Herr Ruf gegen 12.30 Uhr aus dem Haus geht, hinkt[3] er ein bißchen.

„Der geht sicher wieder zum Arzt," sagt Frau Wagner zu ihrem Mann. „Schau dir die leidende Miene[4] an. Ich frage mich, wo der immer noch Ärzte findet, die sich anhören, was er zu sagen hat."

„Wahrscheinlich hat er wieder ein medizinisches Buch gelesen und eine neue Krankheit an sich entdeckt."[5]

Unten auf der Straße treffen sich Frau Gretter und Herr Ruf.

„Na, Herr Ruf, wie geht's?"

„Ach, wissen Sie, gar nicht gut. Ich habe seit Tagen Schmerzen in der Kehle,[6] und die ziehen sich bis in den Magen."

„Oh, das tut mir aber leid. Was ist denn mit ihrem Bein los?"

„Mit meinem Bein?"

„Ja, Sie hinken doch."

„Ach so, ja, ja. Es tut beim Gehen ein bißchen weh."

„Gehen Sie zum Arzt?"

„Ja, ich bin auf dem Weg zu Dr. Schöller."

„Na, ich hoffe, es ist nichts Ernstes."

„Danke, Frau Gretter, das hoffe ich auch," sagt Herr Ruf leidend.

„Der Ruf ist schon wieder auf dem Weg zum Arzt. So ein Hypochonder!" sagt Frau Gretter zu Frau Körner, die sie im Supermarkt trifft.

„Was, schon wieder? Was hat er denn diesmal?"

„Ach, ich weiß auch nicht. Ich glaube, das weiß er selbst nicht so genau."

Je näher Herr Ruf Dr. Schöllers Praxis kommt, desto stärker hinkt er.

„Guten Tag, Herr Ruf. Was fehlt uns denn heute?" sagt Dr. Schöller. Und Herr Ruf erzählt und erzählt.

„Na, dann werden wir Sie mal untersuchen. Rauchen Sie noch?"

„Ja."

„Zigaretten oder Pfeife?"

„Pfeife."

„Besser als Zigaretten, aber Sie sollten ganz aufhören."

Die Sprechstundenhilfe nimmt Herrn Ruf Blut ab, mißt den Blutdruck[7] und führt noch einige weitere Tests durch.[8] Nach einer Stunde sitzt er wieder bei Dr. Schöller im Sprechzimmer. Er fühlt sich schon besser.

„Herr Ruf, Sie sind kerngesund. Ich kann nichts finden. Und wenn Sie so gesund bleiben wollen, dann hören Sie mit dem Rauchen auf, trinken Sie weniger Alkohol und essen Sie kein Fett. Auf Wiedersehen, Herr Ruf."

Als Herr Ruf nach Hause geht, hinkt er nicht mehr und geht noch schnell auf ein Bier in die Kneipe an der Ecke.

---

[1] tastet . . . ab = fühlt

[2] air, breath

[3] limps

[4] Gesicht

[5] gefunden

[6] Hals

[7] blood pressure

[8] führt . . . durch = macht

Arbeit mit dem Text

Was sagen diese Personen zu oder über Herrn Ruf?

FRAU WAGNER: _____

_____

FRAU GRETTER: _____

_____

DR. SCHÖLLER: _____

_____

Wer macht was?

	HERR RUF	DR. SCHÖLLER	SPRECHSTUNDENHILFE
fühlt sich krank			
hinkt			
stellt Gesundheitsfragen			
raucht eine Pfeife			
nimmt Blut ab			
mißt den Blutdruck			
gibt Rat			

Was halten Sie von Ärzten? Gehen Sie gern zum Arzt?

_____

KAPITEL **10**

HÖRVERSTÄNDNIS

A. In einem exklusiven Restaurant

NEUE VOKABELN

die Vorspeise, -n *appetizer*
die Hauptspeise, -n *main course*
der Geschäftsführer / die Geschäftsführerin *manager*
die Beschwerde, -n *complaint*
probieren *to test, try*

Michael und Maria gehen in München in ein französisches Restaurant. Es ist eines der teuersten und exklusivsten in der Stadt.

Beantworten Sie die Fragen.

1. Was bestellt Maria? _____

2. Was bestellt Michael? _____

3. Was sagt der Kellner über das Fleisch? _____
   _____

4. Was sagt die Geschäftsführerin zu dem Problem? _____
   _____

5. Und der Chefkoch, was sagt er? _____
   _____

6. Warum kann Maria das Filet nicht essen? _____

_____

B. Gesünder leben

VOR DEM HÖREN

Glauben Sie, Hamburger sind gesund? _____

Wie essen Sie? Gesund oder nicht so gesund? _____

NEUE VOKABELN

zur Abwechslung   *for a change*
So kommen wir nicht weiter.   *This isn't getting us anywhere.*
der Popper, -   *preppie*
der Müslifresser, -   *healthfood nut ("granola eater")*
der Gesundheitstick, -s   *hang-up about health*
Ich stehe nicht darauf.   *I don't like it.*
Das kann ja heiter werden.   *We may as well expect the worst.*

Frau Ruf glaubt, ihre Tochter Jutta könnte gesünder essen. Sie spricht mit Jutta über ihre Ernährung.[1]

Bringen Sie die Sätze aus dem Dialog in die richtige Reihenfolge.

_____ Der gesunde Look ist vorbei.

_____ Und wo sind die Vitamine?

_____ Jeden Tag macht der Suppe, und ich mag nun mal keine Suppe.

_____ Jedesmal, wenn ich dich sehe, ißt du Hamburger und trinkst Cola dazu.

_____ Du siehst im Moment wirklich schlecht aus.

---

[1]*nutrition*

_____ Die Popper und Yuppies können doch von mir aus weiter ihre langweiligen Salate essen.

_____ Cola ist auch nicht schlimmer als dein Kaffee mit Milch und Zucker.

_____ Aber Hamburger sind nicht die richtige Lösung, ob mit Salat und Tomaten, oder ohne.

Stellen Sie sich jetzt vor, die Diskussion geht weiter. Wer sagt was? Jutta (J) oder ihre Mutter (M)?

_____ Aber ich will nicht gesund essen.

_____ Du darfst das Haus nicht verlassen, bis du richtig gefrühstückt hast.

_____ Ab heute darfst du nicht mehr bei McDonalds essen.

_____ Du mußt Fisch und Hähnchen und Gemüse essen.

_____ Aber außer Hamburger und Cola schmeckt mir nichts.

_____ Billi ißt nur Hamburger und er ist gesund.

_____ Aber Billi sieht schrecklich aus.

_____ Ich werde nie Müsli essen.

C. Werbung für Haushaltsgeräte. Sie hören zwei Werbetexte: einen für einen Wäschetrockner und einen für einen Haartrockner.

NEUE VOKABELN

zart *gentle*
der Verbrauch *consumption*
der Schalter *switch*

Tragen Sie die fehlenden Wörter (auf der nächsten Seite) ein.

Der neue Bauknecht-Wäschetrockner.
Die zarte Kraft.

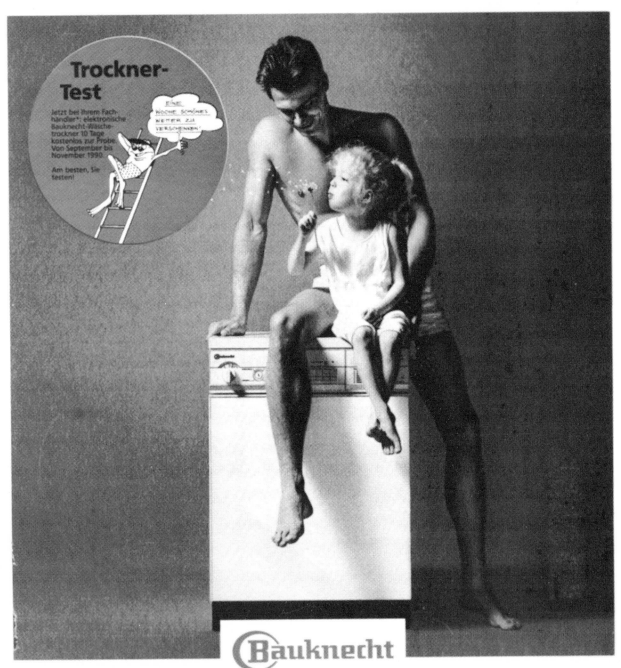

Bauknecht weiß, was Frauen wünschen.

Er ist zart zur Wäsche: Seine fein abgestuften Trockenprogramme pflegen die Wäsche genau so, wie das Gewebe es braucht. Und wie Sie es wollen.

Er ist stark: Er trocknet 5 kg mit 1400 UpM geschleuderte Wäsche mit nur 2,6 kWh Strom. Und er braucht keinen Abluftschlauch.

Senden Sie uns den Coupon ein. Wir nennen Ihnen die Fachhändler, die Test-Trockner für Sie bereithalten. Bauknecht GmbH, Abt. A.W.   BR/22

Am Wallgraben 99, 7000 Stuttgart 80.

Name _____

Straße _____

PLZ, Wohnort _____

Er ist _____[1] zur Wäsche. Seine vielen Trockenprogramme _____[2] die Wäsche genauso wie Sie es _____[3] und wollen. Er ist _____.[4] Er trocknet _____[5] kg mit minimalem Energieverbrauch.

Tragen Sie die fehlenden Wörter (auf der nächsten Seite) ein.

Endlich ein Haartrockner, der macht, was Sie wollen. Und zwar gleich 12mal.

Zwölf Möglichkeiten, Haare zu _____:[1] Ein Schalter reguliert die _____:[2] kühl,

lauwarm, _____,[3] sehr warm. Und Sie kombinieren _____[4] und Wärme, wie Sie wollen.

Macht _____[5] Stufen. Zum Beispiel, sanft und _____[6] für dauerhafte Locken. Oder

expreß bei vollen 1600 Watt, je nach _____.[7]

D. Sofie will für ein Abendessen einkaufen. Diesmal läßt sie Willi nicht alleine gehen. Sie gehen
zusammen auf den Markt in Dresden.

NEUE VOKABELN

die Nase voll haben   *to be fed up*

Beantworten Sie die Fragen.

1. Wieviel kostet ein Kilo frische Kartoffeln? _____

2. Wieviel kostet ein Pfund grüne Bohnen? _____

3. Was für einen Käse mag Sofie am liebsten? _____

4. Warum kauft Willi Sofies Lieblingskäse nicht? _____

    _____

5. Wieviel kosten die Sesambrötchen pro Stück? _____

6. Was ist für Willi nicht zu teuer? _____

E. „Allkauf"-Supermarkt

NEUE VOKABELN
ausgesucht   *selected*
der Korb, ⸚e   *basket*

Und jetzt eine Mitteilung von Ihrem „Allkauf"-Supermarkt.

Was sind die Sonderangebote für Donnerstag?

Rindfleisch	_____ pro Kilo
Schweinekotelettes	_____ pro Kilo
Filetspitzen nur	_____ pro Kilo
Orangen	_____ pro Kilo
Weintrauben	_____ pro Kilo
frische Erdbeeren nur	_____ pro Kilo

F. Nur das Beste für Maria

NEUE VOKABELN

der Pelz, -e *fur*
der Kunstpelz, -e *artificial (fake) fur*
die Kapuze *hood*
der Fuchs, -̈ *fox*

Michael sucht ein Geschenk für Maria. Er will ihr einen Mantel kaufen und geht in eine teure Boutique.

Richtig oder falsch? Korrigieren Sie die falschen Sätze.

1. _____ Michael sucht einen sportlichen Mantel für Maria. _____

_____

2. _____ Das Geschäft verkauft gar keine Pelzmäntel. _____

_____

3. _____ Das Geschäft verkauft nur Kunstpelzmäntel. _____

_____

4. _____ Das Geschäft verkauft nur Fuchspelzmäntel. _____

_____

Rollenspiel

A. Sie haben sich für DM 80,-- ein neues Paar Schuhe gekauft. Als Sie die Schuhe zu Hause anprobieren, merken Sie, daß die Schuhe zu klein sind. Außerdem gefallen sie Ihnen nicht mehr. Bringen Sie die Schuhe zurück und verlangen Sie Ihr Geld zurück.

B. Sie arbeiten in einem schicken italienischen Schuhgeschäft. Was Sie verkauft haben, nehmen Sie aus Prinzip nicht zurück. Außer die Schuhe haben Mängel. Dann tauschen Sie sie natürlich um, geben aber auch hier auf keinen Fall das Geld zurück. Verkauft ist verkauft.

Rainer Bergmann arbeitet in Bonn als Anwalt. Er hat sich heute einen teuren Anzug gekauft. Als er nach Hause gekommen ist, hat er einen Flecken auf dem Sakko gesehen. Er bringt den Anzug zurück ins Geschäft.

Sie hören das Gespräch zwischen ihm und der Verkäuferin, die ihn bedient hat.

Nach dem Hören

Wie geht es weiter?

GESCHÄFTSFÜHRER: _____

_____

RAINER: _____

_____

GESCHÄFTSFÜHRER: _____

_____

RAINER: _____

_____

GESCHÄFTSFÜHRER: _____

_____

Aussprache und Orthographie

AUSSPRACHE

Die hohen Vokale; die *i-*, *ü-* und *u*-Laute

As you remember from the previous chapters, long vowels in German are more closed than short vowels. This means that the jaws are closer together when pronouncing long vowels.

A. Listen to the following word pairs that contain long and short i-, ü- and u-sounds. Concentrate on the difference in vowel length, as well as the difference in vowel quality.

    i   Wiese, wisse; biete, bitte; siezen, sitzen
    ü   Wüste, wüßte; fühlen, füllen; Züge, zücke
    u   Buße, Busse; bucht, Bucht; Flug, Flucht

B. Listen to and pronounce the following words with long and short i.

    lang   fließen, Gebiet, Niederung, tief, Wiese, Diesel
    kurz   dicht, Insel, Filter, Schiff, Schild, wischen

C. Remember to round your lips as you listen to and pronounce the following words with long and short **ü**.

    lang   Mühe, fühlen, prüfen, Vergnügen, Hügel, süß
    kurz   Küste, pünktlich, zurück, Stück, Abkürzung, Küche

D. Listen to and pronounce the following words with long and short **u**. Remember that the German u is a little "darker" than the American English *u*. This means it is pronounced farther back in the mouth.

    lang   Zug, Flug, Hupe, Ufer, Zustand, Fußweg
    kurz   Bucht, Fluß, Bus, Punkt, Turm, Druck

E. Listen to and pronounce the following word pairs. Concentrate on making a clear distinction between the **u-** and **ü**-sounds.

    lang   Zug, Züge; Flug, Flüge; Fuß, Füße
    kurz   Fluß, Flüsse; Kuß, Küsse; Turm, Türme

F. Now listen to and repeat the following sentences. Concentrate on the various i-, ü-, and u-sounds.

1. Flüge nach Brüssel gehen morgens um 10 Uhr ab.
2. Ein Flugzeug zu fliegen ist kein Kinderspiel.

3. Reservieren Sie sich ein Stück Pünktlichkeit für Ihren nächsten Flug.
4. Bevor ich mein Auto benutze, überprüfe ich die Warnblinkanlage.
5. Der neue VW Golf Diesel ist viertürig und hat ein Schiebedach.

ORTHOGRAPHIE

ei/ie

Whereas the German letters **ei** are pronounced like the English long *i*, the German letters **ie** are pronounced like the English long *e* (*seem*). Some students use the English phrase *Eisenhower's niece* to remember the pronunciation of German **ei** and **ie**. Others say they think of the English way of pronouncing the second letter—that is, English long *i* for German **ei** and English long *e* for German **ie**.

Listen and write the words you hear with the letter combinations **ei** and **ie**.

A.

1. _____   4. _____   7. _____

2. _____   5. _____   8. _____

3. _____   6. _____   9. _____

B. Groß- und Kleinschreibung (Wiederholung)

Remember that German nouns are capitalized, as are the pronouns that refer to the second person formal: **Sie, Ihnen, Ihr.** The pronoun **ich** is not capitalized, nor are adjectives referring to countries or languages.

Bearing this in mind, complete the following dialogue as you listen to the tape.

FRAU RUF: Guten _____, Herr Wagner, nett, _____ mal wieder zu treffen.

HERR WAGNER: Ach ja, guten Tag, _____ Ruf. Wie geht's denn der _____?

FRAU RUF: So wie _____, eigentlich. Und Sie, wie steht's bei _____? Haben

Sie schon wieder eine neue _____?

HERR WAGNER: Ja, _____ arbeite im _____ bei einer _____ Computerfirma,

nicht sehr aufregend, aber naja, _____ ist ja schon froh, wenn man nicht

_____ ist.

FRAU RUF: Da haben _____ recht, Herr Wagner. Mein _____ ist ja nun schon zehn Jahre

zu _____, und ich glaube, der findet _____ mehr.

HERR WAGNER: Dafür haben ja Sie einen recht netten _____, nicht?

FRAU RUF: Ja, schon, aber wenn mein Mann nur den ganzen _____ zu Hause

_____, dann kommt er immer auf dumme _____. Aber

was soll's. Herr Wagner, _____ muß jetzt wieder weiter. Auf

_____!

SCHRIFTLICHES

A. Essen und trinken. Was paßt zu was?

1. Schreiben Sie die Nummern der Nomen hinter die passenden Adjektive!

frisch 6, 9, 10, 21, 25, 27, 30	1. das Steak	19. der Knödel
heiß	2. der Kaviar	20. die Nachspeise
gegrillt	3. die Oliven	21. der Pilz
englisch	4. die Sojasoße	22. die Pommes frites
italienisch	5. die Wurst	23. der Reis
chinesisch	6. der Käse	24. das Rindfleisch
deutsch	7. die Spaghetti	25. der Fisch
amerikanisch	8. die Marmelade	26. die Nudel
schwarz	9. das Brot	27. die Birne
warm	10. die Krabben	28. die Kirsche
gebraten	11. das Bier	29. die Nuß
eiskalt	12. der Kaffee	30. die Bohne
mexikanisch	13. der Honig	31. die Erbse
französisch	14. der Schinken	32. die Kartoffel
salzig	15. der Speck	33. der Kohl
süß	16. das Fleisch	34. die Zwiebel
scharf	17. das Hähnchen	35. die Karotte
knusprig	18. die Gurke	36. der Spinat

2. Jetzt nennen Sie fünf Lebensmittel aus den obigen Listen, die Sie mögen, und fünf, die Sie nicht mögen, zusammen mit passenden Adjektiven.

Achtung!   Lesen Sie Grammatik 10.1, „Adjectives That Precede Nouns"!

> **Sprachnotiz: mögen + Akkusativ**

MODELL: Ich mag gegrilltes Steak.
Ich mag keinen amerikanischen Kaffee.
Ich mag frische Bohnen.

WAS ICH MAG.

a. _____

b. _____

c. _____

d. _____

e. _____

WAS ICH NICHT MAG.

a. _____

b. _____

c. _____

d. _____

e. _____

B. Morgen haben Sie Geburtstag. Was möchten Sie zum Abendessen machen? Beschreiben Sie Ihr Geburtstagsessen!

MODELL: Als Vorspeise möchte ich einen gemischten Salat mit Tomaten, Oliven und Schafskäse. Dann als Hauptgericht möchte ich gegrillte Hühnerbrust mit scharfem Gemüse. Und als Nachspeise möchte ich süßen Apfelstrudel mit saurer Sahne.

_____

_____

_____

_____

_____

C. In der Küche. Wohin damit?

Achtung!   Lesen Sie Grammatik 10.2, „Destination: Two-Way Prepositions with the Accusative"!

MODELL: mit den schmutzigen Tellern? → in die Geschirrspülmaschine

NÜTZLICHE AUSDRÜCKE

der Abfalleimer	die Vase	das Kochbuch
die Schublade	die Waschmaschine	der Brotkorb
der Mikrowellenherd	die Obstschale	der Besteckkorb[1]

1. Wohin mit den Gabeln? _____

2. Wohin mit dem Abfall? _____

3. Wohin mit der schmutzigen Wäsche? _____

4. Wohin mit dem Obst? _____

5. Wohin mit dem Brot? _____

6. Wohin mit dem Rezept? _____

7. Wohin mit den Blumen? _____

8. Wohin mit den Servietten? _____

_____
[1]*silverware basket*

D. Haushaltsgeräte

Welche der folgenden Haushaltsgeräte haben Sie? Kreuzen Sie an!

_____ einen elektrischen Dosenöffner   _____ einen Toaster

_____ eine Gefriertruhe   _____ einen Kühlschrank

_____ eine Küchenmaschine   _____ eine Waschmaschine

_____ einen Mikrowellenherd   _____ einen Wäschetrockner

_____ eine Geschirrspülmaschine   _____ ein Gefrierfach

Achtung!   Lesen Sie Grammatik 10.3, „Destination and Fixed Position: **stellen/stehen, liegen/legen, setzen/sitzen, hängen/hängen**"!

Wo sind diese Geräte in ihrem Haushalt?

NÜTZLICHE PRÄPOSITIONEN

über   hinter   in
neben   unter

MODELL: Der elektrische Dosenöffner steht neben dem Spülbecken.
          Der Toaster steht hinter dem Dosenöffner.

_____

_____

_____

_____

_____

E. Sie haben Freunde eingeladen und Sie müssen die Wohnung aufräumen und den Tisch decken. Schreiben Sie Sätze!

Sprachnotiz: stellen/legen/setzen/hängen + Präposition = Akkusativ

MODELL: die Blumen / auf / Tisch → Die Blumen stelle ich auf den Tisch.
          die Messer / neben / Teller → Die Messer lege ich neben die Teller.

1. die Teller / auf / Tisch _____

2. die Servietten / auf / Teller _____

3. die Kerze / in / Mitte _____

4. die Gabeln / neben / Messer _____

5. die Löffel / auf / andere Seite _____

6. die Kaffeetassen / in / Küche _____

7. der Stuhl / an / Fenster _____

8. die Töpfe / in / Geschirrspülmaschine _____

9. die Schuhe / auf / Balkon _____

10. die Pullover / in / Schrank _____

F. Machen Sie Ihr Lieblingsgericht!

1. Was ist Ihr Lieblingsgericht? _____

2. Was braucht man, wenn man Ihr Lieblingsgericht kochen will? Nennen Sie die Zutaten und die Geräte, die man benutzt.

   ZUTATEN   GERÄTE

   _____   _____

   _____   _____

   _____   _____

   _____   _____

   _____   _____

   _____   _____

Lesen Sie das Modell; schreiben Sie dann das Rezept für Ihr Lieblingsgericht auf.

Sprachnotiz: Welche Form haben die Verben in dem Modell? Wo kommen sie in den Sätzen vor? Verwenden Sie die gleiche Verbform (in derselben Position) in Ihrem Rezept, und stellen Sie sie an die gleiche Stelle!

MODELL: Milchreis:
1 Tasse Reis (dicke Körner) und 2 Tassen Milch nehmen. Die Milch zum Kochen bringen und den Reis dazu geben. Auf ganz kleiner Hitze 1 Stunde ziehen lassen.[1] Noch warm mit Zucker und Zimt[2] bestreuen.

_____

_____

_____

_____

_____

_____

_____

---

[1] ziehen . . . *let simmer*

[2] *cinnamon*

G. Kleider und Aussehen

Nennen Sie 10 Ihrer Lieblingskleidungs- oder -schmuckstücke.

1. _____   6. _____

2. _____   7. _____

3. _____   8. _____

4. _____   9. _____

5. _____   10. _____

Wählen Sie 5 Teile aus der Liste und schreiben Sie, warum Sie diese Sachen so gerne haben.

Achtung!   Lesen Sie Grammatik 10.4, „Dative Verbs"!

NÜTZLICHE AUSDRÜCKE

gefallen	schöne Farbe	modisch
passen	warm	bequem
stehen	weich	

MODELL: Meine Jacke gefällt mir, weil sie sehr warm ist.
          Meine Schuhe gefallen mir, weil sie mir sehr gut passen und sehr bequem sind.

1. _____

2. _____

3. _____

4. _____

5. _____

Schreiben Sie!

Was trägt man in den USA? Stellen Sie sich vor, ein Bekannter / eine Bekannte aus Österreich verbringt das nächste Jahr an der Universität, an der Sie studieren. Schreiben Sie ihm/ihr einen Brief, in dem Sie sagen, welche Kleidungsstücke er/sie mitbringen sollte und welche er/sie hier kaufen könnte. Denken Sie nicht nur an das Wetter, sondern auch an die Mode.

Liebe/r _____ ,

_____

_____

_____

_____

_____

_____

_____

_____

_____

_____

Deine/e _____

After writing the first draft, go back and eliminate unnecessary words. Then add more specific details or adjectives to improve the passage.

MODELL: Liebe Tanya,

Es freut mich zu hören, daß Du ein Jahr an der Uni in Berkeley studieren willst.

⋀ Wie Du weißt, ist das Wetter hier in Berkeley*ⱽ ziemlich* mild. Wir haben fast nie Schnee, aber im *ziemlich viel* *echte* Winter regnet es⋀. Du brauchst hier wohl keine⋀Winterjacke. Es gibt aber in den Bergen viel *gute, warme* Schnee, und wenn Du da Skifahren willst, solltest Du vielleicht⋀Winterkleidung *natürlich* mitbringen. Die könntest Du⋀auch hier kaufen, wenn Du nicht so viel mitbringen willst. *alte oder neue* *(je nach Geschmack)* An der Uni in Berkeley tragen die meisten Studenten⋀Jeans⋀und T-shirts, und dann im

Winter, Pullis oder Sweatshirts und Regenmäntel oder so. Überall sieht man Tennisschuhe *und* *und* *Weil* ~~oder~~ Birkenstock sandalen ~~oder~~ so was. Kleidung und Schuhe(sind) hier billiger als in ⋀ ⋀ ⋀ Österreich⋀/du(könntest) hier alles kaufen, was Du willst. Mit freundlichen Grüßen, ⋀

(Ich bin sehr froh, daß Du hier an der Uni studieren willst.

Deine Patricia

Rufmich an, sobald Du angekommen bist.

Liebe/r _____.

_____

_____

_____

_____

_____

_____

_____

_____

_____

_____

_____

_____

Dein/e _____

LESEECKE

Lesetext 1: „immer höher" von Ernst Jandl

IMMER HÖHER

DER MANN STEIGT AUF DEN SESSEL
der mann steht auf dem sessel
DER SESSEL STEIGT AUF DEN TISCH
der mann steht auf dem sessel
der sessel steht auf dem tisch
DER TISCH STEIGT AUF DAS HAUS
der mann steht auf dem sessel
der sessel steht auf dem tisch
der tisch steht auf dem haus
DAS HAUS STEIGT AUF DEN BERG
der mann steht auf dem sessel
der sessel steht auf dem tisch
der tisch steht auf dem haus
das haus steht auf dem berg
DER BERG STEIGT AUF DEN MOND
der mann steht auf dem sessel
der sessel steht auf dem tisch
der tisch steht auf dem haus
das haus steht auf dem berg
der berg steht auf dem mond
DER MOND STEIGT AUF DIE NACHT
der mann steht auf dem sessel
der sessel steht auf dem tisch
der tisch steht auf dem haus
das haus steht auf dem berg
der berg steht auf dem mond
der mond steht auf der nacht

Arbeit mit dem Text

Können Sie zeichnen, was Jandl schreibt?

Lesetext 2: Mit Katalog einkaufen gehen

Rowenta Kaffeeautomat, für 2-10
Tassen, Schwenkfilter, Warmhalte-
platte, 800 Watt, weiß, rot oder
schwarz, 1 Jahr Garantie

48,-

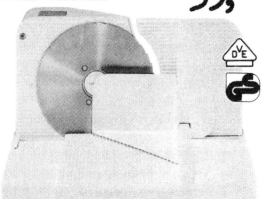

Rowenta Dampfbügelautomat, variable
Dampfmengen-Regulierung, Spray,
transparenter Wassertank, Kontroll-
leuchte, 1000 Watt,
1 Jahr Garantie

59,-

95,-

STIFTUNG
WARENTEST
test 2/87
gut

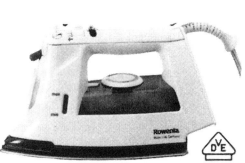

Krups 3MIX 4000, 3 Geschwindigkeits-
stufen, 160 Watt, komplett mit
Schnellmixstab

Geka Allesschneider, 110 Watt, rost-
freies Messer spezialverzahnt,
1 Jahr Garantie

54,-

Philips Bodenstaubsauger
Elektronic, 4-fach Filter-
System, automatische Kabelauf-
wicklung, Möbelschutzleiste

199,-

1000 Watt

249,-

1100 Watt

Füllen Sie die Tabelle aus.

GERÄT	PREIS	FARBE	GARANTIE	KAPAZITÄT	WATT
Rowenta Dampfbügelautomat	59,-	—	1 Jahr	—	1000
	48,-			2–10 Tassen	
Krups 3Mix 4000					
			1 Jahr		
					1000
					1100

Lesetext 3: Eine Reise in die Schweiz: Claire

Vor dem Lesen

DIE SCHWEIZ

Schaffhausen

Zürich

Luzern

Bern

Was assoziieren Sie mit der Schweiz? Machen Sie eine Liste.

BEISPIELE: Heidi und ihr Großvater, Käse u.s.w.

_____

_____

_____

_____

_____

_____

_____

_____

Claire Martin, die amerikanische Studentin in Regensburg, hat eine Reise in die Schweiz gemacht. Sie war in Luzern, Zürich und Schaffhausen und schreibt einen Brief an ihre Freunde in Regensburg.

Zürich, irgendwann, irgendwo
(ich bin im Urlaub und weiß gerade nicht, wo ich bin!)

Liebe Melanie, lieber Josef,

heute habe ich nicht nur die Zeit, sondern auch Lust, Euch von meinen Reiseimpressionen zu erzählen.

Ist schon ein eigenartiges[1] Land, diese Schweiz. Das erste, was mir am Grenzübergang[2] aufgefallen ist, waren die Autos: da gab es entweder brandneue Mercedes Coupes, oder Ferraris oder große BMWs . . . Die Grenzbeamten waren sehr freundlich und korrekt, aber ich mußte gleich dreimal nachfragen, als der erste seinen Mund aufmachte. Schweizerdeutsch hat wirklich wenig mit dem Deutsch zu tun, das ich in Regensburg gehört habe.

Ich war zuerst ein paar Tage in Luzern. Die Stadt mag ja ganz schön sein, aber ich hab' nicht viel von ihr sehen können. Es hat die ganze Zeit geregnet, nicht heftig, aber dafür konstant. Also habe ich natürlich die meiste Zeit in Cafés und Geschäften verbracht—sehr frustrierend, denn die Schweiz ist nicht billig. (Und ich hab' immer gedacht, Deutschland sei teuer!!! Die Schweizer fahren regelmäßig nach Deutschland und Frankreich, um bestimmte Sachen zu kaufen oder auch nur um zu tanken.)

Also, wo war ich? Ach ja, bei Luzern, also Luzern war naß, deshalb fuhr ich weiter nach Zürich. Dort hat es nicht nur nicht geregnet, sondern die ganze Atmosphäre war anders, kosmopolitischer. Viele exklusive Geschäfte, die so teuer sind, daß ich ganz deprimiert wurde (Souvenirs gibt's nicht, selbst nicht für Euch Zwei!), relativ viele Kneipen und Cafés und noch ganz laute Straßenbahnen, die hier Trams heißen. Ich bin lange durch die Bahnhofstraße gelaufen und habe im berühmten Café „Sprüngli" einen Kaffee mit Seitenwagen (das heißt, mit Schnaps oder Likör) getrunken. Von hier aus habe ich gestern einen Abstecher nach Schaffhausen gemacht, berühmt für seinen Rheinfall, den größten Wasserfall Europas: 150 Meter breit und 24 Meter tief. Außerdem mußte man als pflichtbewußte Touristin natürlich auch den Munot sehen, eine alte Burg[3] aus dem 16. Jahrhundert (wirklich alt und kalt). Abends bin ich dann in die „Walliser Kanne" gegangen, ein Restaurant, das bekannt ist für Fondue. Das Fondue war einfach lecker: man tunkt sein Weißbrot in eine Mischung aus geschmolzenen Käse und Kirschwasser. Und da ich mich nach dem Essen selbst wie geschmolzener Käse fühlte, habe ich einen „Pflümli", Pflaumenschnaps, getrunken. Muß geholfen haben, hinterher habe ich nämlich alles noch viel schöner gefunden. Um halb zwölf war dann alles vorbei: die Schweiz schließt ihre „Lokalitäten" und geht zu Bett, wie es sich für einen ordentlichen Bürger gehört . . .

Ich werde müde, erzähle Euch mehr, wenn ich zurück bin . . .

Tschüüüüüs
Eure Claire

P.S. Noch eine interessante Notiz: eine Schweizerin sagte mir, daß das Frauenwahlrecht[4] erst seit 1984 in allen Kantonen eingeführt wurde. Und das soll eine der ersten Demokratien sein???

---

[1]*peculiar*
[2]*border crossing*
[3]*fortress*
[4]*women's right to vote*

Arbeit mit dem Text

Füllen Sie die Tabelle aus.

	IN LUZERN	IN ZÜRICH	IN SCHAFFHAUSEN
Was hat sie gesehen?			
Wo hat sie gegessen?			
Was hat sie gegessen?			
Was hat sie getrunken?			

KAPITEL **11**

HÖRVERSTÄNDNIS

Dialoge aus dem Text

A. Am Fahrkartenschalter. Silvia steht am Fahrkartenschalter und möchte mit dem Zug von Göttingen nach München fahren.

Beantworten Sie die Fragen.

1. Wann geht der erste Zug nach München? _____

2. Wann geht der Intercity? _____

3. Won welchem Gleis fährt der Zug? _____

4. Was kostet eine Fahrkarte zweiter Klasse? _____

B. Jürgen ist bei Silvias Mutter zum Geburtstag eingeladen.

Wie kommt man zu Silvias? Richtig oder falsch? Korrigieren Sie die falschen Sätze.

1. _____ Das Bahnhofsgebäude und das Lebensmittelgeschäft sind in der gleichen Straße. _____

_____

2. _____ Man biegt nach links in die Bismarckstraße ein. _____

_____

C. Claire und Melanie sind in Göttingen und suchen die Universitätsbibliothek.

Welches Gebäude ist die Bibliothek? Schreiben Sie „Bibliothek" auf die Bibliothek.

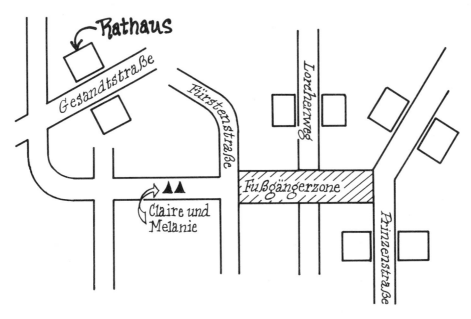

D. Frau Frisch findet ein Zimmer im Rathaus nicht.

Beantworten Sie die Fragen.

1. In welchem Stock ist Zimmer 204? _____

2. Auf welcher Seite ist Zimmer 204? _____

E. Auf Zimmersuche. Frau und Herr Ruf suchen ein Zimmer.

Hören Sie den Dialog und füllen Sie das Formular aus.

Name: _____

_____ Nächte   _____ Einzelzimmer   _____ Doppelzimmer

_____ Dusche   _____ Bad   _____ Toilette

_____ mit Frühstück   _____ ohne Frühstück

_____ DM pro Nacht

F. Dialog. Melanie und Josef gehen aus. Melanie und Josef haben sich einen Tisch ausgesucht und sich hingesetzt. Der Kellner kommt an ihren Tisch.

Beantworten Sie die Fragen.

1. Was trinkt Melanie? _____

    Josef? _____

2. Was bestellt Melanie zum Essen? _____

    Josef? _____

Weitere Hörtexte

A. Eine Reise nach Deutschland. Nach der Deutschklasse: Frau Schulz erzählt Heidi und Stefan von ihrer letzten Reise nach Deutschland. Stefan und Heidi haben viele Fragen, weil sie im nächsten Sommer nach Deutschland fahren wollen.

Beantworten Sie die Fragen.

1. Wo hat Frau Schulz übernachtet?

    a. in der ersten Woche? _____

    b. danach? _____

2. Was ist eine Pension? _____

    _____

3. Wo kann man wirklich billig übernachten? _____

4. Was braucht man, um in einer Jugendherberge zu übernachten? _____

B. Nach dem Weg fragen. Heidi und Stefan sind in Deutschland angekommen und machen eine Tour durch Köln. Sie haben sich verlaufen und suchen die Jugendherberge, die ganz nahe am Neumarkt ist. Verzweifelt fragen sie Passanten nach dem Weg.

Beantworten Sie die Fragen.

1. Warum weiß der erste Mann nicht, wo der Neumarkt ist?

   _____

2. Was hat die Frau gerade gelesen?

   _____

3. In welche Richtung, sagt der junge Mann, sollen Heidi und Stefan gehen?

   _____

4. Wann sollen sie noch mal nach dem Weg fragen?

   _____

C. Die Diashow. Claire ist wieder in Regensburg und zeigt Melanie und Josef Dias[1] von ihrer Reise.

---
[1]*slides*

246   *Kapitel 11*

Hier sind die Dias, die Claire zeigt. Bringen Sie sie in die richtige Reihenfolge.

_____ die Schweizerin, mit der Claire über die Frauenbewegung gesprochen hat

_____ der Grenzübergang

_____ der Rheinfall

_____ eine Gruppe von Gymnasiasten

_____ Claires nette Zollbeamten

_____ die Bahnhofstraße

_____ die Automodelle, die Claire in die Schweiz fahren sah

D. Im Restaurant

NEUE VOKABELN

das Portemonnaie, -s   *wallet*

Maria hat Geburtstag, und Michael hat sie in ein teures Restaurant eingeladen. Leider hat er ein Problem.

1. Was kann Michael nicht tun? _____

2. Was schlägt Maria vor? _____

3. Was will Michael die anderen Leute nicht sehen lassen? Was, glauben Sie, ist der Grund dafür?

_____

_____

_____

Rollenspiel

A. Sie sind im Hotel und möchten zwei Zimmer. Fragen Sie, ob die Zimmer nebeneinander liegen und ob sie eine eigene Dusche und Toilette haben. Außerdem möchten Sie ein ruhiges Zimmer. Fragen Sie auch nach Preisen, Frühstück, Telefon und wann Sie morgens abreisen müssen.

B. Sie arbeiten an der Rezeption von einem Hotel. Ein Reisender / Eine Reisende kommt herein und erkundigt sich nach Zimmern.

Nach dem Hören

Beantworten Sie die Fragen.

1. Welches Zimmer hat ein Bad? _____

2. Welches Zimmer nimmt der Tourist? _____

3. Wieviel kostet es? _____

4. Wie lange kann man frühstücken? _____

Aussprache und Orthographie

AUSSPRACHE

Die mittleren Vokale: die *e-*, *ö-* und *o-*Laute

Each German vowel has a long and a short sound. Long vowels are more closed, which means that the jaws are closer together than when pronouncing short vowels, which are consequently called *open vowels*.

This difference in vowel quality is most easily heard with the **e-**, **ö-**, and **o-**sounds.

As you know from previous chapters, the **ö-**sounds are rounded versions of the **e-**sounds. Thus, whatever is said about the **e-**sounds holds true for the **ö-**sounds as well, with the notable distinction that there is considerable lip-rounding for the **ö-**sounds.

A. Listen closely to the following word pairs and notice how the vowel length influences the vowel quality.

e	stehle, Stelle; wen, wenn; **See**, Sessel
ö	hören, Töchter; mögen, möchten; Öfen, öffnen
o	Ofen, offen; Sohn, Sonne; froh, Frosch

B. Now pronounce the following words with **e-**sounds. Keep in mind that German vowels are "pure" vowels, which means they do not glide off into other vowels.

lang	fegen, Besen, Teekanne, ansehen, lesen, wem
kurz	kennen, helfen, Treppe, Bett, Ecke, hell

C. Pronounce the following words with **ö-**sounds. Remember to keep your lips rounded.

lang	möglich, fröhlich, möbliert, größer, schön, hören
kurz	möchte, können, Göttingen, geöffnet, körperlich, Wörterbuch

D. While you pronounce the following words with **o-**sounds, keep in mind that the German short **o** is similar to the vowel sound in the English word *hall*.

lang	Hof, wohnen, Ofen, Sofa, Foto, groß
kurz	kosten, trocken, kochen, Kopfkissen, Rolle, von

E. As you know, the short **o**-sound is different from the short **a**-sound. Concentrate on making this distinction as you pronounce the following word pairs with short **o**- and short **a**-sounds.

  Bonn, backen; komm, Kamm; voll, fallen

F. Now repeat the following sentences. Concentrate on producing the various **e**-, **ö**-, and **o**-sounds.

1. Was kostet das Sofa in der Ecke?
2. Den Hof fegt man mit einem Besen.
3. Ich möchte eine möblierte Wohnung mit Kochnische und Dusche.
4. Meine Wohnung in Göttingen ist schöner und größer.
5. Können Sie mir helfen, den Ofen ins Eßzimmer zu tragen?

ORTHOGRAPHIE

Signale für kurze und lange Vokale (Wiederholung und Ergänzung)

As you recall, double vowels, including **ie** and vowels followed by an **h**, are pronounced long, whereas vowels followed by two or more consonants are pronounced short.

  lang   Staat, Boot, Wiese, Jahr, Schuh
  kurz   Gletscher, Piste, Lift, Winter, Berg

Vowels followed by double consonants are also pronounced short.

  kurz   gefallen, kommen, essen, Mitte, Puppe

Vowels followed by **ch** or **sch** are usually pronounced short.[1]

  kurz   Loch, kochen, Dach, wischen, rasch

Vowels followed by a single consonant are usually pronounced long.[2]

  lang   Weg, schön, spät, Tag, Zug

Indicate whether the underlined vowels in the following text are to be pronounced long or short by writing L or S in the space provided.

Letztes Jahr (_____) war ich mit meiner Freundin Monika im Sommer (_____) beim Skifahren.

Der Schnee(_____) war zwar nicht (_____) so gut _____) wie im Winter, aber die Luft

(_____) war herrlich (_____) warm, und die Schlangen an den Skiliften waren kurz

(_____). Wir waren fast eine Woche (_____) weg. Einmal sind wir auch Wandern gegangen

und dann (_____) auf einem der vielen (_____) Seen Boot (_____) gefahren. Das war auch

sehr schön (_____). Wir wollten (_____) gar nicht mehr (_____) nach Hause fahren.

---

[1]The most common exceptions are the following words, which are pronounced long: **Buch, Kuchen, besuchen; hoch; Sprache, nach; Dusche**

[2]Some of the more common exceptions are the following words, which are pronounced short: *ab, an, in, mit, um, von, weg.*

Silbentrennung

The rules for German syllabification differ slightly from those for English.

A. In German, compound words syllabify into their components.

Eß - zim-mer, ein - kau-fen, Ge-schirr - spül - ma-schi-ne

B. A single consonant between two vowels goes with the second vowel.

Be-sen, Ka-min, So-fa

C. Two consonants are separated, one going with either syllable.

Tep-pich, Gar-ten, Pflan-ze

D. Three or more consonants are divided according to pronunciation, with at least one consonant going with the second syllable.

Ant-wort, Fen-ster, Kir-che

E. The letter combination **ck** becomes **k-k** when it is split.

bak-ken, Ek-ke, Bäk-ke-rei

F. The following letter combinations are never split: **ch, sch,** and **st,** which means they go with the following syllable.

Kü-che, wa-schen, Zahn-bür-ste

Use hyphens to divide the following words into syllables.

1. abtrocknen _____

2. Nachtschrank _____

3. Waschbecken _____

4. Toilette _____

5. Badewanne _____

6. natürlich _____

7. staubwischen _____

8. unterhalten _____

9. Küchenschränke _____

10. normalerweise _____

SCHRIFTLICHES

A. Reisepläne. Sie sind mit Freunden auf einer Reise und befinden sich in den folgenden Situationen. Machen Sie Vorschläge, was man machen sollte oder könnte.

Achtung! Lesen Sie Grammatik 11.1, „Being Polite: The Subjunctive of Modal Verbs"!

MODELL: Sie sind in Barcelona und es ist sehr heiß. →
Könnten wir uns nicht in den Schatten setzen?

1. Sie laufen schon seit Stunden durch München. Es ist heiß und Sie haben Durst.

   _____

2. Sie besuchen Freunde in Hamburg. Es regnet und es ist kalt.

   _____

3. Sie sind auf dem Flughafen auf dem Rückflug aus den Ferien. Ihre Maschine fliegt in 40 Minuten. Sie haben noch kein Souvenir.

   _____

4. Sie fahren im Auto an der italienischen Küste entlang. Es ist sehr heiß. Das Meer sieht tiefblau und kühl aus.

   _____

5. Sie sind in Berlin. Es ist 2 Uhr mittags, und Sie haben Hunger.

   _____

B. Nach Europa fahren

Achtung! Lesen Sie Grammatik 11.1, „Being Polite: The Subjunctive of Modal Verbs", und Grammatik 11.2, „Prepositions to Talk about Places: **aus, bei, nach, von, zu** + Dative"!

Stellen Sie sich vor, Sie sind 19 Jahre alt und wollen nächsten Sommer mit einem Freund / einer Freundin nach Europa fahren. Wie bitten Sie ihre Eltern um Erlaubnis? Wie überzeugen[1] Sie sie, daß diese Reise gut für Sie ist? Schreiben Sie, was Sie Ihren Eltern sagen könnten.

> **Sprachnotiz:** In dieser Situation benutzt man die Konjunktivformen von **können, dürfen, müssen, sollen, wollen** und **mögen**.

NÜTZLICHE AUSDRÜCKE

nach Europa fahren	Informationen vom Reisebüro	eine gute Gelegenheit sein
alles selbst bezahlen	holen	mit dem Zug fahren
Geld leihen	andere Kulturen kennenlernen	trampen
bei Verwandten übernachten	Deutsch verbessern	per Anhalter fahren
in Italien zum Strand fahren		

_____
[1]*convince*

_____

_____

_____

_____

_____

_____

_____

_____

C. Nach dem Weg fragen

Achtung!   Lesen Sie Grammatik 11.3, „Direction: **hin** und **her**", und Grammatik 11.4, „Giving Directions: **an** . . . **vorbei** and the Prepositions **entlang, über, bis, zu,** and **gegenüber von**"!

1. Sie haben sich verirrt. Sie suchen die Stefanskirche. Wie fragen Sie nach dem Weg?

    _____

    _____

2. Jemand fragt Sie, wo die Universitätsbibliothek ist. Sie befinden sich in Ihrer Deutschklasse. Beschreiben Sie dieser Person, wie man von Ihrer Deutschklasse zur Bibliothek kommt.

    _____

    _____

    _____

    _____

3. Sie haben Ihre ganze Deutschklasse zu Ihrer Party eingeladen. Sie müssen der Klasse den Weg zu Ihrer Wohnung beschreiben. Schreiben Sie die Wegbeschreibung an die Tafel!

D. Die große weite Welt

Achtung!   Lesen Sie Grammatik 11.5, „Expressing Possibility: **würde** + Infinitive"!

1. Machen Sie eine Liste von fünf Orten in deutschsprachigen Ländern und sagen Sie, was Sie dort gern sehen oder machen würden.

EINIGE MÖGLICHE ORTE

DEUTSCHLAND	LIECHTENSTEIN	DIE SCHWEIZ	ÖSTERREICH
Berlin	Vaduz	Bern	Wien
Köln		Zürich	Salzburg
Hamburg		Luzern	Innsbruck
die bayrischen Alpen		Schaffhausen	alte Kloster
Bayreuth		die Alpen	die Alpen
der Schwarzwald		Sankt Gallen	der Wiener Wald

ORTE	WAS SIE DORT MACHEN ODER SEHEN WÜRDEN
1.	
2.	
3.	
4.	
5.	

2. Haben Sie schon interessante Orte besucht? Wann? Was haben Sie dort gemacht? Füllen Sie die Tabelle aus!

WO?	WANN?	WAS?

E. Im Restaurant

Achtung!   Lesen Sie Grammatik 11.5, „Adjectives Preceded by Articles and Article-Like Words"!

Was bestellen Sie, wenn Sie in diesen Restaurants essen? Sagen Sie, warum Sie dieses Gericht wählen!

MODELL: in einem deutschen Restaurant →
Ich bestelle immer den geräucherten Speck mit frischem Sauerkraut, weil Sauerkraut sehr gesund ist und Speck mir gut schmeckt.

NÜTZLICHE AUSDRÜCKE

frisch	gebraten	salzig
heiß	kalt	süß
gegrillt	gewürzt	scharf
schwarz	geräuchert	knusprig
warm		

1.   in einem italienischen Restaurant: _____

_____

_____

_____

2.   in einem vegetarischen Restaurant: _____

_____

_____

_____

3.   in einem chinesischen Restaurant: _____

_____

_____

_____

4. in einem französischen Restaurant: _____

_____

_____

_____

5. Bei McDonalds: _____

_____

_____

_____

F. **Sie sind in einem deutschen Restaurant** mit einem Freund, der heute bei einem Fußballspiel sehr laut geschrien hat und nicht mehr sprechen kann. Lesen Sie die Speisekarte.

Restaurant Zum Stadtwächter

Vorspeisen

6 Schnecken mit Kräuterbutter und Toast	DM 8,–
Krabbencocktail mit Buttertoast	DM 7,50
Rinderkraftbrühe mit Ei	DM 4,50
Schneckencremesuppe	DM 6,50
Französische Zwiebelsuppe mit Käse überbacken	DM 6,–
Hausgemachte französische Fischsuppe mit Knoblauchtoast	DM 7,75

Hauptgerichte

Filetsteak mit Spätzle und Endiviensalat	DM 16,80
Sauerbraten mit Nudeln und gemischtem Salat	DM 10,50
Wiener Schnitzel mit Pommes Frites und Butterbohnen	DM 11,–
Schweinebraten mit Knödeln und gemischtem Salat	DM 9,50
Forelle „Müllerin" in Petersilienbutter, neue Kartoffeln, Salat	DM 16,–
Seezungenfilets in Tomaten-Buttersoße, Reis, Salat	DM 15,80
Hasenkeule mit Waldpilzen in Rahm, Spätzle, Salat	DM 17,–
Hähnchen in Rotwein, gedünstete Champignons, Butterreis	DM 12,–

Getränke

Bier vom Faß	0.5 l	DM 1,60
Pils vom Faß	0.4 l	DM 1,80
Weißbier	0.5 l	DM 2,10
Mineralwasser		DM 1,40
Cola, Fanta, Sprite		DM 1,30
Orangensaft		DM 1,60
Rot- oder Weißwein, Hausmarke, Schoppen		DM 3,50

* * *

Schreiben Sie einen Dialog zwischen Ihnen und der Kellnerin / dem Kellner, in dem Sie für sich und Ihren Freund Essen und Getränke bestellen.

KELLNER/IN: _____

_____

SIE: _____

_____

KELLNER/IN: _____

_____

SIE: _____

_____

KELLNER/IN: _____

_____

SIE: _____

_____

KELLNER/IN: _____

_____

SIE: _____

_____

Schreiben Sie!

Eine Reise nach/in die _____.

A. Denken Sie an eine Reise, die Sie gemacht haben, und beantworten Sie folgende Fragen.

1. Wohin sind Sie gereist? Sind Sie ins Ausland gereist oder in den USA geblieben? _____

_____

2. Wie sind Sie dahin gefahren? _____

3. Mit wem sind Sie gereist? _____

4. Wie lange dauerte die Reise? _____

Vor der Reise

Was wurde gemacht? Von wem? Kreuzen Sie an!

GEMACHT	VON WEM
_____ Flug buchen	_____
_____ Paß besorgen	_____
_____ tanken	_____
_____ Gepäck einpacken	_____
_____ Sachen für ein Picknick einpacken	_____
_____ Zimmer in Hotels buchen	_____
_____ Sachen ins Auto packen	_____
_____ Campingplatz buchen	_____
_____ Zelt einpacken	_____
_____ Verwandte anrufen	_____
_____ Verwandte anschreiben	_____
_____ Fremdsprache üben/lernen	_____
_____ _____	_____
_____ _____	_____
_____ _____	_____

Nach der Reise

Welche Orte und Aktivitäten haben Ihnen gefallen? Welche nicht? Warum oder warum nicht?

GEFALLEN	WARUM?	NICHT GEFALLEN	WARUM NICHT?

B. Schreiben Sie einen Reisebericht. Ihre Universitätszeitung sucht die besten Reiseberichte in einer Fremdsprache. Schreiben Sie einen Bericht über eine interessante Reise, die Sie gemacht haben. Denken Sie daran, Ihr Bericht muß interessant sein, um veröffentlicht[1] zu werden.

_____

_____

_____

_____

_____

_____

_____

_____

_____

_____

_____

_____

_____

_____

---

[1]_published_

_____

_____

_____

_____

_____

_____

_____

LESEECKE

Lesetext 1: Hotels in Berlin

Vor dem Lesen

1989 fiel die Mauer in Berlin. Seitdem ist Berlin wieder *eine* Stadt, die größte Deutschlands.

Woran denken Sie, wenn Sie Berlin hören? Assoziieren Sie frei! Schreiben Sie Stichworte![1]

_____

_____

Nicht Ost nicht West, Berlin ist wieder eine Stadt, ist Hauptstadt. Großraum Berlin, Drehscheibe zwischen Ost und West, Flugkreuz in die weite Welt, Sitz der Multis, Kulturkapitale, nostalgische Verklärung.[2] Berlin bleibt doch Berlin. Getauft mit Spreewasser. Protestantisch-preußisch-französisch. Fast-Food-Kultur mit Tradition: die Bulette,[3] die Currywurst—erfunden 1949—in einer Wurstbude am Stuttgarter Platz. Punks und Ex-Stasi. Hooligans und Bauskandale. Kurz: Berlin ist IN.

---

[1]*key words*
[2]*transfiguration*
[3]*original hamburger*

Hier ist eine Auswahl von verschiedenen Hotels der Stadt:

HOTELS

GEHEIMTIPS

Askanischer Hof. Logis-Atmosphäre der goldenen zwanziger Jahre. Imposante Raumgrößen. David Bowie und Wim Wenders nächtigen hier. DZ/Bad, WC, Frühstück 220-250 Mark. ❷

Sorat. Kühle Marmorfassade, kühne Dachskulptur, ein sachlich durchgestyltes Hotel. Originalkunst von Wolff Vostell auch in den Zimmern. DZ mit Bad, WC, Frühstück ab 215 Mark. ⓱

Grand Hotel Esplanade. Modernstes Design, viel Kunst, kosmopolitisches Ambiente. Der Joker: "Harry's New York Bar", eine Dependance vom New Yorker Original. Am Pool Trocken- und Unterwassermassagemöglichkeiten. Arztstation. DZ mit Bad, WC, Frühstück 350-390 Mark. ❼

Riehmers Hofgarten. Drei-Sterne-Komfort im einstigen Domizil von Reichspräsident Hindenburg. Restauriertes Kreuzberger Gründerzeitgebäude mit tollem Innenhof. DZ mit Bad, WC, Frühstück 196 Mark. ⓮

LUXUSBETTEN

Inter-Continental. Großzügiges Haus mit Weltflair. Gourmets schätzen die exzellente Küche vom "Hugenotten". Pool, Sauna, Solarium, Fitness- und Ruheraum. Sekretärinnenservice. DZ mit Bad, WC und Frühstück 405-530 Mark. ❾

Bristol Hotel Kempinski. Hinter der Fünfziger-Jahre-Fassade eine Staffel serviler Geister wie in alten Zeiten. Mehrere Restaurants und Bars. Ausgedehnter Fitnessbereich, Pool und Massage. DZ mit Bad, WC, Frühstück 430-600 Mark. ❸

Dom Hotel. Neueste First-Class-Luxusherberge in historischer Lage. Luxuriöse Aufmerksamkeit und verschwenderische Ausstattung. Gelungene Reminiszenz an Alt-Berliner Luxushotels. DZ/Bad, WC, Frühstück ab 340-365 Mark. ❺

Grand Hotel. Das beste Haus in Gesamtberlin. Japaner planten den stilechten Belle-Epoque-Palast. Shuttle-Service vom Flughafen Tegel. DZ mit Bad, WC, Frühstück ab 450 Mark. ❻

EMPFEHLENSWERT

Residenz. Traumhafter Belle-Epoque-Bau. Erstklassiger Service, großstädtisches und privates Ambiente. Toll das Gourmet-Restaurant "Grand Cru". DZ/Bad, WC, Frühstück 218 Mark. ⓭

Metropol. Wasserspiele, schwedische Naturhölzer in Ostberlin. Das Restaurant "La Habana" kredenzt Schwarze-Bohnen-Gerichte, die "Habana-Bar" Daiquiris. DZ mit Bad, WC, Frühstück 360 Mark. ❿

Seehof. Traumlage am Lietzensee. Im Gästebuch: Walter Scheel, Ephraim Kishon, Peter Ustinov und Josephine Baker. See-Restaurant. Pool, Sauna und Solarium. DZ mit Bad, WC, Frühstück, Seeseite 280-320 Mark. ⓰

Alsterhof Ringhotel. Komfortabler Ausgangspunkt für Schöneberger Nachtschwärmer. Schwimmbad, Sauna, Solarium und Massage. DZ mit Bad, WC, Frühstück 246-256 Mark. ❶

Glücksspieler mieten sich im **Palace** ⓬ neben der Spielbank ein. DZ mit Bad, WC, Frühstück 320-470 Mark. Gegenüber der **Schweizerhof,** ⓯ Alm-Atmosphäre und der größte Swimmingpool Westberlins. DZ mit Bad, WC und Frühstück 335-500 Mark. Schönheitschirurgie und Pool mit Gegenstromanlage bietet das **Mondial,** ⓫ DZ mit Bad, WC, Frühstück 220-480 Mark.

SCHLAF & SPAR

Auskünfte über Hotels erteilt das Verkehrsamt unter der Nummer 21 23 4 (nach Büroschluß 262 60 31) bzw. die Stadtinformation in Berlin-Mitte unter 213 33 75. Eine Zentralreservierung ausgesuchter Häuser wird unter der Telefonnummer 24 50 84 und Telex 183 497 angeboten.

Imperator. Kleine Hotelpension in einem Jugendstilhaus in der Meinekestraße. TV nur im Aufenthaltsraum. DZ mit Dusche, WC und Frühstück zwischen 100-140 Mark (je nach Frühstücksart). ❽

Dittberner. Von Künstlerhand gestaltet. Die Belege hängen an der Wand. Früher richtete man regelmäßig Kunstausstellungen aus. Die letzte läuft wohl bis ans Ende der Tage. DZ (Telefon, ohne TV) mit Dusche, WC, Frühstück 115-140 Mark. ❹

Springmann. Kleine Hotelpension in der Bleibtreustraße. Zimmer mit Minibar, Telefon und TV. Angenehm: Hunde sind willkommen. DZ mit Dusche, WC und Frühstück 150 Mark. ⓲

Steiner. Künstlerhotel. Alle Zimmer mit Durchwahltelefon. Bei Bedarf Minibude zum Minipreis (25 Mark). Oder Designerzimmer in Lila, Blau, das Hochzeitszimmer in Pink. DZ/Dusche, WC und Frühstück für 75-120 Mark. ⓳

Arbeit mit dem Text

1. Wer wohnt im „Askanischen Hof"? _____

2. Welches ist das teuerste Hotel? _____

3. Wo kann man gut Daiquiris trinken? _____

4. Was kostet ein Doppelzimmer im „Imperator"? _____

5. Wo ist man ganz wie in New York zu Hause? _____

6. In welchem Hotel würden Sie absteigen? Warum? _____

   _____

   _____

7. Wenn Ihnen diese Hotels zu teuer wären, wo würden Sie in Berlin übernachten? Warum?_____

   _____

   _____

Lesetext 2: Ein Referat—Liechtenstein

Thomas hält in der Klasse von Frau Schulz ein Referat über Liechtenstein, das kleinste der deutschsprachigen Länder.

Das Fürstentum[1] Liechtenstein liegt in den Alpen zwischen Österreich und der Schweiz. Es ist mit nur 26.000 Einwohnern das kleinste der deutschsprachigen Länder, aber gleichzeitig eines der reichsten Länder der Welt. Das Pro-Kopf-Einkommen[2] ist eines der höchsten der Erde. Fast ein Drittel der Einwohner Liechtensteins sind Ausländer. In Vaduz, der Hauptstadt, gibt es viele internationale Firmen, die sich hier wegen der niedrigen Steuern[3] niedergelassen haben.[4] Industrie hat das Land fast nicht; es lebt zum großen Teil davon, ein Steuerparadies zu sein. Staatsoberhaupt[5] ist der Fürst von Liechtenstein. Das Parlament hat nur 15 Abgeordnete[6] und wird auf jeweils vier Jahre gewählt. Frauenwahlrecht gibt es erst seit 1976.

Arbeit mit dem Text

1. Wo liegt das Fürstentum Liechtenstein? _____

2. Wie viele Einwohner hat es? _____

3. Wieviel Prozent der Einwohner sind Ausländer? _____

4. Warum gibt es so viele ausländische Firmen in Liechtenstein? _____

   _____

5. Wie heißt die Hauptstadt? _____

---

[1]*principality*

[2]*per capita income*

[3]niedrigen . . . *low taxes*

[4]niedergelassen . . . (here) *have set up business*

[5]*head of state*

[6]*representatives*

6. Hat das Land viel Industrie? _____

7. Seit wann gibt es dort das Frauenwahlrecht? _____

Lesetext 3: Der Nordwesten Deutschlands— Köln und Düsseldorf

Vor dem Lesen

In diesem Text geht es um regionale Unterschiede zwischen Norden und Süden. Was assoziieren Sie mit Nord- und Süddeutschland? Was ist für Sie eine typisch südliche und was eine typisch nördliche Stadt, und warum? _____

_____

_____

_____

Claire reist viel, während sie in Europa ist. Sie war gerade ein verlängertes Wochenende in Düsseldorf und Köln. Wie immer sitzt sie gerade mit Melanie und Josef zusammen und erzählt ihnen von ihren Reiseeindrücken.

MELANIE: Na, wie hat dir der „kühle Norden" gefallen?

CLAIRE: Wieso Norden, Düsseldorf und Köln liegen doch auch westlich von Regensburg?

MELANIE: Also für uns hier ist das der Norden.

CLAIRE: Und was ist Hamburg dann?

MELANIE: Hamburg ist so nördlich, daß es kaum noch in Deutschland liegt. Nee, Spaß beiseite, wir Bayern betrachten auch Köln und Düsseldorf schon als preußisch.

JOSEF: Das wahre historische Zentrum Preußens ist natürlich Berlin, aber . . .

CLAIRE: Jetzt reicht's aber mit eurem Lokalpatriotismus. Kennt ihr Düsseldorf oder Köln denn überhaupt?

MELANIE: Ja, ich war schon mal in Düsseldorf, da wohnen Freunde von mir, auf der Rheinuferstraße, direkt am Rhein, sehr schön.

JOSEF: Und ich war mal in Köln zu einer Kunstausstellung über Pop Art im Museum Ludwig. Was hast du denn gesehen?

CLAIRE: Den Rhein natürlich auch, den kann man ja in beiden Städten auch wohl kaum übersehen. In Düsseldorf habe ich einen langen Bummel durch die Altstadt gemacht. Wirklich schön da und billiger als auf der Kö, der Prachtstraße. Viele flippige Boutiquen gab's in der Altstadt und 'ne Menge Kneipen. Einige sahen wirklich sehr witzig aus.

JOSEF: Na, und . . . !

CLAIRE: Wie, na und?

JOSEF: Na, das Bier? Wie hat dir das Düsseldorfer Alt geschmeckt? Besser als unser bayrisches?

CLAIRE: Ist das 'ne politische Frage? Also, wenn du's unbedingt wissen willst, sowohl das Düsseldorfer Alt, als auch das Kölsch haben mir ausgezeichnet geschmeckt. Ich hab' mir 'ne ganze Menge von den Bierchen getrunken. Echt lecker.

MELANIE: Da ham wirs.[1] Sie sagt „lecker". Hier sagt man „gut", meine Liebe. Und man trinkt ein Bier, nicht *sich* ein Bier.

CLAIRE: Meine Güte, was ist denn mit euch los. Ihr seid doch nicht meine Deutschlehrer. Jetzt erzähle ich euch einfach, was ich gesehen habe. Also, in Düsseldorf war ich in der nordrheinwest-

---

[1]Da . . . = Da haben wir es.

fälischen Kunstsammlung, ein Museum mit sehr viel moderner Malerei und Plastik,[1] und dann bin ich nach Kaiserswerth gefahren, einem kleinen Ort am Rhein, nördlich von Düsseldorf. Kaiser[2] Barbarossa hat da vor 800 Jahren eine Burg gebaut, von der stehen allerdings nur noch die Ruinen. Trotzdem sehr idyllisch.

JOSEF: Und Köln?

CLAIRE: In Köln war ich im Wallraf-Richards Museum und habe mir mittelalterliche Kunst angesehen. War auch sehr interessant. Von Museen habe ich jetzt allerdings erst mal genug. Ja, und dann natürlich den Dom, den muß man sich ja wohl angucken.

MELANIE: Anschauen, anschauen, heißt das. Hast du die Kölner denn verstehen können?

CLAIRE: Ja klar, mit mir haben die doch sofort hochdeutsch gesprochen. Von Platt[3] habe ich kaum was gehört, und wenn, dann habe ich kein Wort verstanden. Ich glaube, in beiden Städten gibt es so viele Touristen, daß man schon viel Glück haben muß, wenn man mal einen echten Kölner oder Düsseldorfer treffen will.

JOSEF: Stimmt wahrscheinlich. Ist aber doch witzig. Die Städte liegen nur 50 Kilometer voneinander entfernt und trotzdem klingt Düsseldorfer Platt ganz anders als Kölner Platt.

CLAIRE: Also ehrlich, so genau habe ich das nicht hören können.

Arbeit mit dem Text

Wer sagt das? Claire (C), Melanie (M) oder Josef (J)?

1. _____ Für uns hier ist das der Norden.

2. _____ Das wahre historische Zentrum Preußens ist natürlich Berlin.

3. _____ Ich war mal in Köln zu einer Kunstausstellung über Pop Art im Museum Ludwig.

4. _____ In Düsseldorf habe ich einen langen Bummel durch die Altstadt gemacht.

5. _____ Wie hat dir das Düsseldorfer Alt geschmeckt?

6. _____ Sowohl das Düsseldorfer Alt, als auch das Kölsch haben mir ausgezeichnet geschmeckt.

7. _____ Sie sagt „lecker". Hier sagt man „gut".

8. _____ Kaiser Barbarossa hat da vor 800 Jahren eine Burg gebaut, von der stehen allerdings nur noch die Ruinen.

9. _____ Mit mir haben die doch sofort hochdeutsch gesprochen.

10. _____ Die Städte liegen nur 50 Kilometer voneinander entfernt und trotzdem klingt Düsseldorfer Platt ganz anders als Kölner Platt.

---

[1]Malerei . . . *paintings and sculptures*

[2]*emperor*

[3]Platt = Plattdeutsch *Low German (dialect of northern Germany)*

KAPITEL **12**

HÖRVERSTÄNDNIS

A. Marta Szerwinski: Polin in Deutschland

NEUE VOKABELN

umsiedeln   *resettle*
die Spätaussiedler (*pl.*)   *people of German origin in East-Block countries who moved back to Germany*
die Minderheit, -en   *minority*
mühsam   *troublesome, difficult*

Es ist November 1989. Marta und Willi Schuster sitzen in der Universitätsbibliothek in Dresden und besprechen die Situation der Polen in Deutschland.

Was sagt Marta?

1. Marta ist nicht im Westen geblieben, weil
   a. sie nicht durfte.
   b. ihre Eltern in den Osten umgesiedelt sind.
   c. sie ihr Studium in Dresden fertig machen wollte.
   d. sie in Polen leben wollte.
2. Marta glaubt, daß die Deutschen die Polen nicht mögen, weil
   a. polnische Busse an der polnischen Grenze von Neonazis mit Steinen beworfen wurden.
   b. die Deutschen kein Polnisch lernen wollen.
   c. Polen nicht mehr nach Deutschland umsiedeln durfen.
3. Marta fühlt sich nicht wohl in Deutschland, weil
   a. sie als Polin nicht akzeptiert wird.
   b. sie als Deutsche akzeptiert wird.
   c. sie nicht als Deutsche akzeptiert wird.

4. Marta will nicht nach Polen zurückgehen, weil
   a. ihr Leben in Deutschland zu schön ist.
   b. das Leben in Polen zu katastrophal ist.
   c. sie mit ihren Eltern in Dortmund leben will.

B. Willi und Sofie Pracht essen zusammen zu Abend. Er erzählt Sofie von dem Gespräch mit Marta, und sie sprechen über die Situation in den neuen Bundesländern.

NEUE VOKABELN

der Fremdenhaß   *xenophobia (dislike of foreigners)*
der Neid   *envy*
sauer   *upset* (slang)
der Sündenbock, ⁻e   *scapegoat*
die Ossies (*pl.*)   *former East Germans*
(die Wessies)   (*former West Germans*)

Richtig oder falsch?

1. _____ Seitdem Deutschland wiedervereinigt ist, gibt es in der alten DDR keine Probleme mehr.

2. _____ Der Fremdenhaß in der alten DDR wird immer größer.

3. _____ Sofie meint, die Deutschen glauben, daß nicht genug Geld für die Deutschen *und* die Ausländer da ist.

4. _____ Es gibt kaum Arbeitslosigkeit in den neuen Bundesländern.

5. _____ Alle Ossies sind nach der Wiedervereinigung in der alten DDR geblieben.

C. **Die Mauer fällt.** WDR II. Hier ist der Westdeutsche Rundfunk.

Berlin

NEUE VOKABELN

der Sekt   *champagne*
die Wanze, -n   *bug*
die Gewalt   *violence*
der Befehl, -e   *command*

1. Was machen die Leute am Brandenburger Tor? _____

   _____

   _____

2. Was wollen die Leute als Souvenir? _____

3. Was schreibt jemand auf die Betonfläche? _____

4. Was wird getrunken? _____

5. Was will die ostdeutsche Polizei? _____

Nach dem Hören

1. Wurde die Mauer mit Gewalt geöffnet? _____

2. Wie fühlten sich die Ostberliner mit denen der Reporter gesprochen hat? _____

D. **Die Zukunft.** Rolf schreibt einer Freundin über seine Pläne für die Zukunft.

Beantworten Sie die folgenden Fragen.

1. Seit wann ist Rolf in den USA? _____

2. Wie ist das Studium in den USA in Vergleich zum Studium in der Bundesrepublik? _____

   _____

3. Wie lange bleibt er noch in Berkeley? _____

4. Was will er machen, wenn seine zwei Semester in Berkeley um sind? _____

_____

5. Wie will Rolf durch die USA nach New York fahren? _____

6. Wen will er in New York besuchen? _____

7. Wohin will er von New York aus fliegen? _____

E. Der Milliongewinn. Richard Augenthaler hat wie alle Leute Träume, aber nicht das Geld diese Träume zu realisieren. Im Moment sitzt er an seinem Schreibtisch und fragt sich, was er machen würde, wenn er im Lotto eine Million gewinnen würde.

Was würde Richard machen, wenn er eine Million im Lotto gewinnen würde?

1. Er _____ eine Reise machen.

2. Er würde sich _____ eine moderne Skiausrüstung kaufen:

_____, _____ und _____.

3. Er würde _____ _____ ihr Traumauto _____.

4. Er würde sich eine _____ in Wien kaufen, und mit dem _____

beginnen.

5. Er _____ den Rest des Geldes auf der _____ anlegen und von

den Zinsen _____.

F. Die Zwillinge Schmitz streiten sich.

Richtig oder falsch? Korrigieren Sie die falschen Sätze.

1. _____ Sigrids neue Jeans ist dreckig. _____

_____

2. _____ Beide Zwillinge wollen den gleichen Rock tragen. _____

_____

3. _____ Die Zwillinge sagen ihrer Mutter, daß sie nur spaß machen. _____

_____

G. Frau Frisch ist Lehrerin und unterrichtet Kinder aus der zweiten Klasse. Sie spielen zusammen ein Spiel.

NEUE VOKABELN
verstecken *to hide*

Hören Sie Frau Frisch zu, und sagen Sie, welches Spiel die Klasse spielt.

Was spielen sie? _____

H. Guter Rat ist teuer. Michael holt sich Rat bei Frau Körner.

NEUE VOKABELN

Ein Wort gibt das andere.   *One thing leads to another.*
die Tulpe, -n   *tulip*

Michael und Maria hatten gestern abend Streit. Danach ist Maria in ihre Wohnung gegangen. Michael hat schon mehrmals versucht, sie anzurufen, aber sie antwortet nicht. Er ist jetzt bei Frau Körner, um sich von ihr Rat zu holen.

Beantworten Sie die Fragen.

1. Warum ist Michael bei Frau Körner? _____
   _____

2. Worum ging es bei dem Streit? _____
   _____

3. Wo ist Maria jetzt? _____

4. Was steht vor Marias Tür? _____

5. Was rät ihm Frau Körner? _____

6. Was soll Michael auf die Karte schreiben? _____
   _____
   _____

7. Welche Blumen mag Maria am liebsten? _____

Rollenspiel

A. Ihr Sohn / Ihre Tochter möchte heute abend Ihr Auto haben. Vor zwei Wochen ist er/sie in ein parkendes Auto gestoßen. Das hat Sie 400,- Mark gekostet, und Sie haben sich geschworen, ihm/ihr Ihr Auto nicht mehr zu geben.

B. Sie gehen zu Ihrem Vater / zu Ihrer Mutter und bitten ihn/sie, Ihnen heute abend das Auto zu geben. Sie müssen das Auto unbedingt haben, weil Sie Ihrem Freund / Ihrer Freundin versprochen haben, ihn/sie mit dem Auto zu einem Fest abzuholen.

Nach dem Hören

Wie geht es weiter? Schreiben Sie das Rollenspiel zweimal zu Ende.

A. Juttas Vater sagt nein, sie darf sich das Auto nicht leihen.

VATER: Also, _____
         _____

JUTTA: _____

_____

VATER: _____

_____

JUTTA: _____

_____

B. Juttas Vater sagt ja, sie darf sich das Auto leihen.

VATER: Also, _____

_____

JUTTA: _____

_____

VATER: _____

_____

JUTTA: _____

_____

Aussprache und Orthographie

AUSSPRACHE

Langes *e* und langes *ä*

As you recall, German vowels are either long and closed or short and open. This symmetrical distribution, however, does not apply to the **e**-sounds. Here, there is a three-fold distinction between long and closed (spelled **e**), short and open (spelled **e** or **ä**), and long and open (spelled **ä**).

A. Pronounce the following words with long **e** and long **ä**.

> **e**   Fehler, Beere, Tee, übernehmen, zugeben
> **ä**   Käse, dänisch, Hähnchen, Geräte, Diät

B. Repeat the following sentences with long **e** and long **ä**.

1. Möchten Sie sich das Fernsehgerät ansehen?
2. Geben Sie mir zwei dänische Hähnchen.
3. Ich nehme nur Käse aus Dänemark und Tee aus England.
4. Geben Sie Ihren Fehler doch zu!
5. Nächste Woche mache ich eine Heringsdiät.

ORTHOGRAPHIE

ä/äu, e/eu

Recall that the short **e**-sound, as in English *pet*, is represented in German by **e** or **ä** and that the diphthong **oy**, as in English *boy*, is represented in German by **eu** or **äu**.

There is a simple way to determine whether words are spelled with **ä/äu** or **e/eu**: words are spelled with **ä/äu** when a related word is spelled with **a** or **au**, such as **fahren, fährt** and **laufen, läuft**. Otherwise they are spelled with **e/eu**.

A. Write the words you hear with **ä** or **äu**. When you are finished, write the related word that has **a** or **au** next to each.

RELATED WORD

1. _____   _____

2. _____   _____

3. _____   _____

4. _____   _____

5. _____   _____

6. _____   _____

7. _____   _____

8. _____   _____

9. _____   _____

10. _____   _____

B. Write the words you hear with **e** or **eu**.

1. _____   6. _____

2. _____   7. _____

3. _____   8. _____

4. _____   9. _____

5. _____

C. Complete the sentences you hear containing words with **ä/äu** and **e/eu**.

1. _____ muß Ernst sein Zimmer _____.

2. Das _____ ist mir zu _____.

3. Andrea möchte _____ oder _____ werden.

4. Die _____ von dem _____ ist genug.

5. _____ Jahr möchte ich mit meinen _____ eine

_____ machen.

Zusammen- und Getrenntschreibung

Compounding, or the combining of two or more words, is prevalent in German: **Fensterbank** (*window sill*). This often leads to uncommonly long words, with respect to other languages, such as the following popular example: **Donaudampfschiffahrtsgesellschaft** (*company that runs steamboats on the Danube River*).

A. Write the compound words you hear.

1. _____   6. _____

2. _____   7. _____

3. _____   8. _____

4. _____   9. _____

5. _____

B. Recall that verbs with separable prefixes, such as **aufstehen** and **mitkommen**, are written as one word in the infinitive. They are also written as one word when the two parts come together at the end (or right before the end) of dependent clauses, even though the verb may be conjugated.

Listen to the following sentences and write the missing word at the end.

1. Ernst, ich möchte, daß du mir _____.

2. Ich hör' dir zu, wenn du mir etwas _____.

3. Weißt du, ob Jutta auch _____?

4. Jens hat gesagt, daß er das Geschirr _____.

5. Ich weiß noch nicht, was ich heute _____.

SCHRIFTLICHES

A. 1989: Jahr der Entscheidungen. Was wurde 1989 in Deutschland gemacht?

Achtung!   Lesen Sie Grammatik 12.1, „The Passive Voice"!

Was gehört zusammen?

im Mai:	a. abbauen
_f_ 1. Wahlen in der DDR	b. manipulieren
_b_ 2. Wahlen	c. feiern
____ 3. Stacheldrahtzaun an der Grenze zwischen Österreich und Ungarn	d. niederknüppeln
	e. öffnen
____ 4. der eiserne Vorhang	f. abhalten
im Oktober:	
____ 5. 40. Geburtstag der DDR	
____ 6. Demonstranten	
im November:	
____ 7. Die Berliner Mauer	
____ 8. Die innerdeutsche Grenze	

Was ist passiert?

1.   In der DDR wurden im Mai Wahlen abgehalten.

2.   Die Wahlen wurden manipuliert.

3.   _____

4.   _____

5.   _____

6.   _____

7.   _____

8.   _____

B. Ihre Zukunft. Sagen Sie, wohin Sie in den deutschsprachigen Länder fahren möchten, und warum.

Achtung!   Lesen Sie Grammatik 12.2, „Expressing Purpose: The Conjunction **um ... zu**"!

MODELL: Ich möchte nach Eisleben fahren, *um* den Geburtsort von Martin Luther *zu* sehen.
Ich möchte in die Schweiz fahren, *um* in den Alpen Ski *zu* fahren.

1. _____
   _____

2. _____
   _____

3. _____
   _____

4. _____
   _____

5. _____
   _____

C. Schreiben Sie auf, was Sie in diesen Situationen machen werden.

Achtung!   Lesen Sie Grammatik 12.3, „The Present and Future Tenses"!

MODELL: Wenn ich nach Österreich fahre, *werde ich wohl den ganzen Tag Ski laufen.*
Wenn ich mit den Hausaufgaben fertig bin, *werde ich wohl eine Pizza bestellen.*

1. Wenn ich mit dem Studium fertig bin, _____
   _____

2. Wenn ich nach Berlin fahre, _____
   _____

3. Wenn ich viel Geld verdiene, _____
   _____

4. Wenn ich mal 60 bin, _____
   _____

5. Wenn ich verheiratet bin, _____
   _____

D. Schreiben Sie, was Sie in der Zukunft **wahrscheinlich/vielleicht/sicher** machen werden und was Sie **wohl nicht/kaum** machen werden.

```
Sprachnotiz: wohl nicht = wahrscheinlich nicht
```

MODELL: Ich werde **vielleicht** mit einer Rakete in den Weltraum fliegen.
Ich werde **wohl nicht** mehr mit dem Zug fahren.

1. _____

2. _____

3. _____

4. _____

5. _____

E. Kreuzworträtsel. Seid nett zueinander.

Achtung!   Lesen Sie Grammatik 12.4, „Requests and Instructions: The Imperative"!

Verwenden Sie Formen der folgenden Verben:

aufräumen	kämmen	sein
gehen	können	sprechen
haben	machen	werden
hängen	schreiben	werfen
hören		

WAAGRECHT

1. Die Mutter zum Sohn: _____ Tante Klara einen Brief.

2. Die Lehrerin zum Schüler: _____ die Kreide nicht durch die Klasse.

3. Die Lehrerin zum Schüler: _____ bitte an die Tafel.

4. Jens zu Ernst: Sei still und _____ der Musik zu.

5. Zu einem Mann auf der Straße: Entschuldigung, _____ Sie mir sagen, wie spät es ist?

6. Frau Wagner zu Andrea: _____ dein Zimmer auf.

7. Der Vater zur Tochter: _____ bitte das Fenster zu.

8. Die Großmutter zum Enkel: _____ bitte lauter, ich kann dich nicht hören.

9. Michael zu Maria: _____ du mir bitte die Zeitung geben?

SENKRECHT

1. Sofie zu Willi: _____ dich an, wir müssen gehen.

2. Herr Frisch zu Frau Frisch: _____ so nett und reich mir das Brot.

3. Der Gast zum Kellner: _____ Sie mir bitte die Karte bringen?

4. Frau Ruf zu Jutta: _____ dir doch bitte die Haare.

5. In der Bar: Ich _____ gern ein Bier.

6. Der Arzt zum Patienten: _____ Sie bitte den Mund auf und sagen Sie „Ah".

7. Frau Wagner zu Herrn Wagner: _____ den Mantel nicht über den Stuhl.

8. Maria zu Michael: _____ auf, es ist schon halb acht!

F. **Machen Sie Ihren Freunden / Ihren Verwandten lustige Vorschläge.** Benutzen Sie **du**-Imperative.

MODELL: Ihrem Zimmerkamarad: Trag heute eine lila Hose und ein oranges Hemd. Trag keine
                                                Schuhe.
           Ihrer Mutter: Stell dich auf einen Stuhl und sing ein Lied aus einer Oper von
                                                Mozart.

1. Ihrem Vater: _____

   _____

2. Ihrem Freund / Ihrer Freundin: _____

   _____

3. einem fünfjährigen Kind: _____

   _____

4. Ihrer Oma / Ihrem Opa: _____

   _____

5. einem Klassenkameraden: _____

   _____

G. **Guter Rat ist teuer.**

Achtung!   Lesen Sie Grammatik 12.5, „Polite Requests, Suggestions, Wishes, and Hypothetical Statements: **würde, hätte,** and **wäre**"!

1. Ein Freund hat morgen eine wichtige Prüfung. Er sitzt zu Hause und hört Musik, liest, trinkt, raucht, telefoniert mit Freunden und ißt, aber arbeitet nicht für die Prüfung. Sie finden, er sollte lieber für die Prüfung arbeiten. Was würden Sie ihm raten? Begründen Sie Ihren Rat.

   _____

   _____

_____

_____

_____

_____

2. Sie haben eine gute Freundin, die Probleme mit ihrem Freund hat. Er ruft nur noch selten an, streitet sich oft mit ihr, geht mit anderen Frauen aus, trifft Verabredungen[1] mit ihr und kommt dann nicht. Was würden Sie ihr raten? Begründen Sie Ihren Rat.

_____

_____

_____

_____

_____

_____

Schreiben Sie!

A. 1989 in Deutschland. Ein Freund aus West-Berlin hat zehn Jahre mit Mönchen im Himalaja verbracht und ist gerade erst zurück in das „Abendland" gekommen. Er hat noch nichts von den Entwicklungen im Ostblock gehört. Erzählen Sie ihm was 1989 in Ost- und Westdeutschland passiert ist, warum alles passiert ist und wie Sie darüber denken.

_____

_____

_____

_____

_____

_____

_____

_____

_____

_____

_____

---

[1]Verabredung treffen _to make a date_

B. Reread your explanation above. Are there sufficient details? Are there too many details?

1. Go through and add or delete information, thoughts, feelings, and so on as necessary.
2. Check your explanation for errors in word order, case endings, verb endings, and so forth.

C. Write the revised version of your description of the events of 1989 here.

_____

_____

_____

_____

_____

_____

_____

_____

_____

_____

_____

_____

_____

LESEECKE

Lesetext 1: Berliner Stundenplan— Was? Wann? Wo?

Hier ist ein Stundenplan aus einer Berliner Zeitschrift. Er sagt Ihnen, wo und wann Sie die „IN Leute" finden können.

Vor dem Lesen

Überfliegen Sie den Text und notieren Sie die Namen von fünf genannten Orten.

1. _____

2. _____

3. _____

4. _____

5. _____

Überfliegen Sie den Text ein zweites Mal und schreiben Sie hinter die Namen (oben), was die Orte sind.

STUNDENPLAN

DIE KARDINALFRAGE: WAS WANN WO IN BERLIN?

 Ins **Städtische Volksbad**. Ein paar Bahnen in der Jugendstilhalle abschwimmen. Dann ab neun in die Sauna. Nach Wahl finnisch mit stündlichen Aufgüssen, russisch-römisch mit viel Dampf oder heiß (100 Grad) und trocken.

 Frühstück im **Café M(itropa)**. Das erste Café, das Anfang der 80er Jahre dem alternativen Muff ein Ende bereitete. O-Saft, starker Kaffee, frische Brötchen und dazu die "Herald Tribune". Wim Wenders und Blixa Bargeld gehen hier sehr gern hin.

 Winterfeldtmarkt. Mittwochs Großeinkauf der Anwohner, samstags tummelt sich ganz Berlin an den Ständen. Dann herrscht Verkehrschaos im Umkreis von fünf Kilometern. Buntes Ambiente.

 Um diese Zeit läßt sich im **Slumberland** noch ein Stehplatz ergattern. Etwas später drängt sich die gesamte Szene vom Winterfeldtmarkt in den Laden. Turbulente Info-Zentrale für wann, wo, was abends anliegt.

 Zum Schuheputzen ins Europacenter. Dort sitzt **Aram Mardinos** aus Istanbul mit seinem Bauchladen; Berlins einziger Schuhputzer. Für drei Mark wienert er das Leder mit sechs Bürsten und sechzehn verschiedenen Cremes.

 Paris-Bar. Mittags kein Kulturauflauf - weniger Maler, Schauspieler, Regisseure und Literaten als am Abend. Um so lockerer ist das Gebrabbel zu warmem Brot, Seewolf auf Blattspinat und Tarte Maison.

 Siesta im **Wintergarten**. Im Sommer open air zwischen Kollwitzmuseum, Galerien und Luxusboutiquen am plätschernden Springbrunnen. Intelligenzija-Treff. Ein Buch unterm Arm macht sich gut.

 Nicht-Vegetariern sei versichert: Auch die Saltimbocca sind Spitze. Aber Fakt ist nun mal: Die vegetarische Küche im **Senso Unico** kommt höllisch gut! Beim Rausgehen sollte man 7 Mark für den **Kunstautomaten** am Ende der Dresdener Straße bereithalten!

 Ein Kaffee im **Strada** an der Potse. Gute Adresse zum Auspendeln nach dem Essen oder nach dem Kino. Oder als Startrampe für das Nachtprogramm. Viele Journalisten und Medienleute.

 Kumpelnest 3000. Beim Debüt im Kumpelnest verschlägt es jedem die Sprache. Japan-Reisende fühlen sich hingegen sofort an Tokioter U-Bahn-Verhältnisse erinnert. Drängeln ist erlaubt.

 Kiosk Internationale Presse. Wer um diese Zeit noch dringend aktuelle Printmedien braucht, wird bis Mitternacht am Bahnhof Zoo fündig. Internationale Zeitungen und Magazine, ebenso Geschenke, Souvenirs und Reisebedarf.

 Zwischen 23 und 1 Uhr treibt der Barbetrieb im **Pinguin Club** zum Klimax. "Unglaublich kreative" Leute wie Fotografen, Designer, Architekten belagern den Laden. Darunter auch Promis aus der Musikszene.

 Full House im **Dschungel**. Samstags die volle Teenie-Rampe. Ruhe findet der Bedürftige oben bei Lubo an der Bar. Insider-Tag: Donnerstag. Immer noch Berlins beste Disco, nicht umsonst gehen Boris Becker, Prince, Sade und Liza Minnelli hierher (wenn in Berlin).

 Im **Blue Note** ist samstags DER Tag der Woche. Nach Mitternacht ist der Laden knackevoll, so daß die Türsteher Schwerstarbeit leisten. Beschallung: Soul, Rap und Avantgarde-Sixties.

 90 Grad. Lauter bunte Modeleute ohne Geschmacksschranken im Hirn. Viel Dance-Floor, ab und zu auch ein Bossanova. Bombenstimmung garantiert: freitags, samstags und bei Parties. Eine blasse Frau mit roten Lippen mixt zauberhafte Drinks zusammen.

Endstation **Cha Cha**. Wenn inzwischen das Geld ausgegangen ist. Vielleicht schafft man den freien Eintritt durch Erzählen eines dreckigen Witzes. Ein Versuch lohnt. Wer noch nicht groggy ist, kann sich hier müde tanzen. Ein letzter Tequilla, dann ab ins Bett.

Arbeit mit dem Text

Machen Sie Ihren persönlichen Stundenplan. Wohin gehen Sie und was machen Sie wann?

9.00 _____

11.00 _____

13.00 _____

16.00 _____

19.00 _____

21.00 _____

2.00 _____

Lesetext 2: Rat geben

Lesen Sie folgende Briefe. Die erste Briefschreiberin sucht Rat, die zweite gibt Rat.

Fragen Sie Frau Müller

Liebe Frau Müller,

ich schreibe Ihnen, weil es ein Problem zwischen mir und meinem Mann gibt. Seit Wochen streiten wir uns schon über folgendes Problem: Mein Mann schnarcht[1] ganz fürchterlich. Es fängt ganz leise an, doch dann wird es immer lauter. Manchmal stoße ich ihn an und er ist für zehn Minuten ruhig, aber nach kurzer Zeit fängt er wieder an. Mein Mann sagt jedoch, daß ich schnarche und er deswegen nicht schlafen kann. Was können wir denn bloß tun?

Irene Grauhase, Köln

Liebe Frau Grauhase,

Ihr Problem ist sehr weit verbreitet. Viele Frauen beklagen sich über das Schnarchen ihrer Ehemänner. In ihrem Falle ist es aber noch komplizierter: beide schieben dem anderen die Schuld zu. Ich glaube, Sie haben nur zwei Möglichkeiten. Sie können mit einem Cassettenrecorder die Geräusche[2] während der Nacht aufnehmen. Dann wissen Sie mit Sicherheit, wer schnarcht. Oder Sie schlafen in Zukunft in getrennten Zimmern. Viel Glück.

Frau Müller

Arbeit mit dem Text

Was meinen Sie? Würden Sie Frau Grauhase auch diesen Rat geben? Oder würden Sie ihr etwas ganz anderes raten? Schreiben Sie Ihre Gedanken auf:

_____

_____

_____

_____

_____

_____

_____

_____
[1]*snores*
[2]*sounds*

Lesetext 3: Familienbande

Sie lesen einen Text über die Unterschiede zwischen einer „typisch" deutschen und einer „typisch" amerikanischen Familie.

Vor dem Lesen

Leben Sie bei Ihrer Familie? Warum oder warum nicht? _____

_____

_____

Jochen Förster und Mark Thompson sind Englischlehrer an der „Inlingua" Sprachschule in Düsseldorf. Jochen ist fünfundzwanzig und wohnt noch bei seinen Eltern in Düsseldorf. Mark ist neunundzwanzig, und seine Familie lebt in den USA. Er ist schon lange im Ausland und ist durch ganz Europa gereist, bevor er die Stelle als Englischlehrer bei „Inlingua" angenommen hat. Die beiden haben sich nach dem Unterricht in einem Café in der Nähe der Schule getroffen und unterhalten sich.

JOCHEN: Wirklich, Mark, ich mag die Arbeit an der Schule, aber manchmal denke ich, es wäre besser, wenn ich mal aus Deutschland weggehen würde—zum Beispiel nach Amerika. Ich glaube, es würde mir ganz gut tun, und mein Englisch könnte ich auch verbessern.

MARK: Dein Englisch ist gut, du solltest nur mehr lesen, um deinen Wortschatz zu vergrößern.

JOCHEN: Ach, es ist ja nicht nur wegen der Sprache, ich will einfach weg von meinen Eltern.

MARK: Habt ihr Probleme?

JOCHEN: Es ist immer dasselbe, sie wollen immer wissen, was ich mache, wohin ich gehe und so weiter. Ich habe keine Lust mehr, ich bin doch kein Kind mehr! Und mein Vater weiß immer alles besser.

MARK: Warum nimmst du dir nicht eine eigene Wohnung? Alt genug bist du ja.

JOCHEN: Das kostet wieder zu viel Geld.

MARK: Unsinn! Wir verdienen dasselbe, und ich muß ja auch Miete zahlen. Du willst wohl nicht auf den Komfort verzichten, was?

JOCHEN: Nein, nein. Es geht ja nicht nur ums Ausziehen. Ich muß weg! Mein ganzes Leben habe ich hier verbracht, bin hier zur Schule gegangen, dann in Köln studiert, und jetzt arbeite ich hier. Ich kenne alle Leute, und es passiert einfach nichts Neues. Wie war das denn eigentlich bei dir, ich meine, mit deinen Eltern und so?

MARK: Meine Eltern sind immer umgezogen, fast jedes Jahr haben wir in einer anderen Stadt gewohnt. Jetzt wohnen meine Eltern in Florida, meine Schwester Diane lebt mit ihrem Mann in Buffalo, New York, mein älterer Bruder wohnt mit seiner Frau und seinen Kindern in San Diego und mein jüngerer Bruder studiert noch. Er ist an der Johns Hopkins Universität in Baltimore. Wir sehen uns also nicht sehr oft, und jeder geht mehr oder weniger seine eigenen Wege.

JOCHEN: Ich muß mir von meinem Vater immer anhören, daß sich in einer Familie jeder um den anderen zu kümmern[1] hat. Und es ist ja auch was Wahres dran. Ist es denn nicht furchtbar, wenn jedes Familienmitglied so weit vom anderen entfernt lebt? Die kennen sich ja nach einiger Zeit nicht mehr.

MARK: Mensch, Jochen, das ist doch ein Vorurteil. Soll ich dir jetzt auch erzählen, was man in Amerika unter einer typisch deutschen Familie versteht?

JOCHEN: Lieber nicht! Aber findest du denn nicht, daß es besser ist, wenn die Geschwister und die Eltern näher beieinander leben und sich umeinander kümmern können?

MARK: Du weißt auch nicht, was du willst. Zuerst sagst du, das Leben mit deinen Eltern geht dir auf die Nerven und du willst weit weg, dann argumentierst du so wie dein Vater. Du darfst nicht vergessen, daß es kulturelle Unterschiede gibt. Wichtige Werte der nordamerikanischen

_____

[1]sich . . . um . . . kümmern *look after*

Gesellschaft sind Unabhängigkeit[1] und persönlicher Erfolg. Eltern erziehen[2] ihre Kinder sehr früh zu Unabhängigkeit, aber das heißt natürlich nicht, daß sie ohne Liebe und familiäre Geborgenheit[3] aufwachsen.

JOCHEN: Ja, ja, das ist klar. Aber das ist für uns trotzdem manchmal schwer zu verstehen, vor allem bei den enormen Entfernungen in den USA. Wenn hier Mitglieder einer Familie woanders leben, dann sind sie maximal 650 Kilometer voneinander entfernt, und das ist nichts im Vergleich zu der Entfernung zwischen Florida und Kalifornien.

MARK: Ich glaube schon, daß die Familie in unseren beiden Ländern eine ähnliche Stellung hat. Wichtig ist sie sicher überall. Aber dieses ganze Gespräch hat dein Problem nicht gelöst, oder?

JOCHEN: Nicht direkt vielleicht, aber ich glaube, ich werde mir eine eigene Wohnung suchen. Du hast recht, ich bin tatsächlich alt genug. Es ist höchste Zeit.

MARK: Na prima, dann erst mal viel Glück bei der Wohnungssuche.

Arbeit mit dem Text

A. Wer sagt das, Jochen (J) oder Mark (M)?

1. _____ Meine Eltern wollen immer wissen, was ich mache.

2. _____ Wir wohnen weit voneinander entfernt, aber daß wir uns kaum noch kennen, ist ein Klischee.

3. _____ Meine Geschwister leben alle in verschiedenen Teilen des Landes.

4. _____ Ich würde gern mal ein anderes Land kennenlernen.

5. _____ Wir sind sehr oft umgezogen.

6. _____ Es ist wichtig, daß Eltern und Kinder sich umeinander kümmern.

7. _____ Wir wollen unabhängig von unseren Eltern sein.

8. _____ Eine intakte Familie ist in allen Ländern wichtig.

B. Finden Sie es gut oder nicht gut, in Ihrem Alter bei der Familie zu leben? Suchen Sie bitte fünf Argumente dafür (Pro) und fünf dagegen (Kontra).

PRO

_____

_____

_____

_____

_____

---

[1]*independence*
[2]*train*
[3]*security*

KONTRA

_____

_____

_____

_____

_____

C. In diesem Text gibt es viele Klischees. Welche finden Sie?

_____

_____

_____

_____

D. Was denken Sie über deutsche Familien?

_____

_____

_____

_____

KAPITEL 13

HÖRVERSTÄNDNIS

Dialog aus dem Text

An der Theaterkasse

Beantworten Sie die folgenden Fragen.

1. Wofür möchte Frau Frisch Karten kaufen? _____

2. Wieviel kosten die Karten? _____

   Am gleichen Tag, etwas später . . .

3. Warum will Frau Frisch die Karten zurückgeben? _____

   _____

Weitere Hörtexte

A. Rollenprobleme

NEUE VOKABELN

auf dem laufendem sein   *to be up to date*
einarbeiten   *to get used to*
verblöden   *to become stupid*
Das füllt ihn aus.   *That fulfills him.*
das Hausfrauendasein   *existence of a housewife*
übermäßig spannend   *overwhelmingly exciting*
unabhängig   *independent*

Herr Wagner ist nun schon seit längerer Zeit arbeitslos. Seine Frau möchte wieder arbeiten, damit sie etwas mehr Geld haben.

Beantworten Sie die Fragen.

1. Als was will Frau Wagner arbeiten? _____

2. Warum? _____

3. Was muß Herr Wagner alles zu Hause machen, wenn Frau Wagner arbeitet? Nennen Sie drei Sachen.

    a. _____   b. _____

    c. _____

4. Welcher Nachbar ist auch Hausmann? _____

5. Wie fühlt sich Herr Wagner, wenn seine Frau arbeitet, während er zu Hause bleibt? _____

    _____

6. Wie lange ist Frau Wagner schon zu Hause gewesen? _____

B. Das Leben einer unverheirateten Frau

NEUE VOKABELN

ungebunden   *not tied up, free*
die Torschlußpanik   *last-minute panic*
gestalten   *to form*

Renate Röder ist bei ihren Eltern in Berlin-Zehlendorf. Sie spricht mit ihrer Mutter über ihre Zukunft. Herr und Frau Röder würden Renate gerne verheiratet sehen.

Richtig oder falsch? Korrigieren Sie die falschen Sätze.

1. _____ Renate ist im Moment mit ihrem Leben unzufrieden. _____
   _____

2. _____ Frau Röder glaubt, daß Renate bald heiraten sollte. _____
   _____

3. _____ Renate hat einen Freund und denkt ans Heiraten. _____
   _____

4. _____ Frau Röder meinte, daß Renate sich zu viel auf ihren Beruf konzentriert. _____
   _____

5. _____ Renate macht ihr Beruf keinen Spaß. _____
   _____

6. _____ Renate glaubt, daß ihre Eltern ihr die Entscheidungen für ihr Leben selbst überlassen sollten.
   _____

C. Rollentausch

NEUE VOKABELN

erfolgreich *successful*
leisten *to accomplish*
jemanden ernst nehmen *to take someone seriously*
sich selbst überlassen sein *to be left to oneself*
Mit dem ist es aus. *It's over with him.*

Frau Körner und Herr Thelen stehen vor dem Haus in der Isabellastraße in München und sprechen über Familie Ruf.

Wer meint das? Sagen Sie, ob das die Meinung von Frau Körner (K) oder von Herrn Thelen (T) ist.

1. _____ Herr Ruf hat es leicht.

2. _____ Frau Ruf ist in ihrem Beruf erfolgreich.

3. _____ Schriftsteller ist kein richtiger Beruf.

4. _____ Herr Ruf ist ein bißchen komisch.

5. _____ Es ist nicht richtig, daß Jutta mit einem Ausländer zusammen ist.

6. _____ Kinder brauchen eine Mutter zu Hause.

7. _____ Eine Frau sollte sich um Haushalt und Familie kümmern.

8. _____ Kinder hüten und Essen kochen ist keine Arbeit für einen Mann.

9. _____ Frau Ruf macht alles zu Hause.

10. _____ Herr Ruf überarbeitet sich nicht.

D. Gespräch über die Situation der Türken in Deutschland

NEUE VOKABELN

das Vorurteil, -e *prejudice, bias*
konkurrieren *to compete*
sich in die Heimat zurücksehnen *to long to go back to one's native land*
die Eingewöhnungsschwierigkeiten (*pl.*) *difficulties adjusting to something*
sich bemühen *to make an effort*

Claire und Josef essen zusammen zu Abend. Sie sprechen über die Situation der Türken in Deutschland.

Beantworten Sie die folgenden Fragen.

1. Welche Ausländer werden am meisten diskriminiert? _____

2. Was machen die Türken als Mohammedaner anders? _____

   _____

3. Warum spielt die wachsende Arbeitslosigkeit eine Rolle, wenn es um die Diskriminierung von

   Türken geht? _____

   _____

4. Worum konkurrieren deutsche Jugendliche und die Kinder der ersten Gastarbeitergeneration?

_____

5. Wo würden die älteren Gastarbeiter Eingewöhnungsschwierigkeiten wegen der langen Zeit in

Deutschland haben? _____

_____

6. Wodurch hatten England und Frankreich früher Kontakt mit anderen Kultur- und Sprachgruppen?

_____

E. Juttas neuer Freund

NEUE VOKABELN

der Pascha   *Turkish military or civil official; authority figure*

Jutta bringt Mehmet, ihren neuen Freund, nach Hause.

Richtig oder falsch? Korrigieren Sie die falschen Sätze.

1. _____ Juttas Freund ist in der Turkei geboren. _____

_____

2. _____ Mehmet ißt jeden Tag Knoblauch. _____

_____

3. _____ Mehmet war zehn, als er nach Deutschland umgezogen ist. _____

_____

4. _____ Mohammedanische Frauen dürfen ihren Körper nicht zeigen. _____

_____

5. _____ Mehmets Eltern haben ihre alten Traditionen aufgegeben und leben jetzt wie Deutsche. ____

_____

F. Drogenabhängigkeit in Deutschland

NEUE VOKABELN

der Drogenbeauftragte   *commissioner of drugs*
scheitern   *to be frustrated; to founder*
verbieten   *to forbid*
abgeben   *to give out*

Sofie und Willi sitzen in einem Café in der Nähe von der Uni in Dresden. Sofie liest eine Zeitschrift und Willi liest für ein Seminar.

Beantworten Sie die folgenden Fragen.

1. Wie alt sind die drogensüchtigen Mädchen? _____

2. Zeigen die Ärzte den Mädchen viel _____?

3. Was sagt der Drogenbeauftragte der Stadt Hamburg?
    a. Drogensüchtige Mädchen sollten ins Gefängnis geworfen werden.
    b. Drogenhändler sollten ins Gefängnis geworfen werden.
    c. Drogen sollten legalisiert werden, und man sollte saubere Spritzen verteilen.

G. Ein Nachmittag im Museum Ludwig

NEUE VOKABELN

der Zigeuner / die Zigeunerin *gypsy*

Es ist Sonntag, und Melanie und Josef sind nach Köln gefahren. Im Moment sind sie im Museum Ludwig.

Wer hat was gemalt?

1. _____ Zigeunermädchen

2. _____ Tahitianerinnen

3. _____ Der Leiermann

4. _____ Zwei Frauen

5. _____ Relief

6. _____ Skulpturen

a. Kurt Schwitters
b. Wilhelm Lehmbruck
c. Otto Mueller
d. Beckmann
e. Gaugin

Rollenspiel

A. Sie wollen mit Ihrer Freundin / Ihrem Freund in ein klassisches Konzert. Sie bekommen zwei der letzten Karten, weil das Konzert schon fast ausverkauft ist. Fragen Sie, was die Karten kosten und ob die Plätze auch gut sind.

B. Sie arbeiten an der Kasse der Konzerthalle und sind schon ziemlich gestreßt, weil Sie den ganzen Vormittag Karten verkauft haben. Dieser Musikfreund / Diese Musikfreundin stellt ziemlich dumme Fragen.

VOR DEM HÖREN

Wenn jemand zu Ihnen kommt und Ihnen dumme Fragen stellt, wie reagieren Sie? Sarkastisch? Ironisch? Geduldig? Ärgerlich? Warum?

_____

_____

_____

_____

Nach dem Hören

Die Verkäuferin könnte freundlicher gewesen sein. Wie könnte sie Michaels Fragen dann beantwortet haben?

MICHAEL: Können Sie uns mit diesen Karten nicht etwas weiter vorne sitzen lassen?

VERKÄUFERIN: _____

_____

MICHAEL: Ich nehme zwei Karten zu 45 Mark. Sind die besser?

VERKÄUFERIN: _____

_____

_____

Aussprache und Orthographie

AUSSPRACHE

l, r

The l- and the r- sounds are difficult in all languages, so if you haven't yet mastered them completely in German, don't worry: the more you practice them, the easier they will become.

A. Pronounce the following words with l followed by a vowel.

Folie, Löffel, Salat, Teller, Leder, Wolle, Aluminium, elegant

B. Pronounce the following words with l preceded by another consonant.

Blume, Fleisch, Plastik, Pflaume, Flasche, Blech, klar, Geflügel

C. Pronounce the following words with l preceded by a vowel.

Kohl, Hälfte, Milch, Stahl, Metall, Gold, Salz, Öl

D. Pronounce the following words with r between two vowels.

Möhre, Schere, Haare, zubereiten, Beere, Hering, geräuchert, Material

E. Pronounce the following words with r followed by a vowel.

Reis, Rum, rechnen, reif, Radio, Remoulade, Rosenkohl, Rührei

F. Pronounce the following words with r preceded by another consonant.

trinken, Kraut, Brühe, Zitrone, Traube, bräunen, Preis, Streifen

G. Now practice the following sentences. Concentrate on the l- and the r- sounds.

1. Trinken Sie Tee mit Rum oder mit Zitrone?
2. Heute abend gibt es frisches Brot mit Heringssalat.
3. Eine Apfelhälfte gibt Rotkohl den besonderen Geschmack.
4. Zum Kartoffelbrei braucht man Kartoffeln, Butter, Salz und Milch.
5. Zum Frühstück esse ich gern ein Brötchen mit Erdbeermarmelade oder Pflaumenmus.

Name _____ Datum _____ Klasse _____

ORTHOGRAPHIE

s; ss, ß; tz, z

Keep the following rules in mind to distinguish among the various German **s**-sounds.

1. The single **s** in German stands for the *z*-sound, as in English *zeal*.
2. The double **s** (**ss**) occurs only between two vowels when the first vowel is short. The **ß** is used in all other instances: after long vowels, after diphthongs, at the end of words, or before consonants.
3. The *ts*-sound, as in English *nuts*, is represented by **tz** after short vowels and **z** in all other instances: at the beginning of words, after long vowels and diphthongs, and after consonants.

Listen and write the sentences you hear. Concentrate on the spelling of the various **s**-sounds.

1. _____ nicht, das Auto zu _____, bevor du in die _____ gehst.

2. Mit meiner Mutter habe ich immer _____ _____.

3. Ich hoffe, _____ _____ mir den _____ nicht _____.

4. Jetzt mache ich _____ einmal _____, und dann schreibe ich meinen

   _____.

Zeichensetzung

Punctuation marks such as periods, colons, and question marks are used similarly in German and English. You may have noticed that opening quotation marks are placed below the base line in German, but they are used the same as in English. It is in the use of the comma where the two languages differ the most.

A. In German, all dependent clauses must be set off by a comma.

> Wissen Sie, ob Herr Wagner arbeitslos ist?

B. Independent clauses in German are separated by a comma when the subject of the second clause differs from that of the first clause.

> Die Fenster sind kleiner als im Erdgeschoß, aber die Zimmer sind ein bißchen größer.

C. In a German sentence, a comma is not placed before **und** or **oder** when a series of items is given.

> Sie haben ein Wohnzimmer, ein Schlafzimmer, ein Arbeitszimmer für Herrn Ruf und zwei Kinderzimmer.

All punctuation has been omitted from the following letter. Add appropriate punctuation marks wherever necessary.

Liebe Freunde

hier im Osten in den neuen Bundesländern gefällt es mir sehr gut Alles ist so anders es ist als wenn man in der Zeit zurückgehen würde Oft habe ich den Eindruck als wenn die Zeit stehengeblieben wäre Es gibt nicht so viele Autos und die Leute haben mehr Zeit als im hektischen Westen Natürlich bin ich hier auch an der Ostsee und nur auf Dörfern In Berlin oder Dresden ist das auch schon wieder etwas anderes denn Großstädte sind immer hektisch Wart Ihr schon einmal hier Wenn nicht so kann ich Euch nur empfehlen einmal hierher zu fahren Vielleicht solltet Ihr das sogar schnell machen denn wer weiß wie lange es noch so bleibt Bis bald ein dickes Küßchen von

Eurer Claire

SCHRIFTLICHES

A. Familienmitglieder. Sagen Sie, wie diese Leute mit Ihnen verwandt sind.

Achtung!   Lesen Sie Grammatik 13.1, „The Genitive Case"!

> MODELL: Ihre Tante: Meine Tante ist die Schwester meiner Mutter oder meines Vaters.
> Ihr Bruder: Mein Bruder ist der Sohn meines Vaters und meiner Mutter.

1. Ihre Großmutter: _____

    _____

2. Ihre Kusine: _____

    _____

3. Ihr Neffe: _____

    _____

4. Ihr Urgroßvater: _____

    _____

5. Ihre Schwägerin: _____

    _____

B. Dialog. Kinobesuch. Setzen Sie die fehlenden Präpositionen ein.

> statt   trotz   während   wegen

MARIA: Laß uns ins Kino gehen.

MICHAEL: Nein, ich habe keine Lust, laß uns _____[1] ins Kino lieber essen gehen.

MARIA: Wenn wir essen gehen, geben wir wieder viel Geld aus und werden dick.

MICHAEL: Ich kann aber _____[2] des Sommers nicht ins Kino gehen.

MARIA: Wieso nicht?

MICHAEL: _____[3] der Hitze.

MARIA: Aber im Kino ist doch eine Klimaanlage, es ist ganz kühl dort.

MICHAEL: Genau. Und _____[4] der Kälte im Kino und der Hitze draußen kann ich nicht

    dorthin.

MARIA: Wie bitte?

MICHAEL: Sagen wir mal so: _____[5] der Tatsache, daß das Kino klimatisiert ist, will ich

    keinen Film sehen.

MARIA: Aber es läuft doch ein so guter Film!

MICHAEL: Aber ich habe nun mal keine Lust, hast du das _____[6] meiner Argumentation

noch nicht verstanden?

C. Ausländer und Einwanderer

Achtung!   Lesen Sie Grammatik 13.2, „Causality and Purpose: weil, damit, um . . . zu"!

Was können Ausländer in Deutschland tun, um ihre Situation zu verbessern? Was sollten die Deutschen tun, damit sich die Situation der Ausländer verbessert?

Was könnte man tun?

AUSLÄNDER	DEUTSCHE
an der Integration arbeiten sich politisch engagieren deutsche Freunde suchen	Bürokratie vereinfachen Berufsmöglichkeiten schaffen Kulturaustausch anbieten Ausländer kennenlernen Deutschkurse anbieten

Wozu/Warum?

Arbeit bekommen besser leben Deutsch lernen einander verstehen Gesetze fordern miteinander sprechen Mißtrauen verhindern	sich in die Gesellschaft integrieren sich kennenlernen sich mitteilen sich zu Hause fühlen die Dinge weniger komplizieren voneinander lernen ??????

MODELL: Man sollte Deutschkurse anbieten, damit die Ausländer besser Deutsch lernen.
Die deutschen Politiker sollten die Bürokratie vereinfachen, weil die Bürokratie das Leben für die Ausländer viel zu sehr kompliziert.

1. _____

_____

2. _____

_____

3. _____

_____

4. _____

_____

5. _____

_____

6. _____

_____

7. _____

_____

8. _____

_____

D. Michael Puschs Meinungen. Michael Pusch hat zu allem eine Meinung. Manchmal stimmen Sie ihm zu, aber oft können Sie auch nicht zustimmen. Reagieren Sie auf Michaels Aussagen mit Ausdrücken wie:

+	–
Es ist wahr/stimmt, daß ...	Ich glaube nicht, daß ...
Ich finde auch, daß ...	Es ist doch Unsinn/stimmt nicht, daß ...
Es ist richtig, daß ...	Es ist unmöglich/unwahrscheinlich, daß ...

Schreiben Sie auch, warum Sie dieselbe oder eine andere Meinung haben!

MODELL: Fernsehen macht dumm. *Ich finde auch, daß Fernsehen dumm macht, weil man nur konsumiert und nicht selber aktiv ist.*
Männer sind intelligenter als Frauen. *Es ist doch Unsinn, daß Männer intelligenter als Frauen sind, weil das Gehirn des Mannes und das Gehirn der Frau sehr ähnlich sind.*

1. Abtreibung ist Mord. _____

_____

2. Alle Asiaten sind intelligent. _____

_____

3. Heute arbeiten Frauen in allen Berufen. _____

_____

4. Religion ist gar nicht wichtig im Leben. _____

_____

5. Blonde Frauen sind dümmer als dunkelhaarige Frauen. _____

_____

6. Deutsche sind aggressiv. _____

_____

7. Französisch ist die schönste Sprache der Welt. _____

_____

8. Heute gibt es in den USA keinen Rassismus[1] mehr. _____

_____

_____

[1]*racism*

E. Denken Sie an Probleme der modernen Welt und an die Zukunft, und beschreiben Sie Ihre Gefühle dazu.

Achtung!   Lesen Sie Grammatik 13.3, „Verb + Preposition", und Grammatik 13.4, „Asking Questions about Things and Concepts: **wo**-Compounds"!

MODELL: Ich träume von einer Welt ohne Krieg.
Worüber machen Sie sich Sorgen? —Ich mache mir Sorgen um die Arbeitslosen in Osteuropa.

1. Ich ärgere mich über _____

_____

2. Ich bitte um _____

_____

3. Ich freue mich über _____

_____

4. Ich glaube an _____

_____

5. Ich interessiere mich für _____

_____

6. Worauf warten Sie? _____

_____

7. Woran denken Sie? _____

_____

8. Woran erinnern Sie sich? _____

_____

9. Was halten Sie von der heutigen Situation in der Welt? _____

_____

_____

_____

_____

F. Kunst und Literatur. Rekonstruieren Sie Fragen aus diesen Sätzen über das Leben und Werk der österreichischen Autorin Ingeborg Bachmann (1926–1973).

MODELL: Ingeborg Bachmann arbeitete in Wien für das Radio. →
Wofür arbeitete sie in Wien?

1. Ingeborg Bachmann beschäftigte sich neben Philosophie auch mit Germanistik.

_____

2. Bachmann schrieb ihre Dissertation über Martin Heidegger.

_____

3. Sie erhielt 1955 eine Einladung zur Harvard Summer School of Arts and Science.

_____

4. Sie arbeitete mit Hans Werner Henze zusammen.

_____

5. Sie schrieb am Ende ihres Lebens an einem Romanzyklus mit dem Titel *Todesarten*.

_____

6. Aus diesem Zyklus ist *Malina* der erste und einzige Roman.

_____

7. Das Buch wurde von Werner Schröter verfilmt.

_____

8. Elfriede Jelinek schrieb das Drehbuch für den Film „Malina".

_____

Schreiben Sie!

Einen Partner finden. Lesen Sie die folgenden Heiratsanzeigen.

Samstag/Sonntag, 27./28. Juli 1991

Bekanntschaften Herren	**Bekanntschaften Damen**
Gibt es sie im Raum München? Die Dame mittl. Alters, die für ihre knappe Freizeit einen Freund für Thermalbad, zum Ausgehen, Skifahren u. zärtliches Kuscheln sucht? Er, 51/170 möchte Sie gerne kennenlernen. Zuschr. u. ✉ AS3642910 an SZ.	**Mit dieser Anzeige starten wir den Versuch,** für uns - 25 + 26 J., w., mit den üblichen Vorzügen - **2 Fast-Mr.-Perfect aufzuspüren.** Sollten Sie ebenfalls die handelsüblichen Vorzüge aufweisen und sich angesprochen fühlen - Bewerbungen wenn möglich mit Bild unter ✉ ZS3636549 an SZ
Er, 26/180, gutauss., gebildet, sportl., m. Niveau su. passende nette schlanke Sie. (Bild?)-Zuschr. 100% Diskr. unter ✉ AS3646386 an SZ.	Attraktive, chice, schlanke **SIE** (29, 172) will sich in unternehmungslustigen, gutaussehenden Mann verlieben, der d. Leben mit Humor und Leichtigkeit nimmt. Bildzuschriften bitte unter ✉ ZS3659662 an SZ
Warum den Sommer allein verbringen? Optimist. Er, 27/172/70 su. nette Sie zum Weggehen, Cafés, Radeln... Schreib doch einfach (evtl. mit Bild) unter ✉ ZS3644276	**Wir 33 Jh./168 cm und 3 Jh. m. suchen** auf diesem Weg einen Partner und väterlichen Freund. Wir beschäftigen uns mit radeln, schwimmen, Freunde pflegen u. lieben die Zweisamkeit. Aber auch das Theater u. die Museen. Wir möchten einen Mann bis 40 Jh. Er sollte warmherzig, psychisch stabil, charakterfest sein und in finanziell geordneten Verhältnissen leben. Bitte nur ernstgemeinte Zuschr. m. Bild u. ✉ ZS3639530
Suche Dich, Kind kein Hindernis, kein Kapitalinteresse. Ich, 56, 182, vw., sehr agil, viell. auch sehr gut auss. Bitte nur Bild u. ✉ ZS3643642 an SZ	
Attr., jung. Mann 30 J./1,78, blond, schl., sportl., kreativ, zärtl. sucht nette Sie für harmon. und dauerh. Freundschaft (Raum München-Augsb.). Zuschr. u. ✉ ZS3643461	Ellen, 29 J., Moselanerin, gelernte Arzthelferin, sucht natürlich gebliebenen, naturverbundenen Arzt, Raum Bodensee, zwecks gemeinsamer Zukunft. Zuschriften bitte unter ✉ ZS3643471 an SZ
Keine überspannte Tussi! Münchner, 42/183 su. nette Freizeitpartnerin (bis 40 J.) für Wandern, Radlfahren, Biergarten, Tanzen. Bildz. u. ✉ ZS3638111	**Jg. Frau,** 28 J., NR, viels. interess. (ohne sportl. Int.), mit Niveau, gepfl. Erscheing., su. ebens., einfühls. Mann bis Mitte 30 für ehrliche, feste Beziehung. Zuschriften unter ✉ ZS3635419 an SZ
Bergkamerad, 29 J. sucht gleichgesinnte Frau bis ca. 35 Jahre für Freizeitgestaltung und vielleicht zum Liebhaben. Bildzuschr. u. ✉ AS3637354	**Junge Frau,** 26 J., sucht auf diesem Weg aufr. u. zuverl. Partner bis 35 J. kennenzulernen unter ✉ ZS3640568 an SZ
Sportl. Löwe, 38 J., treu, zuverlässig, kinderlieb, aktiv u. poitiv denkend, sucht nette Sie mit viel Niveau für eine faire Freundschaft. Großraum München. ✉ ZS3634833	**Frau von nebenan** (28) sucht **Mann von nebenan.** Bildzuschr. unter ✉ ZS3651388
Witwer, 80/168, gutauss., viels. interessiert, sucht gebildete, unabhängige Partnerin, im Raum München wohnend, zur Freizeitgestaltung. Zuschr. u. ✉ ZS3633892	**Attr(aktive) Sie,** 29, 168, 55, gebildet, reiselustig, wünscht interessanten IHN bis 45 kennenzulernen. ✉ AS3643040

Schreiben Sie jetzt Ihre eigene Heiratsanzeige.

_____

_____

_____

_____

_____

Suchen Sie eine interessante Person aus den obigen Heiratsanzeigen heraus. Schreiben Sie dieser Person einen Brief, in dem Sie sagen, wie Sie aussehen, was Sie machen und wofür Sie sich interessieren. Sagen Sie, warum Sie genau diese Heiratsanzeige beantworten, und nicht eine andere. Sagen Sie, was Ihre Pläne für die Zukunft sind und wie Sie über die heutige Welt denken. Stellen Sie der Person Fragen, über alles, was Sie von dieser Person wissen wollen.

Sprachnotiz: Vergessen Sie nicht— in einem Brief werden alle Formen von **Du** (**Dich, Dein** u.s.w.) und **Ihr** (**Euch, Eure** u.s.w.) großgeschrieben.

Liebe/r _____,

_____

_____

_____

_____

_____

_____

_____

_____

_____

_____

_____

_____

_____

_____

_____

_____

_____

_____

_____

_____

_____

_____

Dein/e _____

LESEECKE

Lesetext 1: Fremde in Deutschland

Einstellung zu Ausländern in Ost- und Westdeutschland

In ostdeutschen Zeitungen liest man häufiger als in westdeutschen Publikationen Überschriften wie „Vermummte überfielen Mosambiker ", „Skins machten Jagd auf Ausländer" und „Haut doch endlich ab". Wir fragten Leute in Ost und West nach ihrer Einstellung zu Fremden. Franzosen, Österreicher, Russen und US-Amerikaner wurden von Ost- und Westdeutschen positiv gesehen, Polen, Türken und Zigeuner wurden hingegen negativ gesehen. Das Leibziger Zentralinstitut machte im Mai 1990 eine Umfrage unter Schülern und Lehrlingen in Ostdeutschland. Obwohl die meisten, die gefragt wurden, Türken nicht persönlich kannten, sagte jeder dritte, er würde ihnen aus dem Weg gehen und jeder vierte, er würde sie am liebsten aus dem Land weisen.[1] Es gibt in beiden Teilen Deutschlands eine Aufteilung in sympathische und in unsympathische Ausländer. Zu der ersten Gruppe gehören alle, die sich nicht zu sehr von den Deutschen unterscheiden und nicht am Kampf um Ausbildungs- und Arbeitsplätze und um Wohnungen teilnehmen. Zu der zweiten gehören die „Fremden", die hier leben wollen. Bis zur Wiedervereinigung wurden Ausländer in Ost-Deutschland nicht als Konkurrenten[2] gesehen, sie wurden in der Wirtschaft benötigt und blieben nur kurze Zeit. Es gab auch kaum Kontakte mit der Bevölkerung, sie lebten meist wie in einem Getto.

Die negative ökonomische Entwicklung nach der Wiedervereinigung führte bei vielen Jugendlichen in Ost-Deutschland dazu, einen Schuldigen zu suchen und ihn in den Ausländern zu finden.

Arbeit mit dem Text

1. Welche Fremden werden von Ost- und Westdeutschen positiv gesehen? _____

   _____

2. Welche werden negativ gesehen? _____

   _____

3. Welche Ausländer sind den Deutschen sympathisch? _____

   _____

4. Welche sind den Deutschen unsympathisch? _____

   _____

5. Warum wurden Ausländer in der ehemaligen DDR nicht als Konkurrenten betrachtet?[3] _____

   _____

   _____

---

[1]aus . . . aus dem Land den Weg zeigen
[2]*competitors*
[3]*considered to be*

Lesetext 2: Film und Fernsehen in Deutschland

Vor dem Lesen

Kennen Sie deutsche Regisseure, Schauspieler oder Filme? Machen Sie eine Liste:

FILME	SCHAUSPIELER/INNEN	REGISSEURE/INNEN
_____	_____	_____
_____	_____	_____
_____	_____	_____
_____	_____	_____
_____	_____	_____
_____	_____	_____

Wenn Sie keine oder nicht viele kennen, lesen Sie den Text. Suchen Sie nur die Namen oder Titel heraus, die Sie für die Liste brauchen.

Rolf und die Studenten des Deutschkurses sitzten in einem Café und sprechen über Film und Fernsehen in Deutschland.

NORA: Gestern haben wir im Kurs „Die Ehe der Maria Braun" von Fassbinder gesehen. Das war ein toller Film.

STEFAN: Ja, ich hatte ja keine Ahnung, was in den fünfziger Jahren in der Bundesrepublik so alles ablief.[1] Vom Wirtschaftswunder[2] hatten wir ja schon mal gehört, aber so richtig vorstellen konnte ich mir darunter nichts.

ROLF: Ich finde den Film auch gut. Kennt ihr eigentlich auch andere deutsche Filme?

MONIKA: Ich habe fast alle Filme von Herzog gesehen. Klaus Kinski finde ich wahnsinnig gut, besonders wenn er einen Wahnsinnigen[3] spielt wie in „Aguirre, der Zorn Gottes".

ROLF: Ich glaube, der ist auch ein bißchen wahnsinnig. Aber ich bin erstaunt, daß ihr diesen Film kennt. Die meisten jungen Leute in der Bundesrepublik kennen ihn nämlich nicht.

MONIKA: Ja, da staunst du, was? Wir sind nämlich nicht nur[4] die unkultivierten Amerikaner, die nur in die großen Renner wie „Das Boot" oder „Paris, Texas" gehen, obwohl diese Filme auch nicht schlecht waren. Wie man so hört, verdienen Leute wie Schlöndorf oder Wenders mehr daran, in den „Art Cinemas" hier gezeigt zu werden, als bei euch drüben.

ROLF: Das kann schon sein. Aber „Männer" von Doris Dörrie kennt ihr wohl nicht.

STEFAN: Die erste echte deutsche Komödie seit Jahren? Natürlich! Der Film ist in San Francisco monatelang gelaufen. Als der anlief—ich war damals noch auf der High-School—ist meine Klasse geschlossen ins Kino marschiert. Wir haben zwar nicht viel verstanden, aber unser Lehrer hat sich köstlich amüsiert.

MONIKA: Sag mal, Rolf, gehen die Deutschen eigentlich viel ins Kino?

ROLF: Ja, zwar nicht so viel wie hier und vor allem nicht nur freitags und sonnabends, aber doch.

STEFAN: Wieso freitags und sonnabends?

ROLF: Na, das sind doch die Ausgehtage in den USA. Da gibt es immer Schlangen! Und während der Woche ist nichts los. Also, ich gehe hier grundsätzlich am Sonntag ins Kino. Da steht man nicht Schlange und hat viel Platz im Kino.

---

[1]passierte
[2]*"economic miracle"*
[3]Verrückten
[4]*quite*

STEFAN: Sag's nur: wir sind wieder die Herdentiere,[1] und in Deutschland geht man während der Woche ins Kino, nicht?

ROLF: Nein, während der Woche wird ferngesehen.

STEFAN: Wie ist denn eigentlich das Fernsehen in Deutschland? Ich habe gehört es soll ziemlich öde[2] sein.

ROLF: Es ist nicht mehr so viel anders als hier. Aber deshalb ist es nicht besser. Öde ist es immer noch, nur jetzt aus anderen Gründen.

MONIKA: Habt Ihr auch Werbung?

ROLF: Ja, aber nicht so oft wie hier. Bei den drei staatlichen Sendern läuft die Werbung zwischen sechs und acht. Aber die Filme werden da nicht unterbrochen, Werbung gibt es immer zwischen den Filmen.

MONIKA: Und wie ist es bei den privaten Sendern?

ROLF: Die zeigen immer Werbung, aber wie ich schon sagte, nicht so oft wie hier.

STEFAN: Wie viele Sender gibt es denn insgesamt?

ROLF: Wenn man Kabelfernsehen hat, bekommt man, glaube ich, fast dreißig Sender.

MONIKA: Du hast mal gesagt, sie zeigen oft amerikanische Serien—welche denn zum Beispiel?

ROLF: Alles, was du willst.

MONIKA: Alles? „Dallas", „Miami Vice", „LA Law" . . . ?

ROLF: . . . einfach alles.

MONIKA: Und die sprechen dann alle Deutsch.

ROLF: Alle! Es ist furchtbar. Aber wenn man Kabelfernsehen hat, bekommt man auch holländische oder englische Sender und dann kann man die Filme im Original sehen. Und natürlich gibt es MTV.

STEFAN: Und all diese Sender bekommt man in ganz Deutschland?

ROLF: Nein, noch nicht überall. Der Osten ist noch nicht verkabelt. Dort empfangen die Leute also nur die staatlichen Sender oder die privaten, die über Antenne kommen.

STEFAN: Und wie war es in der ehemaligen DDR, hatten die nur „sozialistisches" Fernsehen?

ROLF: Nein, alle bekamen Westfernsehen, außer sie wohnten zu weit weg von der Grenze.

Arbeit mit dem Text

1. Welche Zeit proträtiert der Film „Die Ehe der Maria Braun"? _____

2. Welcher Film wurde „die erste deutsche Komödie seit Jahren" genannt? _____

3. Welche Tage bezeichnet Rolf als die „Ausgehtage" der Amerikaner? _____

4. Was, behauptet Rolf, machen die Deutschen während der Woche? _____

5. Wann läuft im deutschen Fernsehen Werbung? _____

_____
[1]Schafe
[2]langweilig

KAPITEL **14**

HÖRVERSTÄNDNIS

Dialog aus dem Text

Auf der Bank

Beantworten Sie die folgenden Fragen.

1. Was für ein Konto will Peter eröffnen? _____

2. Wieviel amerikanisches Geld will er einzahlen? _____

3. Bekommt er Euroschecks und eine Karte für den Geldautomaten? _____

4. Bekommt er Zinsen? _____

Weitere Hörtexte

A. In der Bank

NEUE VOKABELN

der Kontoauszug, ⸚e   *bank account balance*
abbuchen   *to debit*

Maria Schneider ist zur Sparkasse gegangen, um Geld abzuheben und Geld zu wechseln. Sie will mal wieder mit Michael verreisen.

Beantworten Sie die Fragen.

1. Wo kann Maria ihre Kontoauszüge selbst holen? _____

2. Was will Maria noch?

   1. _____   3. _____

   2. _____   4. _____

3. Wo bekommt Maria die ausländische Währung? _____

4. Wieviel Mark wechselt sie?

   _____ Mark für belgische Francs.

   _____ Mark für französische Francs.

   _____ Mark für spanische Peseten.

5. Wie bezahlt Maria die ausländische Währung? _____

6. Für welche Länder empfiehlt der Kassierer Euroschecks? _____

   Reiseschecks? _____

B. Sparen

Regelmäßig sparen

ES KOMMT
LAUFEND ETWAS
AUF IHR KONTO

Fragen Sie uns nach
dem Spar-Dauerauftrag

NEUE VOKABELN

verfügen über   *to have at one's disposal*

Marias junge Cousine Nicole Schneider hat während der Schulferien zum ersten Mal gearbeitet. Sie hat 3000 Mark verdient und fragt bei ihrer Bank, der Sparkasse, wie sie das Geld am besten sparen kann.

Tragen Sie die Zinsen ein.

Sparbuch:	_____ %	
Sparkassenbrief:	_____ % im ersten Jahr	
	_____ % im zweiten Jahr	
	_____ % im dritten Jahr	

Was macht Nicole?

1. ein Sparbuch eröffnen   2. einen Sparkassenbrief kaufen

C. Politik. Claire spricht mit Josef über deutsche Politiker.

Richtig oder falsch? Korrigieren Sie die falschen Sätze.

1. _____   Kohl ist ziemlich konservativ.

_____

2. _____   In Deutschland wird zuerst die Person gewählt und dann die Partei.

_____

3. _____   Die Medien spielen keine Rolle im Wahlkampf.

_____

4. _____ Josef ist sehr für die Grünen.

_____

5. _____ Innerhalb der Grünen gibt es persönliche Kleinkriege.

_____

6. _____ Das politische System in Deutschland unterscheidet sich kaum vom amerikanischen System.

_____

D. Ein Interview mit den SPD-Kanzlerkandidaten Lafontaine

NEUE VOKABELN
das Attentat, -e   *assassination attempt*
die Währungsumstellung   *changeover of currency (to D-Marks)*

Auf Herrn Lafontaine wurde im April 1991 ein Attentat verübt.

Beantworten Sie die Fragen.

1. Wann wurde ein Attentat auf Lafontaine verübt? _____

2. Wer hat Lafontaine Hilfe angeboten? _____

3. Was meint Lafontaine, wenn er sagt, „Wenn man sich in der Öffentlichkeit bewegt, muß man mit

solchen Sachen rechnen."? _____

4. Welche wirtschaftlichen Konsequenzen wird die Währungsumstellung haben? _____

5. Warum kritisiert Lafontaine die Vereinigung von Ost und West? _____

E. Meine Umwelt, deine Umwelt

NEUE VOKABELN

blöd   *crazy, stupid*
der Dreck   *muck, garbage*
Raubbau treiben   *to exhaust the soil*
die Müllhalde   *garbage dump*

Sofie und Willi machen einen Spaziergang an der Elbe in Dresden. Willi hat eine Dose Cola ausgetrunken und sie in den Fluß geworfen.

Wer sagt das, Willi (W) oder Sofie (S)?

1. _____   Das war wirklich nur eine Dose.

2. _____   Weißt du eigentlich, wieviel Dreck schon in dem Fluß ist?

3. _____   Du guckst wohl zu viel Fernsehen und liest zu viele Magazine aus dem Westen.

4. _____   Als das hier noch die DDR war, hat man genug Raubbau mit der Umwelt getrieben.

5. _____   Ich werfe meine Cola-Dose wie ein guter Deutscher in den Abfalleimer.

6. _____   Der Kapitalismus produziert und reproduziert.

7. _____   Ich mache im Moment wirklich keinen Witz.

8. _____   Unvorstellbar, was wir jeden Tag wegwerfen.

9. _____   Gleich hol' ich dir die Cola-Dose für dein Recycling.

10. _____   Ich habe keine allzugroße Lust, in der Elbe schwimmen zu gehen.

F. Silvia Mertens spricht mit ihrem Freund Jürgen Baumann über die Zukunft.

Emil und seine Freunde von Bosch tun etwas für die Umwelt.

A.U.G.E. AKTIONSGEMEINSCHAFT
UMWELT, GESUNDHEIT, ERNÄHRUNG e.V.

BOSCH

Beantworten Sie die folgenden Fragen.

1. Wer bekommt ein Kind? _____

2. Welche Probleme bezeichnet Jürgen als Gründe, keine Kinder zu haben?

   _____ das Ozonloch

   _____ politische Unruhe

   _____ den Treibhauseffekt

   _____ wirtschaftliche Probleme

   _____ die Umweltverschmutzung

   _____ den Hunger in der Welt

   _____ das Abholzen des Regenwaldes

   _____ nukleare Unfälle

3. Wodurch verschmutzen wir jeden Tag unsere Umwelt?

   a. _____

   b. _____

   c. _____

4. Ist Silvia auch so pessimistisch wie Jürgen? _____

G. Ach du liebe Technik!

NEUE VOKABELN

sich lohnen   *to be worth it*

Herr Thelen ist bei Frau Gretter zu Besuch. Sie unterhalten sich über die Technik.

Beantworten Sie die folgenden Fragen.

1. Was für ein neues Gerät hat Frau Gretter? _____

2. Warum kann sie die Gebrauchsanweisung nicht lesen? _____

3. Was sagt Herr Thelen zu der Gebrauchsanweisung?

   _____

4. Warum hat Frau Gretter viele Geräte, die sie nur selten benutzt?

   _____

5. Was lohnt sich, wenn Herr Thelen öfter zu Frau Gretter zum Essen kommt?

   _____

Rollenspiel

Auf der Bank

A. Sie haben ein Stipendium für ein Jahr an der Universität Bochum. Jetzt wollen Sie bei der Deutschen Bank ein Konto eröffnen. Fragen Sie auch nach Zinsen, Euroschecks und Scheckkarte für den Geldautomaten und ob Sie Ihr Konto überziehen können.

B. Sie sind bei der Deutschen Bank, und ein Kunde möchte ein Konto eröffnen. Fragen Sie nach Art des Kontos. Euroschecks bekommt man nur, wenn man ein festes Einkommen hat. Auf Girokonten gibt es keine Zinsen.

Bei dem Hören

1. Was für ein Konto will die Kundin eröffnen? _____

2. Wie erhält man die Kontoauszüge? _____

3. Was kann man noch mit der Euroscheckkarte tun? _____

4. Was kostet die Euroscheckkarte? _____

5. Was ist eine Alternative zur Euroscheckkarte? _____

Aussprache und Orthographie

AUSSPRACHE

Vokalisiertes *r*

Recall that the letter **r** is vocalized, which means it is pronounced as a *schwa*, like *a* in the English *about*, unless it is followed by a vowel.[1]

A. Pronounce the following words with vocalized **r**.

> wertvoll, Wurst, zuerst, Quark, Gurke
> Tier, Körper, beantworten, Gewürz, ehrlich

B. A single **r** that follows the letter **a** is not pronounced unless it is followed by an **m** or an **n**. Thus, there is little difference in pronunciation between the words **Jahr** and **ja**.

Pronounce the following words with single **r** after the vowel **a**.

> Arzt, Fahrt, Garten, Nachbar, war, gespart

Unbetontes *es* und *er*

An **e** in unstressed syllables, such as endings on verbs, nouns, or adjectives, is pronounced as a *schwa* (*about*), unless it is followed by **l** or **r**.[2]

A. Pronounce the following words with unstressed **e**.

> Hüfte, Lunge, Lampe, Grippe, Hilfe, Leute

B. The letter combination **er** in prefixes such as **er-**, **ver-**, and **zer-** is pronounced as **e** + *schwa*. When the letter combination **-er** is a suffix, as in a plural ending (**Männer**), a comparative ending (**schneller**), or the ending of a noun that derives from a verb (**Lehrer**), it is pronounced as another *schwa*-sound similar to the vowel sound in English *cup*.

Pronounce the following words with **er**.

> **er-**   erinnern, Verband, verletzt, Erbse, vermischen
> **-er**   sauber, Leber, Hummer, Dosenöffner, Trockner

---

[1]Double **r** is always pronounced **r**: **irr**, **Geschirr**, and so on.
[2]The **e** in the combination **el** is pronounced as short **e** (**Vogel**, **Segel**). You will learn about **er** in the discussion that follows.

C. Concentrate on the various *schwa*-sounds as you pronounce the following word pairs with final **e** or **er**.

  e → er   lebe → Leber; Lehre → Lehrer; trockne → Trockner; Worte → Wörter

D. Now practice the following sentences. Concentrate on the pronunciation of the various *schwa*-sounds.

1. Sie dürfen sich nicht soviel ärgern.
2. Ich streiche mir etwas Quark aufs Brötchen.
3. Das esse ich gern mit Erdbeermarmelade.
4. Ich erinnere mich an die leckeren Krabben und Hummer.
5. Mein Staubsauger und mein Fernseher sind kaputt.

ORTHOGRAPHIE

Unbetontes *e* und *er*

A. Write the words you hear with final **e**.

1. _____   4. _____

2. _____   5. _____

3. _____   6. _____

B. Write the words you hear with final **er**.

1. _____   4. _____

2. _____   5. _____

3. _____   6. _____

C. Concentrate on the *schwa*-sounds represented by **e** and **er**. Write the sentences you hear.

1. Haferflocken sind _____ als _____.

2. Ich _____ mich, wenn ich etwas _____

    _____.

3. _____ habe ich 20 _____ auf _____ _____

    _____.

4. Sie müssen _____ _____ _____ und

    _____ essen.

5. _____, _____, _____ und

    _____ haben _____ viel Cholesterin.

SCHRIFTLICHES

A. Wirtschaft. Vervollständigen Sie die folgenden Aussagen.

Achtung!   Lesen Sie Grammatik 14.1, „Relative Clauses (review)"!

> MODELL: Ich brauche eine Flugkarte, *mit der ich um die Welt fliegen kann.*
> Ich möchte den Wechselkurs, *der am günstigsten ist.*

1.   Ich will in einem Land Urlaub machen, _____

2.   Ich möchte gern ein Konto eröffnen, _____

3.   Ich möchte später einen Beruf haben, _____

4.   Ich hätte gern Kreditkarten, _____

5.   Ich möchte nur noch Werbung sehen, _____

6.   Ich möchte gern erspartes Geld haben, _____

B. Wie sieht es mit Ihrer finanziellen Situation aus? Füllen Sie die Tabelle aus!

	EINKOMMEN (PRO MONAT)		AUSGABEN (PRO MONAT)
Arbeit		Miete	
Stipendium		Nebenkosten	
von Ihren Eltern		Studium	
_____		Auto/Transportmittel	
_____		Essen	
_____		Freizeit/Vergnügen	
_____		_____	
_____		_____	
_____		_____	

1.   Wieviel geben Sie im Monat aus? _____

2.   Wieviel bekommen Sie im Monat? _____

3.   Sparen Sie Geld? Wieviel pro Monat? _____

4.   Worauf sparen Sie? _____

5. Werden Sie nach dem Studium viele Schulden haben? Warum oder warum nicht? _____

_____

_____

C. **Politik.** Verbinden Sie die folgenden Sätze mit den Konjunktionen **obwohl, auch wenn** oder **wenn**.

Achtung! Lesen Sie Grammatik 14.2, „Word Order in Dependent and Independent Clauses (review)"!

MODELL: Die Menschheit verzichtet auf Atomkraft. Trotzdem muß sie nicht zurück in die Steinzeit. →
Auch wenn die Menschheit auf Atomkraft verzichtet, muß sie nicht zurück in die Steinzeit.

1. Weniger Chemikalien werden in die Flüsse geleitet. Dann wird es auch wieder mehr Fische geben.

_____

_____

2. Mehr Ausländer kommen nach Deutschland. Dann wird der Fremdenhaß größer.

_____

_____

3. Die Luft in den Städten wird immer schlechter. Trotzdem ziehen immer mehr Menschen dorthin.

_____

_____

4. Die Arbeitslosigkeit wird größer. Dann werden die Menschen konservativer.

_____

_____

5. Der Krieg am Golf ist geführt worden. Trotzdem hat sich die Situation nur wenig verbessert.

_____

_____

D. **Was ist die andere Seite dieser Lösungen?** Vervollständigen Sie die folgenden Sätze.

MODELL: Man könnte die Steuern erhöhen, obwohl *nicht viele Leute höhere Steuern bezahlen wollen.*
Man könnte Atomkraftwerke schließen, aber *wir brauchen billige Energie.*

1. Das Problem der Jugendarbeitslosigkeit sollte gelöst werden, bevor _____

_____

2. Man sollte etwas gegen Drogen- und Alkoholmißbrauch tun, solange _____

_____

3. Man sollte die Umwelt schützen, denn _____

_____

4. Man sollte für soziale Gerechtigkeit sorgen, damit _____

_____

5. Man sollte die Ausländer integrieren, und _____

_____

E. Natur und Umwelt

Achtung! Lesen Sie Grammatik 14.3, „Adjektive Endings (review)", und Grammatik 14.4, „Principles of Case (review)"!

Was gehört zusammen?

ADJEKTIVE		NOMEN	
_____	ökologisch	a.	Fluß
_____	sauer	b.	Regenwälder
_____	verschmutzt	c.	Regen
_____	sterbend	d.	Gleichgewicht

Jetzt haben Sie eine Liste von vier Umweltproblemen. Was können Sie als Individuum machen, um bei der Lösung dieser Probleme zu helfen? Schreiben Sie Ihre Ideen hier auf!

1. _____

_____

_____

2. _____

_____

_____

3. _____

_____

4. _____

_____

_____

F. Reagieren Sie auf die folgenden Pressemeldungen und begründen Sie Ihre Meinung.

MODELL: Zum Schutz des Waldes hat die Regierung ein Tempolimit eingeführt. →
Das finde ich richtig. Für den Schultz des Waldes sollte noch viel mehr getan werden.

1. Wegen der starken Luftverschmutzung in Los Angeles müssen dort alle Leute mit öffentlichen Verkehrsmitteln fahren.

_____

_____

_____

2. Es ist nicht mehr verboten, Marihuana zu rauchen.

_____

_____

_____

3. Alkohol und Zigaretten sind auch gefährliche Drogen.

_____

_____

_____

4. In den USA darf niemand mehr Wildtiere jagen.

_____

_____

_____

5. Wegen des Mißbrauchs von Tieren sollten alle ab heute nur noch vegetarisch essen.

_____

_____

_____

G. Technik. Nennen Sie Vorteile und Nachteile des Gebrauchs folgender Geräte.

1. Computer

Vorteile: _____

_____

_____

Nachteile: _____

_____

_____

2. Geschirrspülmaschine

Vorteile: _____

_____

_____

Nachteile: _____

_____

_____

3. Autotelefon

   Vorteile: _____

   _____

   _____

   Nachteile: _____

   _____

   _____

4. Fernsehen

   Vorteile: _____

   _____

   _____

   Nachteile: _____

   _____

   _____

Schreiben Sie!

Die Universitätszeitung hat einen Kommentar veröffentlicht, in dem die Redakteurin ihre Meinung zum Thema „Ist das Leben einer technischen Gesellschaft besser als das Leben einer vortechnischen Gesellschaft?" wiedergegeben hat.

Was ist Ihre Meinung? Schreiben Sie der Redakteurin einen Brief zu diesem Thema.

Denken Sie an die Vorteile und Nachteile einer technischen Gesellschaft.

MÖGLICHE VORTEILE	MÖGLICHE NACHTEILE
mehr Freizeit	schnelles Leben
weniger Krankheiten	Umweltprobleme
längeres Leben	ökonomische Probleme

Liebe Redakteurin,

_____

_____

_____

_____

_____

_____

_____

_____

_____

_____

_____

_____

_____

_____

_____

Mit freundlichen Grüßen,

_____

LESEECKE

Lesetext 1: Einen Computer kaufen

Vor dem Lesen

Haben Sie einen Computer? Was für einen? _____

Wozu benutzen Sie ihn? _____

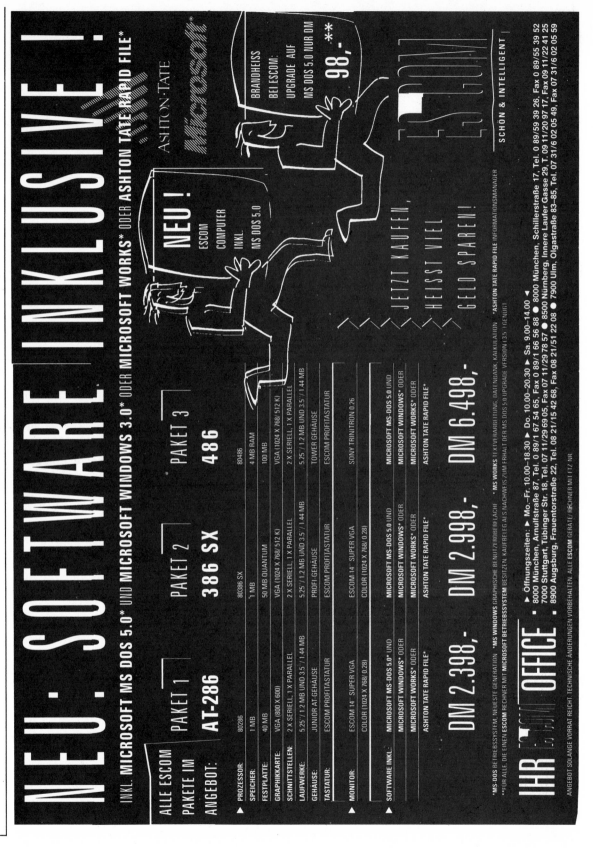

Arbeit mit dem Text

Welchen Computer würden Sie kaufen? Warum? Denken sie auch an den Preis.

_____

_____

_____

_____

_____

Lesetext 2: Eine Diskussion in der Eckkneipe

Herr Ruf und Herr Wagner sind in der Kneipe an der Ecke und diskutieren über Politik. Dabei sind sie zum Thema Atomkraft gekommen.

HERR WAGNER: Ohne Atomkraft können wir nicht existieren. Wir brauchen sie.

HERR RUF: Wozu, um uns alle in die Luft zu sprengen?[1] Denk doch an Tschernobyl und die Folgen.

HERR WAGNER: Was für Folgen? Das war doch alles nur Panikmache von den Grünen und Leuten wie dir.

HERR RUF: Panikmache nennst du das? Warte nur ein paar Jahre, dann sehen wir die Folgen. Ich kann nicht verstehen, warum du so argumentierst, du hast doch Kinder.

HERR WAGNER: Ja eben! Gerade weil ich Kinder habe. Atomkraft schafft[2] Arbeitsplätze, und die brauchen wir. Du weißt ja nicht, was das heißt, arbeitslos zu sein. Ich war fast ein halbes Jahr arbeitslos, und ich möchte das nie wieder sein.

HERR RUF: Ich kann dich ja verstehen, aber es gibt doch auch andere Energiemöglichkeiten—die schaffen doch auch Arbeitsplätze. Und wir müssen von unserer Regierung verlangen,[3] daß man an diesen Möglichkeiten arbeitet. Atomkraft ist einfach zu gefährlich.

HERR WAGNER: Ja, ja, alternative Energien! Wenn du so sehr auf Umweltschutz[4] bedacht bist, dann mußt du doch sagen, daß Atomkraft die sauberste Lösung ist. Die Kohlekraftwerke machen doch unsere Umwelt kaputt. Und überhaupt, wenn du wirklich engagiert wärst, dann würdest du nicht mehr Auto fahren.

HERR RUF: Ja, das stimmt, eigentlich sollte ich es verkaufen und zu Fuß gehen.

HERR WAGNER: Und schau dir die Franzosen, die haben direkt hinter der Grenze eine ganze Reihe von Reaktoren stehen. Selbst wenn wir keine Atomkraftwerke mehr hätten, haben die sie, und wenn eines davon in die Luft geht, dann gehen wir mit. Rede also auch mit den Franzosen.

HERR RUF: Aber einer muß doch anfangen.

HERR WAGNER: Klar. Aber schau dir an, was in der alten DDR geschah, die hatten überhaupt keine Gesetze gegen den Umweltschutz und haben uns den Dreck von der anderen Seite hereingeblasen.

HERR RUF: Aber das ist ja jetzt gottseidank vorbei.

HERR WAGNER: Ja schon, aber was das alles kostet. Das zahlen wir alles.

---

[1]in . . . _to blow up_

[2]macht

[3]fordern

[4]_environmental protection_

HERR RUF: Besser so, als wenn nichts geschieht.
HERR WAGNER: Aber immer müssen wir anfangen. Denk doch auch an die Konsequenzen für den
              Arbeitsmarkt. Du bist Künstler und kannst leicht reden, aber ich muß an meine Arbeit
              denken und an meine Familie.
HERR RUF: Eben, ich auch.

Arbeit mit dem Text

1. Was sagt Herr Wagner zu Tschernobyl?

   _____

   _____

2. Wie denkt Herr Ruf darüber?

   _____

   _____

3. Warum ist Herr Wagner für Atomenergie?

   _____

   _____

4. Welche Gegenargumente hat Herr Ruf?

   _____

   _____

Und Sie? Wie denken Sie über dieses Thema?

1. Was für alternative Energiequellen gibt es?

   _____

   _____

2. Würden Sie bei sich beginnen und Ihr Auto verkaufen?

   _____

   _____

3. Wir würde eine ähnliche Diskussion in den USA ablaufen?

   _____

   _____

Lesetext 3: Tempolimit in Deutschland?

Deutschland ist das einzige Land in Europa, in dem es kein Tempolimit auf Autobahnen gibt. In allen anderen europäischen Ländern ist eine Höchstgeschwindigkeit[1] auf Landstraßen und Autobahnen festgesetzt.[2]

Im Jahre 1985 wurde von der Regierung die Einführung eines Tempolimits auf deutschen Straßen diskutiert. Für Autobahnen sollte eine Höchstgeschwindigkeit von 130 und für Landstraßen von 80 Stundenkilometern festgesetzt werden. Vor allem die grüne Umweltpartei befürwortete[3] das Tempolimit. Das Waldsterben durch den sauren Regen wird durch Autoabgase mitverursacht.[4] Je höher die Geschwindigkeit ist, desto mehr Schadstoffe werden mit den Abgasen freigesetzt. Durch ein Tempolimit könnte also ein wirkungsvoller Beitrag[5] zum Umweltschutz geleistet werden. Ein weiteres Argument für die Einführung eines Tempolimits ist natürlich die geringere[6] Unfallgefahr bei niedrigeren Geschwindigkeiten. Der hartnäckigste Widerstand gegen die Einführung des Tempolimits kam von der Autoindustrie. Vor allem die Hersteller[7] schneller Autos wie BMW, Porsche und Mercedes sahen ihren Absatzmarkt in Gefahr. Wenn bundesdeutsche Autofahrer sich ein schnelles Auto anschaffen,[8] wollen sie es natürlich auch benutzen. Die Fahrer schneller Autos waren überwiegend gegen ein Tempolimit, während die Besitzer von Autos, die sowieso nicht schneller als 130 Stundenkilometer fahren, dafür waren oder dem Problem gleichgültig gegenüberstanden.

Das Argument, das schließlich zum Scheitern[9] des Tempolimits führte, klingt vor allem für Umweltschützer wenig überzeugend:[10] Die Verminderung[11] der Schadstoffbelastung durch verringerte Geschwindigkeit sei vergleichsweise gering. Und im übrigen würden sich die Autofahrer sowieso nicht an die Höchstgeschwindigkeit halten, sondern schneller fahren. Letzteres gilt für Gegner des Tempolimits deshalb als erwiesen, weil auf einer Teststrecke die Richtgeschwindigkeit[12] von 130 Stundenkilometern häufig überschritten wurde. Eine Richtgeschwindigkeit ist allerdings auch keine gesetzlich vorgeschriebene Höchstgeschwindigkeit, sondern eine Empfehlung[13] für die Autofahrer, der sie folgen können oder nicht.

Arbeit mit dem Text

FRAGEN

1. Gibt es in der Bundesrepublik ein Tempolimit auf Autobahnen?

   _____

2. Wann wurde die Einführung eines Tempolimits in der Bundesrepublik diskutiert?

   _____

---

[1]*maximum speed*

[2]*established*

[3]*supported*

[4]wird . . . *is partially caused by auto emissions*

[5]*contribution*

[6]kleinere

[7]*manufacturers*

[8]kaufen

[9]*defeat*

[10]*convincing*

[11]*reduction*

[12]*recommended speed limit*

[13]Vorschlag

3. Wie hoch sollte die Höchstgeschwindigkeit auf Autobahnen und Landstraßen sein?

_____

4. Wer war für das Tempolimit?

_____

5. Warum wäre ein Tempolimit ein wirkungsvoller Beitrag zum Umweltschutz?

_____

6. Wer war gegen das Tempolimit und warum?

_____

7. Waren alle Autofahrer in der Bundesrepublik gegen ein Tempolimit?

_____

8. Warum ist schließlich doch kein Tempolimit eingeführt worden?

_____

9. Warum wurde die Richtgeschwindigkeit von 130 auf der Teststrecke häufig überschritten?

_____

Answers

EINFÜHRUNG A

Hörverständnis

Dialoge aus dem Text

A. 1. R 2. R
B. 1. a 2. c 3. b
C. 1. F
D. 1. R

Weitere Hörtexte

A. 1, 4, 5, 2, 6, 3, 9, 8, 7
B. 1. Heidi 2. Stefan 3. Monika 4. Gabi
C. b
D. 1. F 2. F 3. R 4. F 5. F
E. 1. 4 2. 3 3. 6
F. 1. 52 2. 17 3. 69 4. 35 5. 26 6. 43 7. 95 8. 60 9. 16 10. 18 11. 80
G. 1. die Schultern 2. die Nase 3. die Ohren 4. der Mund 5. der Arm 6. der Bauch 7. der Fuß 8. die Hand 9. das Bein
H. 1. a. Sie b. du c. Sie 2. a. Sie b. du c. Sie

Orthographie

1. Sakko 2. Bluse 3. Brille 4. alt 5. lang 6. Anzug 7. Kleid 8. Schuhe 9. Jacke 10. Buch 11. Studentin 12. Ohren

Schriftliches

A. 1. Lesen Sie. 2. Laufen Sie. 3. Hören Sie zu. 4. Schreiben Sie. 5. Springen Sie.
B. 1. Sie heißt Katrin. 2. Er heißt Albert. 3. Sie heißt Nora. 4. Er heißt Peter. 5. Er heißt Stefan. 6. Er heißt Thomas. 7. Sie heißen Katrin, Heidi, Monika und Nora. 8. Sie heißen Peter, Albert, Stefan und Thomas.
D. 1. Ich bin . . . 2. Meine Augen sind . . . 3. Mein Haar ist . . . 4. Meine Bluse / Mein Hemd / Mein T-Shirt ist . . . 5. Ich habe eine Brille / einen Bart / ein Buch.
E. Bluse, Jacke, Mantel, Krawatte, Schuhe, Hut, Rock, Hemd
F. 1. blau 2. grün 3. gelb 4. rosa 5. rot 6. weiß
G. *See Answers to Crossword Puzzles.*
H. 1. das Haar 2. der Arm 3. die Hand 4. der Fuß 5. die Nase 6. der Mund 7. die Augen 8. die Ohren
I. *See Answers to Crossword Puzzles.*

Schreiben Sie!

A. Ich heiße Stefan. Ich bin Student. Ich habe blaue Augen und kurzes Haar. Ich trage eine schwarze Hose und ein blaues Hemd. Ich habe auch einen Bart und trage eine Brille.

EINFÜHRUNG B

Hörverständnis

Dialoge aus dem Text

A. 1. R 2. R 3. F
B. 1. nett 2. groß, schlank 3. d
C. 1. F 2. R 3. R
D. 1. New York 2. Regensburg

Weitere Hörtexte

A. 1. Stühle 2. Tische 3. Tafel 4. Papier 5. Stifte 6. Hefte 7. Schwamm 8. Kreide 9. Bücher 10. Computer
B. Peter: nervös, schüchtern
   Sabine: sportlich, schüchtern, nett, hübsch, intelligent
C. Mutter: Maria, Vater: Josef, Schwester: Diana, Brüder: Thomas, Paul
D. 1: 1. d 2. c 3. b 4. d 5. a 6. e 7. d
   2: 1. F 2. R 3. F 4. F 5. R
E. 1. Frankreich 2. Argentinien 3. Schweden 4. Spanien 5. England 6. den USA

Schriftliches

A. Tür, Kreide, Stühle, Lampe, Fenster, Bücher, Wand, Tisch, Hefte, Tafel
   1. Türen 2. Kreiden 3. Lampen 4. Fenster 5. Wände 6. Tische 7. Böden 8. Tafeln
   1. Stuhl 2. Buch 3. Heft
D. 1. Vater 2. Tochter 3. Schwester 4. Großvater/Opa 5. Onkel 6. Großmutter/Oma 7. Bruder 8. Sohn
   9. Mutter 8. Kusine 9. Mann
F. 1. c 2. b 3. a
G. (*possible answers*) 1. Es ist heiter. 2. Es ist wolkig und warm. 3. Es ist bedeckt und kühl. 4. Es ist
   schön und ziemlich warm. 5. Es ist schön aber etwas kühl. 6. Es schneit und ist kalt. 7. Es ist warm
   und wolkig. 8. Es regnet und ist etwas kühl. 9. Es ist wolkig. 10. Es ist wolkig.
I. 1. Boris Becker kommt aus Deutschland. Er spricht deutsch. 2. Michael und Raissa Gorbatschow
   kommen aus Rußland. Sie sprechen Russisch. 3. Marcello Mastroianni kommt aus Italien. Er spricht
   italienisch. 4. Meine Mutter kommt aus . . . Sie spricht . . . 5. Mein Vater kommt aus . . . Er spricht . . .
   6. Ich komme aus . . . Ich spreche . . .

Schreiben Sie!

A. In meinem Klassenzimmer ist ein Schwamm. Er ist schmutzig. In dem Klassenzimmer ist auch eine
   Lampe. Sie ist weiß. In dem Zimmer ist ein Fenster. Es ist offen. In der Klasse sind viele Studenten. Sie
   sind nett. Es ist eine schöne Klasse.

KAPITEL 1

Hörverständnis

Dialoge aus dem Text

A. 1. F: Er kommt aus Deutschland. 2. F: Er studiert Psychologie.
B. Familienname: Staiger   Vorname: Melanie   Adresse: Gesandtenstraße 8   Wohnort: Regensburg
   Telefon: 24352   Alter: 21   Beruf: Studentin

Weitere Hörtexte

A. Nora: windsurfen gehen, schwimmen, in den Bergen wandern
   Albert: Mathematik studieren, in der Bibliothek arbeiten, in Yosemite zelten (in den Bergen wandern)
B. 1. Schwimmen, Tennis, Squash 2. ja 3. nein

C. Katrin: 8.00 Deutsch, 9.00 Biologie, 10.00 Psychologie, 13.00 Geschichte
Thomas: 8.00 Deutsch, 10.00 Geschichte, 14.00 Psychologie
D. Heidi: 6.30 aufstehen, 7.00 frühstücken, 7.20 Bus nehmen
Peter: 7.00 aufstehen, er frühstückt nicht, 7.35 Bus nehmen
E. 1. Hamburg, 7.10 2. Frankfurt, 20.00 3. München, 15.24 4. Düsseldorf, 13.15, 22.00 5. Stuttgart, 16.05
F. 1. b 2. Mittwoch, 8.00, 10.00 3. 11, Dresden 4. 21

Rollenspiel

1. Haben Sie Informationen über ein Auslandsstipendium?
2. (*possible answers*) Wo möchten Sie denn gerne studieren? Was studieren Sie hier? Wie alt sind Sie? Kann ich Ihnen die Information mit der Post schicken? Wie ist Ihre Adresse? Kann ich bitte auch Ihre Telefonnummer haben?

Orthographie

1. Auto 2. Tisch 3. Winter 4. Arm 5. Lampe

Schriftliches

A. (*answers will vary*) 1. Ich spiele (nicht) gern Tennis. 2. Ich gehe (nicht) gern ins Restaurant. 3. Ich schwimme (nicht) gern im Meer. 4 Ich liege (nicht) gern in der Sonne. 5. Ich arbeite (nicht) gern fürs Studium. 6. Ich telefoniere (nicht) gern mit Freunden. 7. Ich gehe (nicht) gern ins Kino. 8. Ich höre (nicht) gern Musik. 9. Ich spiele (nicht) gern fußball. 10. Ich gehe (nicht) gern windsurfen.
C. 1. Woher kommen Sie? 2. Wo wohnen Sie? 3. Was ist Ihre Adresse? 4. Was ist Ihre Telefonnummer? 5. Wie alt sind Sie? 6. Wie viele Geschwister haben Sie? 7. Wo arbeiten Sie? 8. Sind Sie verheiratet? 9. Haben Sie einen Freund? 10. Wie heißt er?

Leseecke

Lesetext 1: Vor dem Lesen

1. d 2. f 3. c 4. b 5. a 6. e

Arbeit mit dem Text

1. 18.30, 20.45 2. *Auf die harte Tour, Der Kuß vor dem Tod, Nicht ohne meine Tochter* 3. *Der Klub der toten Dichter* 4. Mathäser Filmpalast, Marmorhaus, Cadillac + Veranda, Royal-Filmpalast, Theater am Karlstor 5. *Der mit dem Wolf tanzt*

Lesetext 2: Arbeit mit dem Text

1. 22 Jahre alt 2. Sie geht auf Parties und ins Kino, spielt Gitarre und tanzt und schreibt an ihre Brieffreunde. 3. Er heißt Willi Schuster. 4. Sie fahren mit dem Fahrrad nach Radebeul.

KAPITEL 2

Hörverständnis

Dialoge aus dem Text

A. 1. morgen 2. Schlafsack, Gitarre, Wecker 3. $30.00 4. b
B. 1. R 2. F: Er spielt Gitarre und hört gern Musik. 3. R
C. 1: 1. F: Bei Rudi ist ein Fest. 2. R
2: 1. F: „Männer" läuft im Kino. 2. F: Claire geht ins Kino.

Weitere Hörtexte

A. 1. ein Bett 2. einen Schreibtisch 3. einen Schrank 4. ein Regal 5. eine Lampe 6. viele Bücher 7. eine Stereoanlage 8. einen Radiowecker
1. einen CD-Spieler 2. ein paar Poster
B. 1. ein Buch, ein neues Hemd 2. eine Katze 3. ein neues Fahrrad 4. einen Wecker
C. Elektroabteilung: Kassettenrecorder, Videorecorder
Schmuckabteilung: Ketten, Ringe, Armbänder, Ohrringe
Schuhabteilung: Winterstiefel, Kinderschuhe
Hobbyabteilung: Zelte, Campingstühle, Fahrräder, Skier
D. 1. billig 2. alt 3. schwarz und lang 4. häßlich 5. Gold 6. einen Nasering
E. 1. essen 2. geht, Museum 3. Fahrrad 4. treibt 5. spielt

Rollenspiel

Bei dem Hören

Andreas: Ich habe morgen Geburtstag, und wir machen eine Party bei mir. Ich möchte dich gerne dazu einladen. Kannst du kommen?
Ilona: Wo wohnst du jetzt? Wer kommt denn noch am Samstag? Kannst du deinen Freund Bernd auch einladen?

Orthographie

1. Teil
A. 1. Hände 2. Wände 3. zählen 4. Männer 5. trägt 6. Väter
B. 1. Nase 2. Name 3. Mann 4. tragen 5. Zahl 6. aber
C. 1. schön 2. hören 3. Töchter 4. Söhne 5. öffnen 6. möchten
D. 1. schon 2. Sohn 3. groß 4. Wort 5. kommen 6. Ohr
E. 1. fünf 2. Tür 3. natürlich 4. Bücher 5. Brüder 6. Füße
F. 1. kurz 2. Bluse 3. Stuhl 4. Buch 5. Bruder 6. Mund
2. Teil
A. 1. mein 2. klein 5. verheiratet 6. unterschreiben
B. 2. neu 3. Deutsch 6. heute
C. 1. Fräulein 2. läuft
D. 2. Auto 4. kaufen 5. Frau

Leseecke

Lesetext 1: Arbeit mit dem Text

1. Mode, Hüte und Accessoires 2. aus Brasilien, Bulgarien, London, Paris und Amazonas 3. Von 9–13, 14–18.30 4. Nein, nicht am Sonntag und am Montag 5. Karlsruhe

Lesetext 2: Arbeit mit dem Text

1. c 2. f 3. b 4. e 5. g 6. a 7. d

Lesetext 3: Arbeit mit dem Text

In München: Fortbildungskurse besuchen, Verwandte besuchen, in Museen gehen, Ausflüge in die Bergen machen, Ausflüge an Seen machen
In Berkeley: an der Universität Deutsch unterrichten, in Museen gehen, mit Freunden in Cafés gehen, ins Konzert gehen, an den Strand gehen, in den Park gehen

KAPITEL 3

Hörverständnis

Dialoge aus dem Text

A. 1. F 2. R 3. F 4. F
B. 1. Iowa City 2. Berkeley 3. F: Sie weiß noch nicht. 4. F: Er will bei einer amerikanischen Firma arbeiten.

Weitere Hörtexte

A. Peter: windsurfen, Nora: Gitarre spielen, Stefan: kochen
B. 1. zwei 2. Italienisch 3. acht 4. nach Italien 5. Italienisch 6. kochen, Wein trinken 7. eine „Ente"
C. 1. den Hund füttern 2. mit dem Hund im Park laufen 3. den Hund kämmen
D. 1. schön 2. eine Geige 3. einen Apfel 4. Durst
E. A. 1, 3, 5, 6, 7 B. 1, 3, 5

Rollenspiel

Adrianna will ins Kino gehen, in eine Kneipe oder vielleicht essen gehen.
Tom muß arbeiten.

Orthographie

1. Teil
A. 1. spielen 2. Tür 3. müde 4. Dienstag 5. Klavier 6. spülen
B. 1. hören 2. gehen 3. Französisch 4. schön 5. lesen 6. Schnee
2. Teil
A. 1. ja 2. jedes 3. Japan 4. Juli 5. jung 6. Januar
B. 1. Gymnasium 2. Psychologie 3. Lydia 4. typisch 5. sympathisch 6. Olympia

Schriftliches

C. 1. darf 2. mußt 3. soll 4. kann 5. mußt 6. darf 7. dürfen

Schreiben Sie!

1. b 2. c 3. a 4. e 5. d

Leseecke

Lesetext 1: Arbeit mit dem Text

1. Gittalun 2. Wenn man nicht schlafen kann. 3. schnell 4. in der Apotheke

KAPITEL 4

Hörverständnis

Dialoge aus dem Text

A. 1. um 4 Uhr 2. auf einem Fest 3. Wein 4. rauchen
B. gemacht: Musik gehört, gestrickt, gesprochen und ferngesehen, spazieren gegangen, ein Picknick gemacht
nicht gemacht: Hausaufgaben für Deutsch, Mathe
C. 1. am dreißigsten 2. im August 3. nein

Weitere Hörtexte

A. 1. a 2. e 3. g 4. c 5. d 6. f 7. a 8. b

B. 1. bin, gefahren 2. geschwommen, gegessen, gelacht 3. habe, gearbeitet 4. eingekauft, gearbeitet
5. habe, gelernt, gemacht
1. R 2. R 3. F

C. Wer?: Benz, Röntgen, Ernst, Edison Wann?: 1895, um 8, 1879

D. 2, 4, 6

E. 1. F: Sie hat während des Semesters gearbeitet. 2. F: Sie ist in Regensburg geblieben. 3. R 4. R 5. R

Orthographie

A. 1. von 2. viel 3. Vergnügen 4. Vorlesung 5. Viertel 6. vergessen

B. 1. Wein 2. was 3. Wäsche 4. Schweiz 5. Woche 6. Schwester

s, z

A. 1. Sonne 2. Seminar 3. lesen 4. sie 5. segeln 6. sehr

B. 1. tanzen 2. Konzert 3. Pizza 4. Zeitung 5. zurück 6. Zelt

ss, ß

A. 1. essen 2. Professor 3. Adresse 4. aggressiv 5. pessimistisch 6. Klasse

B. 1. groß 2. weiß 3. heißen 4. schließen 5. Straße 6. bißchen

Schriftliches

A. *See Answers to Crossword Puzzles.*

B. 1. gegangen 2. gesehen 3. gegessen 4. spazierengegangen 5. gefunden 6. geschlafen

G. 1. Stefan ist am 4. Februar geboren. 2. Frau Schulz hat am 12. März Geburtstag. 3. Heidi ist am
23. Juni geboren. 4. Monika hat am 19. November Geburtstag. 5. Albert ist am 22. Dezember
geboren.

H. 1. — 2. Um 3. am 4. um 5. Am 6. im 7. Um 8. Am 9. am 10. um 11. in 12. im

Schreiben Sie!

A. 1. c 2. a 3. b 4. d

Leseecke

Lesetext 1: Arbeit mit dem Text

1. Widder 2. Krebs 3. Waage, Steinbock 4. Zwillinge 5. Schütze

Lesetext 2: Arbeit mit dem Text

1. a. junge Schauspieler, einen Touristen b. Mozarts Geburtshaus, Touristen, das Luxushotel „Goldener
Hirsch" c. schick gestylte Typen 2. Sie ist ins Restaurant gegangen.

KAPITEL 5

Hörverständnis

Dialog aus dem Text

1. R 2. F 3. F 4. R

Weitere Hörtexte

A. 1. F 2. F 3. F 4. R 5. F 6. F 7. F 8. R

B. 1. c 2. d 3. a 4. f

C. 1. Medizin 2. Kunst 3. Ökonom 4. Ökonomin 5. 40 6. Sportler 7. Freizeit 8. arbeiten 9. Universität
10. studieren 11. Fremdsprachen 12. Sportverein

D. Stefan: Lehrer
Heidi: in einem Krankenhaus, Ärztin
Peter: im Rathaus, an einer Universität oder in einem Büro, am Theater

E. 1. d 2. e 3. f 4. h 5. a 6. g 7. c 8. b

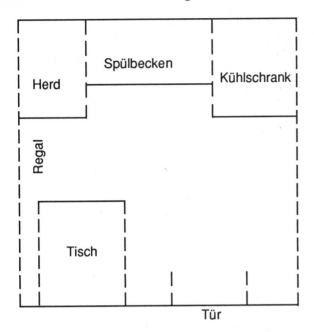

Orthographie

A. 1. waschen 2. schön 3. Geschichte 4. schlafen 5. Deutsch 6. Schlittschuh

B. 1. spät 2. Spaß 3. Stadt 4. Strand 5. spielen 6. Stunde

Schriftliches

C. 1. Wen hast du besucht? 2. Wem hat sie ein Buch gegeben? 3. Wer hat deiner Tante Witze erzählt? 4. Wen hat deine Tante nicht hören können?

D. *See Answers to Crossword Puzzles.*

E. 1. Ernst wird Polizist. 2. Sigrid und Helga werden Stewardessen. 3. Jutta wird Friseuse. 4. Thomas wird Koch. 5. Katrin wird Reporterin. 6. Silvia wird Professorin. 7. Jens wird Mechaniker. 8. Peter wird Arzt. 9. Melanie wird Architektin.

G. 1. in 2. An 3. an 4. auf 5. in 6. im 7. auf 8. auf 9. auf 10. in

Schreiben Sie!

Job: Kellner/Kellnerin   Erfahrung: französische, Organisations   Bezahlung: Bezahlung, gute
Verpflegung und Unterbringung: Wohnung, fünf, Kantine, Angestelltentrakt des Hotels

Leseecke

Lesetext 1: Arbeit mit dem Text

1. gründlich, zuverlässig, engagiert 2. neue 3. drei

Lesetext 2: Arbeit mit dem Text

Michaels Jobs. Werbetexter, Assistent bei einer Werbeagentur, Taxifahrer, Kellner in einer Kneipe, Kellner in einem sehr teuren Restaurant, Krankenpfleger, Verkäufer, Chauffeur

KAPITEL 6

Hörverständnis

Dialog aus dem Text

1. F: Es ist in Frankfurt-Süd. 2. R 3. R 4. F: Es ist möbliert. 5. R 6. F: Sie kommt gleich vorbei.

Weitere Hörtexte

A. 1. Sie haben ein neues Haus gekauft. 2. schöne Gegend, zentral, größer als das alte 3. 20 Jahre alt
B. 1. im Eßzimmer 2. nein 3. aus Holz 4. antike 5. Eßzimmerschrank: von ihrer Schwester, Stühle: von ihrer Nichte und ihrem Mann
C. 1. Metzger, Aufschnitt 2. Bäckerei, Vollkornbrot
D. 1. zur Bank, in den Supermarkt, in die Reinigung, ins Kaufhaus 2. Was die Österreicher am Samstagmorgen machen.
E. 1. kaufen 2. groß, komfortabel 3. drei, Küche 4. Herd, Geschirrspülmaschine 5. Parkplatz
F. 1. die Garage aufräumen, staubsaugen, Auto waschen, den Rasen mähen, die Fenster putzen 2. Die Deutschen putzen sehr viel.

Orthographie

1. Tag 2. Geld 3. Dialog 4. wütend 5. gibt 6. Urlaub 7. Hund 8. Zug 9. Papierkorb

Schriftliches

A. *See Answers to Crossword Puzzles.*
D. 3. Er muß um 14.00 eine Klausur schreiben. 4. Er muß um 16.00 Bücher ausleihen. 5. Er muß um 16.20 Briefmarken kaufen. 6. Er muß um 16.45 tanken. 7. Er muß um 17.00 mit Sylvias Schwester zu Abend essen. 8. Er muß um 19.00 einen Film sehen. 9. Er muß um 21.00 seine Mutti und seinen Vati in Kassel treffen.
G. 1. Man wischt mit einem Putzlappen auf. 2. Man wäscht die Wäsche mit einer Waschmaschine. 3. Man spült das Geschirr mit einer Geschirrspülmaschine. 4. Man mäht den Rasen mit einem Rasenmäher. 5. Man bügelt mit einem Bügeleisen.

Leseecke

Lesetext 1: 1. Nein, aber man kann einen für 2,50 Mark für zwei Monate ausleihen. 2. Vom Münchner Stadtmuseum.

Leseecke

Lesetext 2

1. F: Sie haben weder Badezimmer noch Zentralheizung. 2. R 3. F: Sie müssen eine neue Wohnung im Dachboden bauen. 4. F: Die Mietpreise sind stark gestiegen. 5. F: Viele Altbauten sind noch nicht renoviert.

Lesetext 3

1. die Rufs wohnen in der Isabellastraße in München. 2. fünf 3. ein bißchen dunkel 4. ein Schreibtisch, ein Stuhl, Regale mit Büchern, ein Gummibaum

KAPITEL 7

Hörverständnis

Dialog aus dem Text
1. R 2. F 3. R 4. F

Weitere Hörtexte

A. ein Wald: Sherwood Wald, ein Tal: Rheintal, eine Halbinsel: arabische, ein Gebirge: die Alpen, eine Wüste: Sahara, ein Meer: das Tote Meer, eine Straße: die Champs Elysées, der Kurfürstendamm, Broadway, die Isabellastraße

B. Flugzeug: schnell, teuer; Bundesbahn: billiger, nicht billig genug; Bus: billig, eng; Mitfahrerzentrale: billig, dauert lange

C. Innenraum in Lederausstattung, beheizte Recaro Sportsitze, elektrische Fenster und Schiebedach, Radio-Cassettengerät, High-Tech-Fahrwerk, Servolenkung, ABS, Heckspoiler

D. Baujahr: 1978, Kupplung: fast neu, Bremsen: noch sehr gut, Karosserie: in sehr gutem Zustand, Autoradio: nein, ausgebaut, Preis: 800,- DM

E. 1. am Strand liegen, attraktive Männer beobachten 2. auf der Champs-Elysées bummeln, Modegeschäfte ansehen, in den Louvre gehen 3. lange Spaziergänge am Strand machen 4. es ist teuer

F. 1. J 2. C 3. C 4. J 5. J 6. J 7. C 8. C 9. C

Rollenspiel

Beim Hören: den Intercity, 175,- DM, 16.05

Orthographie

1. Zeitung 2. langweilig 3. singen 4. lange
1. Apfel 2. Pfanne 3. pflegen 4. Kopf
1. bequem 2. Quantität 3. Qualität 4. Quatsch
1. ganz 2. Schweiz 3. tanzen 4. Schmerz
1. Katze 2. setzen 3. Arbeitsplatz 4. putzen
1. zwölf 2. zweiter 3. zwar 4. zweiundzwanzig
1. verletzt 2. geputzt 3. sitzt
1. heizt 2. Ärztin 3. getanzt

Schriftliches

A. *See Answers to Crossword Puzzles.*

B. 1. Das ist der Berg, auf dem ich gewohnt habe. 2. Das ist das Tal, in dem ich gearbeitet habe. 3. Das ist das Kind, das jeden Tag im See geschwommen ist. 4. Das ist der Fluß, der durch das Tal fließt. 5. Das ist ein Wald, den ich besucht habe.

C. 1. Das ist ein See, auf dem man segelt. 2. Hier ist die Stadt, die die größte Stadt der Welt ist. 3. Das ist der Fluß, der der längste Fluß Deutschlands ist. 4. Das ist der Tal, in dem mein Onkel wohnt. 5. Hier ist die Wiese, auf der Jochen Ruf als Kind gespielt hat. 6. Das ist die Wüste, die die trockneste Wüste der Welt ist. 7. Hier ist der Wald, in dem Rotkäppchen den Wolf getroffen hat. 8. Das ist ein Strand, an dem man Volleyball spielt.

D. 1. Das ist der längste Fluß der Welt. 2. Das ist der höchste Berg der Welt. 3. Das ist der größte Kontinent der Welt. 4. Das ist das tiefste Tal Nordamerikas. 5. Das ist die größte Stadt der Welt. 6. Das ist der kälteste Kontinent der Welt.

E. *See Answers to Crossword Puzzles.*

F. 1. b 2. g 3. c 4. j 5. h 6. f 7. i 8. e 9. a 10. d

G. (*answers will vary*) 1. die Bremsen: Damit hält man das auto an. 2. Der Kofferraum: Darin verstaut man die Koffer. 3. die Scheibenwischer: Damit wischt man die Scheiben. 4. die Sitze: Darauf sitzt man. 5. das Autoradio: damit hört man Musik und Nachrichten. 6. die Hupe: Damit warnt man andere Leute.

H. 1. Ja, ich bin schon in Deutschland gewesen. / Nein, ich bin noch nicht in Deutschland gewesen. 2. Ja, ich bin schon im Sommer skigelaufen. / Nein, ich bin noch nicht im Sommer skigelaufen. 3. Ja, ich kann schon Französisch sprechen. / Nein, ich kann noch nicht Französisch sprechen. 4. Ja, ich habe schon einmal einen ganzen Nachmittag in einem Café in Wien gesessen. / Nein, ich habe noch nicht einen ganzen Nachmittag in einem Café in Wien gesessen. 5. Ja, ich bin schon eimal nackt in einem See (im Meer) geschwommen. / Nein, ich bin noch nicht nackt in einem See (im Meer) geschwommen.

6. Ja, ich fahre noch jeden Sommer nach Hause. / Nein, ich fahre nicht mehr jeden Sommer nach Hause. 7. Ja, ich fahre noch ein Dreirad. / Nein, ich fahre nicht mehr ein Dreirad. 8. Ja, meine Freunde spielen noch mit Gummitieren in der Badewanne. / Nein, meine Freunde spielen nicht mehr mit Gummitieren in der Badewanne. 9. Ja, man kann in Berlin die Mauer noch besuchen. / Nein, man kann in Berlin die Mauer nicht mehr besuchen. 10. Ja, ich schreibe Sankt Nikolaus noch Briefe. / Nein, ich schreibe Sankt Nikolaus Briefe nicht mehr.

Leseecke

Lesetext 1

1. 10:20 2. 21 3. 38 Minuten 4. nein 5. am 15. Mai 1991

Lesetext 2

1. nein 2. 40,- DM 3. von Werner 4. von ihren Eltern 5. Werner teilt das Geld durch alle, die eingezahlt haben.

Lesetext 3

1. mehr Männer 2. nein 3. seit der Wiedervereinigung 4. Sie hatten nicht genug Geld, um den Wagen zu halten.

KAPITEL 8

Hörverständnis

A. Rolf: Fußball spielen, Tennis spielen, Volleyball spielen, ins Freibad gehen; Katrin: ans Meer fahren, schwimmen

B. 1. 15 2. auf einer Party 3. an einen See gefahren 4. um 9 Uhr 5. um 11 Uhr 6. weil er länger geblieben ist 7. Coras Tochter

C. 1. R 2. R 3. F: Sie sind violett und grün. 4. F: Er findet sie häßlich. 5. F: Er hatte einmal langes Haar.

D. 8, 3, 1, 5, 6, 2, 7, 4

E. 1. Erste Weltkrieg 2. gefallen 3. Nachbarschaft, gebracht 4. Party, gegangen 5. beendet, Stelle 6. ist, gekommen 7. gewartet 8. kennengelernt, geheiratet

F. 1. Rotkäppchen 2. Rumpelstilzchen 3. Hänsel und Gretel 4. Dornröschen 5. Schneewittchen 6. Der Froschkönig

G. 1. war 2. hieß 3. trug 4. sagte 5. antwortete 6. sagte 7. fuhr 8. war 9. war 10. überfuhr 11. sah 12. schnitt 13. kam

Rollenspiel

Michael hat nach der Schule bei der Sparkasse eine Lehre gemacht.
Petra hat nach der Schule Germanistik und Amerikanistik in Köln studiert.
Petra arbeitet jetzt bei ihren Eltern im Geschäft.

Orthographie

ch

1. Ich habe gerade an deine Geschichte gedacht. 2. Wohnen Sie lieber in Frankreich oder in Österreich?
3. Geschichte ist mein Lieblingsfach. 4. Wir haben für dich einen Kuchen mitgebracht. 5. Ich koche Kaffee, und du liest mir etwas aus deinem Gedichtebuch vor.

sch, ck

1. Michael besucht Richard in München. 2. Meine Tochter duscht sich vor dem Frühstück. 3. Am Mittwoch fahren wir um Mitternacht in die schöne Schweiz. 4. Richard kommt aus Österreich, möchte aber in Frankreich wohnen. 5. Meine Schwester schwimmt gern, und manchmal kocht sie auch recht gern.

Schriftliches

A. *See Answers to Crossword Puzzles.*

B. (*answers will vary*) 1. Ja, ich bin auf Bäume geklettert. / Nein, ich bin auf keine Bäume geklettert. 2. Ja, ich habe einen Schneemann gebaut. / Nein, ich habe keinen Schneemann gebaut. 3. Ja, ich habe Märchen gelesen. / Nein, ich habe keine Kreuzworträtsel gelöst.

E. (*possible answers*) 1. Nachdem Jutta eine neue Frisur bekommen hatte, hatte sie Angst vor den Eltern. 2. Nachdem Juttas Vater Juttas neue Frisur gesehen hatte, schrieb er eine Kurzgeschichte über unerzogene Kinder. 3. Nachdem Frau Schulz Alfredo kennengelernt hatte, hat sie sich total verliebt. 4. Nachdem Oma Schmitz ihre Lehre beendet hatte, bekam sie ihre erste Stelle in einem Geschäft. 5. Nachdem Oma und Opa Schmitz geheiratet hatten, haben sie drei Kinder bekommen.

F. 1. d 2. g 3. e 4. c 5. b 6. a 7. f (*possible answers*) 1. Nachdem Rotkäppchen in den Wald gelaufen war, traf sie einen Wolf. 2. Nachdem der Wolf Rotkäppchen gesehen hatte, fragte er sie, „Wohin gehst du?" 3. Der Wolf lief weg, nachdem er mit Rotkäppchen gesprochen hatte. 4. Nachdem der Wolf in Groß-mutters Haus gekommen war, fraß er die Großmutter. 5. Nachdem Rotkäppchen zum Großmutters Haus angekommen war, grüßte sie die Großmutter. 6. Der Wolf fraß Rotkäppchen, nachdem sie gesagt hatte: „Großmutter, was hast du für einen großen Mund!"

Schreiben Sie!

1. d 2. g 3. i 4. e 5. a 6. b 7. f 8. j 9. h 10. c

Leseecke

Lesetext 1

1. F 2. R 3. F 4. F 5. R 6. R 7. R

Lesetext 2

1. 20 2. in russischer Kriegsgefangenschaft in Sibirien 3. ganz nett 4. Es hätte ein Spitzel sein können. 5. der Krieg

KAPITEL 9

Hörverständnis

Dialoge aus dem Text

A. Mittwochmorgen um 9 Uhr
B. 1. F 2. R
C. Halsschmerzen, Fieber

Weitere Hörtexte

A. 1. R 2. F: Er hat zu viel Arbeit. 3. F: Er hat Magenschmerzen, nur wenn er zu Hause ist. 4. F: Sie helfen nicht viel. 5. R 6. R 7. F: Er will Samstagabend zurückkommen.
B. Helga: hohes Fieber, rote Pocken, Husten, Kopfschmerzen
Sigrid: hohes Fieber, rote Pocken, apathisch, Bauchschmerzen
Frau Schmitz soll das Fieber mit kalten Umschlägen reduzieren.
C. 1. im Fitneßcenter 2. einen Muskelkater 3. Aerobics 4. anstrengende Gymnastik mit Musik 5. fast 50 Minuten 6. in die Sauna 7. für die Massage
D. 1. F 2. F 3. F 4. M 5. M 6. M 7. F 8. F 9. M
E. 1a. nein b. ja c. nein d. ja e. ja 2a. ja b. nein c. ja d. nein e. ja 3. Chips essen und das Fußballspiel ansehen
F. 1. Ibuprofen 2a. Kopfschmerzen b. Zahnschmerzen c. Fieber 3. wenig dosiert
G. 8, 6, 4, 2, 3, 7, 1, 5

Rollenspiel

Frau Breidenbach hat Herzrasen, keinen Appetit und ist immer müde. Ihr Magen ist nervös, und sie hat ein Druckgefühl im Bauch. Dr. Blömer verschreibt ihr ein Beruhigungsmittel. Sie soll einen Ausgleichsport machen.

Orthographie

A. 1. Staat 2. See 3. fliegen 4. hier 5. Haar 6. Tee 7. Boot 8. geblieben 9. paar

B. 1. Wohnung 2. Schuh 3. ihn 4. fahren 5. erzählen 6. früh 7. nehmen 8. Söhne 9. Nähe

C. 1. trinken 2. Rücken 3. zusammen 4. Kopf 5. essen 6. Mutter 7. möchten 8. Zwillinge 9. kommen

Schriftliches

B. 1. Herr Ruf, Sie müssen versuchen, Sport zu treiben. 2. Frau Frisch, Sie müssen versuchen, gesünder zu leben. 3. Frau Staiger, Sie müssen versuchen, früher ins Bett zu gehen. 4. Frau Holz, Sie müssen aufhören, Bonbons zu essen. 5. Frau Schulz, Sie müssen versuchen, jeden Tag zu frühstücken. 6. Herr Baumann, Sie müssen versuchen, weniger Kaffee zu trinken. 7. Herr Frisch, Sie müssen versuchen, weniger zu arbeiten. 8. Herr Thelen, Sie müssen aufhören, Alkohol zu trinken. 9. Herr Kunz, Sie müssen versuchen, sich weniger zu ärgern.

C. 1. Mit den Zähnen kaut man. 2. Mit den Ohren hört man. 3. Mit den Augen sieht man. 4. Mit den Händen greift man. 5. Mit den Lungen atmet man. 6. Mit den Beinen geht man. 7. Mit dem Gesäß sitzt man. 8. Mit dem Magen hungert man. 9. Mit dem Gehirn denkt man. 10. Mit den Lippen küßt man.

D. (*Choose 5 of the following.*) Wasch dir die Hände! Putz dir die Zähne! Bade dich! Wasch dir die Haare! Fön dir die Haare! Kämm dir die Haare! Leg dich ins Bett!

E. 1. Ich habe sie mir schon gefönt! 2. Ich habe sie mir schon geschnitten! 3. Ich habe sie mir schon gewaschen! 4. Ich habe sie mir schon geputzt! 5. Ich habe es dir schon gebracht! 6. Ich habe sie dir schon gegeben! 7. Ich habe ihn ihr schon gegeben! 8. Ich habe ihn ihm schon saubergemacht!

F. 1. Eine Krankenschwester ist eine Frau, die Blut abnimmt. 2. Ein Chirurg ist ein Mann, der operiert. 3. Eine Apothekerin ist eine Frau, die Medikamente empfiehlt. 4. Ein Psychiater ist ein Arzt, der psychische Probleme behandelt. 5. Eine Zahnärztin ist eine Ärztin, die die Zähne in Ordnung bringt.

H. 1. Jürgen hat sich in den Finger geschnitten. 2. Maria hat sich das Bein gebrochen. 3. Hans hat sich die Zunge verbrannt. 4. Zwei Autos sind zusammengestoßen. 5. Mehmet hat sich verletzt.

Leseecke

Lesetext 1

1. Immer gut gelaunt zu sein. 2. Von Hektik nichts zu spüren. 3. Andere Leute suchen sie aus.
Viele Menschen sind in Wirklichkeit oft nervös und voller innerer Unruhe.
Baldriparan wirkt auf das angespannte Nerven-System.

Lesetext 3

(*possible answers*) Frau Wagner: „Der geht sicher wieder zum Arzt." Frau Gretter: „Ich hoffe, es ist nichts Ernstes." Dr. Schöller: „Wenn Sie so gesund bleiben wollen, dann hören Sie mit dem Rauchen auf."

Arbeit mit dem Text

Herr Ruf: fühlt sich krank, hinkt, raucht eine Pfeife Dr. Schöller: stellt Gesundheitsfragen, gibt Rat
Sprechstundenhilfe: nimmt Blut ab, mißt den Blutdruck

KAPITEL 10

Hörverständnis

A. 1. einen Salat, Rinderfilet 2. eine Fischsuppe, Rinderfilet 3. es ist ausgezeichnet, der Chefkoch wählt es selber aus, bereitet es sorgfältig zu 4. „Wir servieren das beste Fleisch in der Stadt." 5. „Das Fleisch ist ganz frisch und die anderen Zutaten auch." 6. Sie hat kein Messer.

B. 5, 3, 7, 1, 4, 6, 2, 8; J, M, M, M, J, J, M, J

C. 1. zart 2. pflegen 3. brauchen 4. stark 6. fünf
1. trocknen 2. Temperatur 3. warm 4. Wind 5. zwölf 6. kühl 7. Frisur

D. 1. 6,- DM 2. 3,20 DM 3. frischen Holländer 4. Sie haben keinen mehr. 5. 60 Pfennig 6. ein guter Kaffee

E. 7,45 DM; 8,10 DM; 14,58 DM; 2,95 DM; 3,25 DM; 1,99 DM

F. 1. F: Er sucht einen Pelzmantel. 2. R 3. R 4. F: Sie verkaufen nur Kunstpelzmäntel.

Orthographie

A. 1. reisen 2. drei 3. viel 4. Stiefel 5. Schreibtisch 6. liest 7. ziemlich 8. Klavier 9. Studentenheim

B. Tag, Sie, Frau, Familie, immer, Ihnen, Stelle, ich, Moment, man, arbeitslos, Sie, Mann, Hause, nichts, Beruf, Tag, sitzt, Gedanken, ich, Wiedersehen

Schriftliches

C. 1. in den Besteckkorb 2. in den Abfalleimer 3. in die Waschmaschine 4. in die Obstschale 5. in den Brotkorb 6. ins Kochbuch 7. in die Vase 8. in die Schublade

E. 1. Die Teller lege ich auf den Tisch. 2. Die Servietten lege ich auf die Teller. 3. Die Kerze stelle ich in die Mitte. 4. Die Gabeln lege ich neben die Messer. 5. Die Löffel lege ich auf die andere Seite. 6. Die Kaffee-tassen stelle ich in die Küche. 7. Den Stuhl stelle ich ans Fenster. 8. Die Töpfe stelle ich in die Geschirr-spülmaschine. 9. Die Schuhe stelle ich auf den Balkon. 10. Die Pullover hänge ich in den Schrank.

Leseecke

Lesetext 2

Rowenta Kaffeeautomat; 48,-; weiß, rot oder schwarz; 1 Jahr, 800
Krups 3Mix 400; 95,-; 160 Watt
Geka Allesschneider; 54,-; 110 Watt
Philips Bodenstaubsauger Elektronic; 199,-; 1000 Watt
Philips Bodenstaubsauger Elektronic; 249,-; 1100 Watt

Lesetext 3

in Luzern: Cafés und Geschäften, Cafés, —, —
in Zürich: Geschäfte, Trams; Café Sprüngli; Kaffee mit Seitenwagen
in Schaffhausen: den Rheinfall, den Munot; Walliser Kanne; Fondue; Pflümli

KAPITEL 11

Hörverständnis

Dialoge aus dem Text

A. 1. um 6.30 Uhr 2. um 8.05 3. 14 4. 138,- DM

B. 1. R F: Man geht geradeaus in die Bismarckstraße.

C.

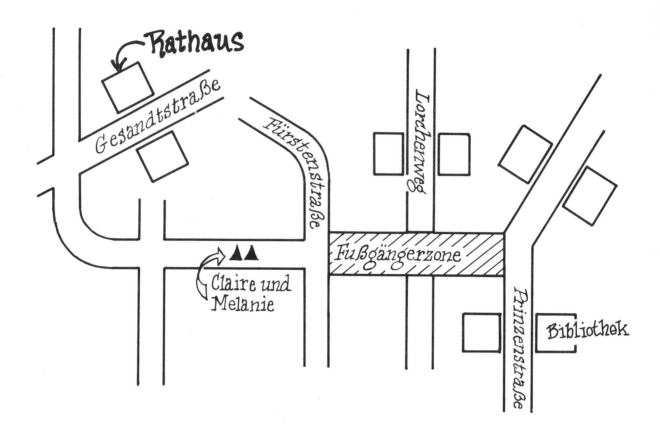

D. 1. im 3. Stock 2. auf der rechten Seite

E. 1. Frau und Herr Ruf; 3 Nächte; Doppelzimmer mit Dusche, Toilette; mit Frühstück; 54,- DM pro Nacht

F. 1. Mineralwasser, Bier 2. Rumpsteak mit Pilzen und Kroketten; Forelle „Blau" mit Kräuterbutter, grünem Salat und Salzkartoffeln

Weitere Hörtexte

A. 1a. bei Freunden b. in einer Pension 2. ein Privathaus, in dem einige Zimmer an Gäste vermietet werden 3. in einer Jugendherberge 4. einen internationalen Jugendherbergsausweis

B. 1. Er ist nicht von Köln. 2. das Schild Neumarkt 3. rechts 4. Wenn sie den Dom sehen

C. 5, 1, 4, 7, 2, 6, 3

D. 1. die Rechnung bezahlen 2. Sie könnte ihm das Geld leihen. 3. Daß sie ihm das Geld leiht

Rollenspiel

1. das Doppelzimmer 2. das Doppelzimmer 3. 120,- DM 4. von 7.30 bis 10 Uhr

Orthographie

L, S, L, S, L, S, S, S, S, S, L, L, L, S, L

1. ab-trock-nen 2. Nacht-schrank 3. Wasch-bek-ken 4. Toi-let-te 5. Ba-de-wan-ne 6. na-tür-lich 7. staub-wi-schen 8. un-ter-hal-ten 9. Kü-chen-schrän-ke 10. nor-ma-ler-wei-se

Schriftliches

Answers will vary.

Leseecke

Lesetext 1

1. David Bowie, Wim Wenders 2. Bristol Hotel Kempinski 3. Metropol 4. 100–140 Mark 5. Grand Hotel Esplanade

Lesetext 2

1. zwischen Österreich und der Schweiz 2. 26.000 3. fast ein Drittel 4. weil die Steuern niedrig sind
5. Vaduz 6. nein 7. seit 1976

Lesetext 3

1. M 2. J 3. J 4. C 5. J 6. C 7. M 8. C 9. C 10. J

KAPITEL 12

Hörverständnis

A. 1. c 2. a 3. c 4. b
B. 1. F 2. R 3. R 4. F 5. F
C. 1. Sie singen und tanzen, sie haben Fahnen, sie schlagen mit Hammer und Meißel Stücke aus der Mauer 2. Stücke aus der Mauer 3. Die Mauer ist weg. 4. Sekt 5. daß die Leute die Mauer verlassen
Nach dem Hören: 1. nein 2. sehr froh
D. 1. ein halbes Jahr 2. regulierter, die Studenten sind jünger 3. noch ein Semester 4. ein Auto kaufen
5. mit dem Auto quer durch das Land fahren 6. einen alten Freund 7. nach Frankfurt
E. 1. würde 2. sich, Schuhe, Skier, Kleidung 3. seinen Eltern, schenken 4. Wohnung, Studium 5. würde, Bank, leben
F. 1. R 2. F: Beide Zwillinge wollen die neue Jeans tragen. 3. F: Sie sagen, sie diskutieren nur.
G. Telefon
H. 1. Er will Rat von ihr holen. 2. um nichts 3. zu Hause 4. ihr Wagen 5. Er soll Maria einen Blumenstrauß schicken. 6. Es tut ihm leid, es würde ihn freuen, wenn sie ihn anrufen würden.
7. Tulpen

Orthographie

ä/äu, e/eu

A. 1. bräunen: braun 2. aufräumen: Raum 3. Hähnchen: Hahn 4. Wäsche: waschen 5. Verkäufer: kaufen 6. Gärtnerin: Garten 7. träumen: Traum 8. geräuchert: rauchen 9. Getränk: trank 10. Hälfte: half
B. 1. Beutel 2. Becher 3. Fett 4. Zeuge 5. bedeuten 6. Speck 7. Kreuz 8. Essig 9. Freude
C. 1. Heute, aufräumen 2. Hähnchen, fett 3. Gärtnerin, Verkäuferin 4. Hälfte, Knäckebrot 5. Nächstes, Freunden, Kreuzfahrt

Zusammen- und Getrenntschreibung

A. 1. Sonnenbrille 2. Badeanzug 3. Schaufensterbummel 4. Mittagspause 5. Autowerkstatt
6. Modellversuch 7. Taxifahrer 8. Hundefutter 9. Fabrikarbeiterin
B. 1. zuhörst 2. vorliest 3. mitkommt 4. abtrocknet 5. einkaufe

Schriftliches

A. 1. f 2. b 3. a 4. e 5. c 6. d 7. a 8. e
2. 3. Der Stacheldrahtzaun an der Grenze zwischen Österreich und Ungarn wurde abgebaut. 4. Der eiserne Vorhang wurde geöffnet. 5. Im Oktober wurde der 40. Geburtstag der DDR gefeiert.
6. Demonstranten wurden niedergeknüppelt. 7. Im November wurde die Berliner Mauer abgebaut.
8. Die innerdeutsche Grenze wurde geöffnet.
E. *See Answers to Crossword Puzzles.*

Lesetext 3:

1. J 2. M 3. M 4. J 5. M 6. J 7. M 8. M

KAPITEL 13

Hörverständnis

Dialog aus dem Text

1. „Faust" für heute abend 2. 12,50 F 3. Die Plätze sind nicht gut.

Weitere Hörtexte

A. 1. Sekretärin 2. Sie könnten ein bißchen mehr Geld brauchen. 3. kochen, Wäsche waschen, staubsaugen, einkaufen 4. Herr Ruf 5. nicht wohl 6. mehr als 10 Jahre

B. 1. F: Ihr Leben gefällt ihr, wie es ist. 2. R 3. F: Sie kennt keinen Mann, den sie heiraten will. 4. R 5. F: Ihr Beruf macht ihr Spaß. 6. R

C. 1. K 2. T 3. T 4. K 5. T 6. T 7. K 8. T 9. K 10. T

D. 1. die Türken 2. essen, sich kleiden 3. Deutsche glauben, daß die Türken den Deutschen die Arbeitsplätze wegnehmen. 4. Ausbildungs- und Arbeitsplätze 5. in der Türkei 6. durch ihre Kolonien

E. 1. R 2. F: nicht immer 3. R 4. R 5. F: Sie halten noch an ihren alten Traditionen fest.

F. 1. 13–15 Jahre alt 2. Sympathie 3. c

G. 1. c 2. e 3. d 4. d 5. a 6. b

Orthographie

ss, ß, tz, z

1. Vergiß, putzen, Tanzstunde 2. Kreuzworträtsel, gelöst 3. Sie müssen, Zahn, ziehen 4. erst, Pause Deutschaufsatz

Zeichensetzung

Liebe Freunde,

hier im Osten, in den neuen Bundesländern, gefällt es mir sehr gut. Alles ist so anders, es ist, als wenn man in der Zeit zurückgehen würde. Oft habe ich den Eindruck, als wenn die Zeit stehengeblieben wäre. Es gibt nicht so viele Autos, und die Leute haben mehr Zeit als im hektischen Westen. Natürlich bin ich hier auch an der Ostsee und nur auf Dörfern. In Berlin oder Dresden ist das auch schon wieder etwas anderes, denn Großstädte sind immer hektisch. Wart Ihr schon einmal hier? Wenn nicht, so kann ich Euch nur empfehlen, einmal hierher zu fahren. Vielleicht solltet Ihr das sogar schnell machen, denn wer weiß, wie lange es noch so bleibt?

Bis bald, ein dickes Küßchen von

Eurer Claire

Schriftliches

A. 1. Meine Großmutter ist die Mutter meines Vaters oder meiner Mutter. 2. Meine Kusine ist die Tochter meiner Tante oder meines Onkels. 3. Mein Neffe ist der Sohn meiner Schwester oder meines Bruders. 4. Mein Urgroßvater ist der Vater meines Großvaters oder meiner Großmutter. 5. Meine Schwägerin ist die Frau meines Bruders.

B. 1. statt 2. während 3. Wegen 4. wegen 5. Trotz 6. trotz

F. 1. Womit beschäftigte sich Ingeborg Bachmann? 2. Worüber schrieb sie ihre Dissertation? 3. Wozu erhielt sie eine Einladung? 4. Mit wem arbeitete sie zusammen? 5. Woran schrieb sie am Ende ihres Lebens? 6. Woraus ist „Malina" der erste und einzige Roman? 7. Von wem wurde das Buch verfilmt? 8. Wofür schrieb Elfriede Jelinek das Drehbuch?

Leseecke

Lesetext 1

1. Franzosen, Österreicher, Russen, US-Amerikaner, Juden 2. Polen, Türken, Zigeuner 3. alle, die sich nicht zu sehr von den Deutschen unterscheiden 4. die „Fremden" 5. Sie wurden in der Wirtschaft benötigt und blieben nur kurze Zeit.

Lesetext 2

1. die fünfziger Jahren 2. Männer 3. freitags und sonnabends 4. Sie sehen fern. 5. zwischen 6 und 8

KAPITEL 14

Hörverständnis

Dialog aus dem Text

1. ein Girokonto 2. $100 3. ja 4. nein

Weitere Hörtexte

A. 1. an den Automaten 2. neue Euroscheks, belgische Francs, französische Francs, Peseten 3. an der Kasse 4. 100, 300, 600 5. aus ihrem Konto 6. für europäische Länder, für nicht-europäische Länder
B. 4%, 6%, $6\frac{1}{2}$%, 7%; a
C. 1. R 2. F: zuerst die Partei, dann die Person 3. F: Sie werden immer wichtiger. 4. F: Keine Partei überzeugt ihn im Moment. 5. R 6. F: Es gibt in Deutschland viele Parteien.
D. 1. 4 Wochen 2. Psychologen 3. Attentate 4. Massenarbeitslosigkeit 5. nicht zu schnell
E. 1. W 2. S 3. W 4. S 5. W 6. W 7. S 8. S 9. W 10. W
F. 1. Silvias Kusine Claudia 2. Ozonloch, der Treibhauseffekt, Umweltverschmutzung, Abholzen des Regenwaldes, nukleare Unfälle 3. Waschmaschine, Spülmaschine, Plastiktüte 4. nein
G. 1. einen Radiowecker 2. Die Gebrauchsanweisung ist auf Englisch. 3. Englisch ist die Sprache der Technik. 4. Ihre Freundin sagt, man muß sowas haben, wenn man modern sein will. 5. die Spülmaschine

Rollenspiel

1. Girokonto 2. mit einer Euroscheckkarte 3. die Auszüge bekommen 4. 80,- Mark im Jahr 5. Eurocard

Orthographie

A. 1. Hilfe 2. Lampe 3. arbeite 4. Leute 5. saubere 6. Würste
B. 1. Helfer 2. Wunder 3. Arbeiter 4. Leber 5. sauberer 6. Hummer
C. 1. gesünder, Wurst 2. ärgere, Wertvolles verliere 3. Gestern, Mark, der Straße gefunden 4. mehr Sport treiben, weniger 5. Butter, Eier, Leberwurst, Hummer, sehr

Schriftliches

C. 1. Wenn weniger Chemikalien in die Flüsse geleitet werden, wird es auch wieder mehr Fische geben. 2. Wenn mehr Ausländer nach Deutschland kommen, wird der Fremdenhaß größer. 3. Auch wenn die Luft in den Städten immer schlechter wird, ziehen immer mehr Menschen dorthin. 4. Wenn die Arbeitslosigkeit größer wird, werden die Menschen konservativer. 5. Obwohl der Krieg am Golf geführt worden ist, hat sich die Situation nur wenig verbessert.
E. d, c, a, b

Leseecke

Lesetext 2

1. Das war nur Panikmache. 2. Atomkraft ist zu gefährlich. 3. Atomkraft schafft Arbeitsplätze. 4. Es gibt andere Energiemöglichkeiten.

Lesetext 3

1. nein 2. 1985 3. auf den Autobahnen: 130, auf den Landstraßen: 80 4. die Grünen 5. Die Wälder würden nicht so schnell sterben. 6. die Autoindustrie: Sie sah ihren Absatzmarkt in Gefahr. 7. nein 8. Die Verminderung der Schadstoff-belastung durch verringerte Geschwindigkeit sei vergleichsweise gering. 9. Sie war nur eine Empfehlung für die Autofahrer.

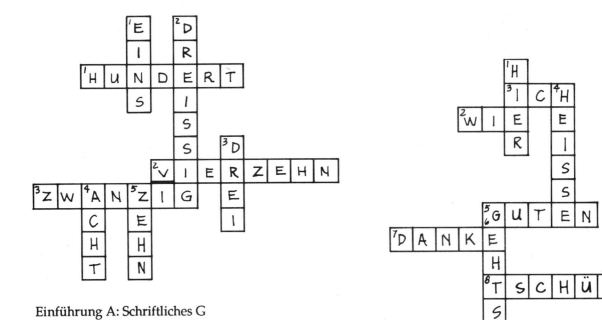

Einführung A: Schriftliches G

Einführung A: Schriftliches I

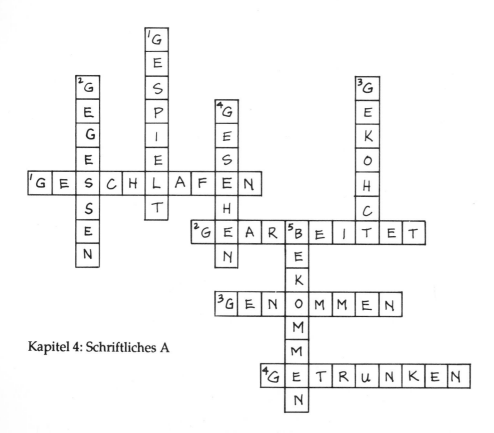

Kapitel 4: Schriftliches A

Kapitel 5: Schriftliches D

Kapitel 6: Schriftliches A

Kapitel 7: Schriftliches A

Kapitel 7: Schriftliches E

Kapitel 8: Schriftliches A

Kapitel 12: Schriftliches E